公路工程管理

王奎生　郑明志　武文婕　**主编**

吉林科学技术出版社

图书在版编目（CIP）数据

公路工程管理 / 王奎生，郑明志，武文婕主编. --
长春：吉林科学技术出版社，2019.5
ISBN 978-7-5578-5488-1

Ⅰ. ①公… Ⅱ. ①王… ②郑… ③武… Ⅲ. ①道路工
程—施工管理 Ⅳ. ①U415.1

中国版本图书馆CIP数据核字（2019）第106163号

公路工程管理

主　　编	王奎生　　郑明志　　武文婕
出 版 人	李　梁
责任编辑	端金香
封面设计	刘　华
制　　版	王　朋
开　　本	185mm×260mm
字　　数	360千字
印　　张	16.25
版　　次	2019年5月第1版
印　　次	2019年5月第1次印刷
出　　版	吉林科学技术出版社
发　　行	吉林科学技术出版社
地　　址	长春市福祉大路5788号出版集团A座
邮　　编	130118

发行部电话／传真　　0431—81629529　　　81629530　　　81629531
　　　　　　　　　　81629532　　　81629533　　　81629534

储运部电话　0431—86059116

编辑部电话　0431—81629517

网　　址	www.jlstp.net
印　　刷	北京宝莲鸿图科技有限公司
书　　号	ISBN 978-7-5578-5488-1
定　　价	65.00元

编委会

前　言

　　公路交通以其灵活、快捷、方便、机动、覆盖面广、通达深度深、可达性好等特点，成为现代综合交通运输体系的重要组成部分。它是国民经济的重要基础产业和新的经济"增长点"，是社会及经济快速、健康、持续发展的生命线，并在一定程度上标志着一个国家或地区社会经济的发展水平。改革开放以来，为了适应社会经济发展的需要，我国公路运输进入了一个新的发展时期，公路里程、公路运输量和民用汽车保有量均大幅度增长，覆盖全国及各省的干线公路网已逐渐形成。公路建设项目如期完成离不开有效合理管理，只有注重公路工程项目的管理作用，才能最大限度地减少公路建设过程中的失误，提高公路建设质量。公路工程管理是一项复杂的系统工作，不同的工程项目，所采取的管理措施存在差异，因此，公路工程管理者不仅要遵循系统、科学的工程管理办法，而且要与时俱进，大胆求新，加强公路工程管理工作，对施工中各个方面严加控制，提前做好应对措施，保证公路工程顺利进行；同时，管理者还需要在公路工程中总结经验教训，深入研究公路工程管理方法，完善公路工程施工过程，从而提升公路工程施工效率，促进我国公路工程的快速发展。

　　本书结合公路工程管理方面的实际工作经验，系统归纳与论述了公路工程管理理论知识，作为今后公路建设管理的理论指导，同时丰富公路工程管理方面的文献资料。

目 录

第一章 绪 论

第一节 工程项目管理概述

一、公路工程项目

（一）项目

项目是指那些作为管理的对象，按限定时间、费用和质量标准完成的一次性任务。从系统的角度看，项目具有如下基本特征：

1. 一次性

项目的一次性是项目的最主要特征，也可称单件性。一次性是指没有与此完全相同的另一项任务，其不同点表现在任务本身与最终成果上。只有认识项目的一次性，才能有针对性地根据项目的特殊情况和要求进行管理。

2. 目标的明确性

项目的目标有成果性目标和约束性目标。成果性目标是指项目的功能性要求，如一座钢厂的炼钢能力及其技术经济指标。约束性目标是指限制条件，期限、预算、质量都是限制条件。只有项目的目标明确了，才称得上是项目。

3. 整体性

一个项目是一个整体管理对象，在按其需要配置生产要素时，必须以总体效益的提高为标准，做到数量、质量、结构的总体优化。由于内外环境是变化的，所以管理和生产要素的配置是动态的。

每个项目都必须具备上述三个特征，缺一不可。重复的、大批量的生产活动及其成果不能称作"项目"。项目的种类按其最终成果划分，有建设项目、科研开发项目、航天项目及维修项目等。

（二）建设项目

建设项目是项目中最重要的一类。一个建设项目就是一项巩固资产投资项目，既有基本建设项目（新建、扩建等扩大生产能力的建设项目），又有技术改造项目（以节约、增

1

加产品品种、提高质量、治理"三废"、劳动安全为主要目的的项目）。建设项目是指需要一定量的投资，经过决策和实施（设计、施工等）的一系列程序，在一定的约束条件下以形成固定资产为明确目标的一次性活动。建设项目有以下基本特征：

（1）在一个总体设计或初步设计范围内，由一个或若干个互相有内在联系的单项工程（或单位工程）所组成的、建设中实行统一核算、统一管理的建设单位。

（2）在一定的约束条件下，以形成固定资产为特定目标。约束条件：一是时间约束，即一个建设项目有合理建设工期目标；二是资源约束，即一个建设项目有一定投资总置目标；二是质量约束，即一个建设项目都有预期的使用功能、生产能力、技术水平以及使用效益目标。

（3）需要遵循必要的建设程序和经过特定的建设过程，即一个建设项目从提出建设的设想、建议、方案、评估、决策、勘察设计、施工一直到竣工、投产或投入使用，有一个严密有序的过程。

（4）按照特定的任务，具有一次性特点的组织形式，表现为投资的一次性投入，建设地点的一次性固定，设计单一、施工的单件。

（5）具有投资限额标准。只有达到一定限额投资的才作为建设项目，不满限额标准的称为零星固定资产购置。随着改革开放，这一限额将逐步提高，如投资 50 万元以上称建设项目。

（三）公路工程项目

公路工程项目也称公路基本建设项目。公路工程项目除具有一般建设项目的特性外，其固有的技术经济特点有别于其他的工程项目，主要特点如下：

（1）公路工程项目一般属于线形工程，一个公路项目其建设路段少则几公里，多则数十公里，数百公里，路线跨越山川、河谷，路线所经路段难以完全避免不良地质地段，如滑坡、软基、冻土、高填、深挖等路段，难以避免地形复杂路段，大桥、特大桥、长隧道、高大挡墙等结构物不可避免。这使得公路项目建设看似简单，实际却比一般土木工程项目复杂得多。由于公路路线所经路段地质特性多变性，使得公路路基施工复杂、多变性凸现，结构物施工也因地质条件的不确定性经常导致设计变更，工期延长，进度控制、质量控制、投资控制难度加大。

（2）公路工程项目构成复杂。公路工程项目的单位工程包括：路基土石方工程、路面工程、桥梁工程、隧道工程、互通立交工程、沿线设施及交通工程、绿化工程等。各单位工程中工程内容差异很大，如桥梁工程，随不同的桥型，施工技术差异大。这决定了公路工程项目管理的技术复杂性和管理的综合性。

（3）公路工程项目形体庞大，施工过程多，工作面有限，决定了其工期长。高速公路的施工工期通常在 2 ~ 5 年。工期长意味着在工程建设中面临着更多的不确定性，承担着更大的风险。

（4）公路工程项目建设投资大。高速公路每公里造价一般从 2000～4000 万元，有时甚至更高，一条高等级公路建设投资的巨大，由此可见一斑。工程建设巨大的资金需要量能否及时到位是保障工程按期完工的前提。巨大的资金投入对于决定投资活动的成功与否关系重大。为了保证其建设的实现，更要求高质量的工程管理，以确保项目的工期、投资／成本、质量目标的实现。

二、公路工程项目管理的概念

（一）项目管理

项目管理是为使项目取得成功（实现所要求的质量、所规定的时限、所批准的费用预算）所进行的全过程、全方位的规划、组织、控制与协调。项目管理的对象是项目。项目管理的职能同所有管理的职能均是相同的。需要特别指出的是，项目的一次性要求项目管理的程序性和全面性，也需要有科学性，主要是用系统工程的观念、理论和方法进行管理。项目管理的目标就是项目的目标。该目标界定了项目管理的主要内容，那就是"三控制、二管理、一协调"，即进度控制、质量控制、费用控制、合同管理、信息管理和组织协调。

（二）工程项目管理

工程项目管理是项目管理的一类，其管理对象是工程项目。它可以定义为：在工程项目的生命周期内，用系统工程的理论、观点和方法，进行有效的规划、决策、组织、协调、控制等系统性的、科学的管理活动，从而按工程项目既定的质量、工期、投资额、限定的资源和环境条件圆满地实现工程项目建设目标。

（三）公路工程施工项目管理

所谓公路工程施工项目管理是指在公路项目建设中，施工企业利用工程项目管理的原理、方法、手段，针对公路工程项目施工活动的特点，对公路项目施工的全过程、全方位进行科学管理和全面控制，最优地实现公路项目施工的成本目标、工期目标及质量目标。它主要有以下特点：

（1）施工项目的管理者是施工企业。建设单位和设计单位都不进行施工项目管理。一般的，施工企业也不委托咨询公司进行施工项目管理。由业主单位或监理单位进行的工程项目管理中涉及的施工阶段管理仍属建设项目管理，不能算作施工项目管理。监理单位把施工单位作为监督对象，虽与施工项目管理有关，但不能算作施工项目管理。

（2）施工项目管理的对象是施工项目。施工项目管理的周期也就是施工项目的生命周期，包括工程投标、签订工程项目承包合同、施工准备、施工和竣工交验等。

（3）施工项目管理的内容是在一个长期进行的有序过程之中，按阶段变化的。每个工程项目都按建设程序进行，也按施工程序进行，从开始到结束，要经过几年乃至十几年的时间。进行施工项目管理时间的推移带来了施工内容的变化，因而也要求管理内容随着发生变化。施工准备阶段、基础施工阶段、路基施工阶段、结构施工阶段、路面施工阶段、安装施工阶段、验收交工阶段，管理内容差异很大。

（4）施工项目管理要求强化组织协调工作。由于施工项目的生产活动的单件性，对产生的问题难以补救；由于施工人员的流动性，需要采取特殊的流水作业方式，组织工作量很大；由于露天作业，工期长，耗资大；还由于施工活动涉及复杂的经济关系、技术关系、法律关系、行政关系和人际关系等，故施工项目管理中的组织最为艰难、复杂、多变，必须通过强化组织协调的办法才能保证施工顺利进行。

二、公路工程项目管理的内容和特点

公路工程施工项目，是以形成公路基础设施为目的，由建筑、工器具、设备购置安装、技术改造以及与此相联系的其他工作等构成。它是以实物形态表示的具体项目。公路工程施工项目有质量、工期和投资条件的约束。其突出的特点可归纳为：一次性、唯一性、整体性、固定性、影响因素的不确定性和不可逆转性。

公路工程施工项目管理，是公路工程施工企业在公路工程项目施工活动中进行全过程、全方位的计划、组织、控制和协调，使工程项目在约定的时间和批准的预算内，按照要求的质量，实现最终的建筑产品，使项目取得成功。

（一）公路工程施工项目管理的内容

公路工程施工项目管理的内容是研究如何以高效益地实现项目目标为目的，以项目经理负责制为基础，对项目按照其内在逻辑规律进行有效的计划、组织、协调和控制，以适应内部及外部环境并组织高效益的施工，使生产要素优化组合、合理配制，保证施工生产的均衡性，利用现代化的管理技术和手段，以实现项目目标和使企业获得良好的综合效益。

项目管理的目标就是项目的目标。项目的目标界定了公路工程施工项目管理的主要内容是即进度管理、质量管理、成本管理、合同管理、安全管理、风险管理、采购管理和人力资源管理。

公路工程施工项目的生产要素有劳动力、材料、机械设备、技术和资金，这些要素具有集合性、相关性、目的性和环境适应性，是一种相互结合的立体多维的关系，这就说明项目是具有系统性的施工，施工项目管理是具有系统管理特点的。加强施工项目管理，必须对施工项目的生产要素详细分析，认真研究并强化其管理。对施工项目生产要素进行管理主要体现在四个方面：

（1）对生产要素进行优化配置，即适时、适量、比例适当、位置适宜地配备或投入生产要素以满足施工需要；

（2）对生产要素进行优化组合，即对投入施工项目的生产要素在施工中适当搭配以协调地发挥作用；

（3）对生产要素进行动态管理。动态管理是优化配置和优化组合的手段与保证，动态管理的基本内容就是按照项目的内在规律，有效地计划、组织、协调、控制各生产要素，使之在项目中合理流动，在动态中寻求平衡；

（4）合理地、高效地利用资源，从而实现提高项目管理综合效益，促进整体优化的目的。

（二）公路工程施工项目管理的特点

公路工程施工项目管理主要有以下几个特点：

1. 公路工程施工项目管理的对象是公路工程施工项目，管理的实施者是公路工程施工企业和下设的施工项目经理部。设计单位、建设单位和监理单位虽然与施工项目有关，但都不能算作施工项目管理者。

2. 公路工程施工项目管理是一项综合的系统工程。由于公路工程施工项目实施的复杂性，建设周期长，施工项目管理需要用系统工程的观念、理论和方法进行管理，具有全面性、科学性和程序性。

3. 公路工程施工项目管理具有事先能动性。由于公路工程施工项目具有一次性特征，因而其项目管理只能在这种不再重复的过程中进行。为避免在某一项目上产生重大的失误，这就要求施工项目管理必须是事先的、能动的管理。

4. 公路工程施工项目管理具有动态跟踪性。尽管施工项目管理的目标是明确的，但是由于公路工程施工项目影响因素的不确定性，这就要求施工项目管理必须对事先所设定的目标及相应措施的实施过程自始至终进行监督、控制、调整和修正。

第二节　公路工程基本建设程序

一、建设程序的作用和意义

道路基本建设必须遵守特定的程序，所谓基本建设，就是指把原材料转化为固定资产的过程。由于基本建设项目投资大、耗费资源多、投资期长，因此必须依照一定的程序慎重地进行管理。

建设程序管理是国家对建设项目进行管理的手段。在社会主义市场经济的条件下，政府不一定直接介入工程建设，但可通过在建设程序上的管理达到宏观调控的目的。

工程的建设程序是多年建设项目管理经验的积累，是客观规律的总结。一般说来，任何工程项目的建设都要经过规划设想、可行性研究、勘测设计、工程实施和竣工验收等几个阶段，不可人为地忽略其中的某个阶段或改变其顺序，否则，不仅将造成宏观上的浪费，而且会导致盲目发展，甚至贻误地区经济的开发时机。

二、公路工程基本建设程序

按照当前法律、法规和规章规定，一个公路建设项目一般需要工程可行性研究报告、城镇发展规划审查、水土保持方案论证、环境影响评价、用地预审、压覆重要矿产资源评估、地质灾害危险性评估、文物调查、防洪影响评价、地震安全性评价；通航安全影响论证；通航标准和技术要求审查；跨河方案审查，跨越铁路方案审查；勘察设计招标，初步设计审查、征用林地报批、征用草原报批、征用土地报批，施工图设计审查、施工和监理招标，办理质量监督手续，施工许可，重大和较大变更审批，交工验收，环保、水保、档案等专项验收（收费站、服务区等房建工程还要进行消防验收），决算审计，竣工验收，项目后评价等 25 个报批环节。个别环节在改建的小型公路工程中不涉及。

（一）工程可行性研究报告

项目工程可行性研究报告一般由交通运输主管部门根据公路发展规划和近期建设计划，委托具有工程咨询资质的单位编制。工程可行性研究报告主要论证项目建设的必要性，工程方案可行性、经济评价，通过论证后，确定工程建设标准、规模和投资估算。工程可研报告中的路线方案初步确定后，工程咨询单位要提供路线具体走向和方案，由建设单位委托有资格的单位编制水土保持方案、环境影响评价报告、用地预审报告、压覆矿产资源评估报告、地质灾害评估报告、洪水影响评价报告、地震安全性评价报告，跨河方案、涉航方案和跨越铁路方案，开展文物调查；这些专项研究工作一般要同步开展，相互交叉，互为印证。

当其中某一专项研究报告论证后需要调整工程方案时，必须及时告知其他专项研究报告的编制单位。为保证各专项研究报告与工程可行性研究报告方案一致，且衔接紧密，建议在委托工程咨询单位编制工程可行性研究报告时，可明确由可研报告编制单位负责牵头委托完成各专项研究报告的编制和论证，相关费用也一并商定。

这里要强调的是：各专项研究报告的论证结论是报批工程可行研究报告的前置条件，必须引起高度重视，提前委托开展相关工作。目前，国省道中的新建、改建、扩建工程，工程可行性研究报告一般报省交通运输厅，审查后，出具意见报省发改委审批。国家高速公路网中的项目，省发改委和交通运输部出具审查意见后，由国家发改委审批。

必须提交的批复文件有：环评批复、用地预审批复、银行贷款承诺、行业审查意见、咨询机构评审意见等。

（二）城镇发展规划意见

公路路线经过城镇时，工可报告编制单位要书面征求城镇规划部门的意见，结合城镇发展规划确定路线合理走向。

（三）水土保持方案论证

2010 年 12 月新修订，2011 年 3 月 1 日实施的《水土保持法》第二十五条规定：在山区、丘陵区、风沙区以及水土保持规划确定的容易发生水土流失的其他区域开办可能造成水土流失的生产建设项目，生产建设单位应当编制水土保持方案，报县级以上人民政府水行政主管部门审批，并按照经批准的水土保持方案，采取水土流失预防和治理措施。没有能力编制水土保持方案的，应当委托具备相应技术条件的机构编制。

目前：一般按项目立项的权限划分水土保持方案的审批权限，即国家立项的建设项目，由水利部审批，省发改委和省直部门批准的项目由省水利厅审批，其他项目由市、县水务局审批。

（四）环境影响评价

《环境保护法》第十三条规定：建设项目的环境影响报告书，必须对建设项目产生的污染和对环境的影响做出评价，规定防治措施，经项目主管部门预审并依照规定的程序报环境保护行政主管部门批准。环境影响报告书经批准后，计划部门方可批准建设项目设计书。

规定：国家根据建设项目对环境的影响程度，对建设项目的环境影响评价实行分类管理。建设单位应当按照下列规定组织编制环境影响报告书、环境影响报告表或者填报环境影响登记表（以下统称环境影响评价文件）：

（1）可能造成重大环境影响的，应当编制环境影响报告书，对产生的环境影响进行全面评价；

（2）可能造成轻度环境影响的，应当编制环境影响报告表，对产生的环境影响进行分析或者专项评价；

（3）对环境影响很小、不需要进行环境影响评价的，应当填报环境影响登记表。环保部 2008 年 10 月 1 日实施的《建设项目环境保护分类管理名录》中规定：三级以上等级公路、1000 米以上的独立隧道、桥长度 1000 米以上的独立桥梁等要编制环境影响报告书；三级以下等级公路，涉及环境敏感区的要编制环境影响报告表；其他公路工程要填写环境影响登记表。

（五）用地预审

《建设项目用地预审管理办法》（国土资源部令 2008 年第 42 号）第四条规定了审批权限：建设项目用地实行分级预审。即由有审批、核准、备案权限的政府机关的同级国土资源管理部门预审。

对预审的实施阶段，第五条规定：需审批的建设项目在可行性研究阶段，由建设用地单位提出预审申请；需核准的建设项目在项目申请报告核准前，由建设单位提出用地预审申请；需备案的建设项目在办理备案手续后，由建设单位提出用地预审申请。对预审的有效期，第十五条规定：建设项目用地预审文件有效期为两年，自批准之日起计算。已经预审的项目，如需对土地用途、建设项目选址等进行重大调整的，应当重新申请预审。

（六）压覆重要矿产资源评估

1997年1月1日起施行的《矿产资源法》第三十三条在建设铁路、工厂、水库、输油管道、输电线路和各种大型建筑物或者建筑群之前，建设单位必须向所在省、自治区、直辖市地质矿产主管部门了解拟建工程所在地区的矿产资源分布和开采情况。非经国务院授权的部门批准，不得压覆重要矿床。

2010年国土资源部《关于进一步做好建设项目压覆重要矿产资源审批管理工作的通知》中明确：重要矿产资源是指《矿产资源开采登记管理办法》附录所列34个矿种和省级国土资源行政主管部门确定的本行政区优势矿产、紧缺矿产。炼焦用煤、富铁矿、铬铁矿、富铜矿、钨、锡、锑、稀土、钼、铌钽、钾盐、金刚石矿产资源储量规模在中型以上的矿区原则上不得压覆，但国务院批准的或国务院组成部门按照国家产业政策批准的国家重大建设项目除外。《通知》规定，建设项目压覆重要矿产资源由省级以上国土资源行政主管部门审批。压覆石油、天然气、放射性矿产，或压覆《矿产资源开采登记管理办法》附录所列矿种（石油、天然气、放射性矿产除外）累计查明资源储量数量达大型矿区规模以上的，或矿区查明资源储量规模达到大型并且压覆占1/3以上的，由国土资源部负责审批。

（七）地质灾害危险性评估

2004年3月1日实施的国务院《地质灾害防治条例》第二十一条规定：在地质灾害易发区内进行工程建设应当在可行性研究阶段进行地质灾害危险性评估，并将评估结果作为可行性研究报告的组成部分；可行性研究报告未包含地质灾害危险性评估结果的，不得批准其可行性研究报告。（地质灾害易发区在各级政府公布的"地质灾害防治规划"中明确）。

（八）文物调查

（九）洪水影响评价

《防洪法》第二十七条规定：建设跨河、穿河、穿堤、临河的桥梁、码头道路、渡口、管道、缆线、取水、排水等工程设施，应当符合防洪标准、岸线规划、航运要求和其他技术要求，不得危害堤防安全，影响河势稳定、妨碍行洪畅通；其可行性研究报告按照国家规定的基本建设程序报请批准前，其中的工程建设方案应当经有关水行政主管部门根据前述防洪要求审查同意。前款工程设施需要占用河道、湖泊管理范围内土地，跨越河道、湖泊空间或者穿越河床的，建设单位应当经有关水行政主管部门对该工程设施建设的位置和界限审查批准后，方可依法办理开工手续；安排施工时，应当按照水行政主管部门审查批准的位置和界限进行。

（十）地震安全性评价

《防震减灾法》第十七条规定：新建、扩建、改建建设工程，必须达到抗震设防要求。本条第三款规定以外的建设工程，必须按照国家颁布的地震烈度区划图或者地震参数区划图规定的抗震设防要求，进行抗震设防。重大建设工程和可能发生严重次生灾害的建设工程，必须进行地震安全性评价；并根据地震安全性评价的结果，确定抗震设防要求，进行抗震设防。

所称重大建设工程，是指对社会有重大价值或者有重大影响的工程。所称可能发生严重次生灾害的建设工程，是指受地震破坏后可能引发水灾、火灾、爆炸、剧毒或者强腐蚀性物质大量泄漏和其他严重次生灾害的建设工程，包括水库大坝、堤防和贮油、贮气、贮存易燃易爆、剧毒或者强腐蚀性物质的设施以及其他可能发生严重次生灾害的建设工程。通航安全影响论证《中华人民共和国海事局水上水下活动通航安全影响论证与评估管理办法》。

（十一）通航标准和技术要求审查国务院《航道管理条例》

（十二）与铁路交叉的要进行跨越铁路方案审查《铁路法》

（十三）勘察设计招标

一是时间安排问题：原则上应在工程可行性研究报告批复后，开展勘察设计招标工作，但目前因前期周期较短，交通运输部文件规定在工程可研上报审批部门后即可开展。二是高度重视招标文件的内容审定。要注意双方责任和义务的划分，特别约定完成时限、质量要求和违约责任（即合同条款）。各项目可考虑委托勘察设计单位完成各阶段的验收和报批（包括评审时相关费用）。要注意对投标人资质要求和合同段划分，以及评标方法。三是一定要依法进行。时间安排、评标专家抽取、评标地方、评标监督，择优选择，勘察设计是源头，好队伍是提高项目服务水平、降低投资等关键。勘察设计拟不招标的，一定在上报工可研报告时一并提出申请。

初步设计审批：初步设计主要是研究论证工程技术方案。原则上省发改委立项的项目，由省交通运输厅审批初步设计。对技术复杂项目，实行"双院制"审查，其他项目实行专家评审制。

（十四）征用林地报批注意三方面

一是在调查组卷时，要注意请森工林地和地方林地，森工林地由省森工总局森林资源局组织审查并报国家林业局审核同意，地方林地按征地数量分别由国家林业局、省林业厅和市县林业局审核同意。二是部分林地的属性与国土部门认定结果有偏差，由于征地数量中的林地数量必须小于或等于林业部门核准的征用林地数量，为保证土地顺利组卷报批，在林地调查报告结束未正式上报前，一定要请土地勘测调查单位予以审核，确保两者尽量一致。三是公路及两侧的行道树占地一般都已纳入建设用地，在报批用地是不要再重复勘测报批。特别是行道树，只需按路树更新履行林木砍伐审批程序即可。

（十五）征用草原报批

《草原法》规定，征用草原审批在地方草原行政管理部门，也就是省畜牧兽医局和市县相应机构。

（十六）征用土地报批

一是建设项目原则上应纳入土地利用总体规划，否则国土资源部门不予受理用地申请，所以各位局长要高度重视区域路网建设规划工作。二是尽量采用施工图设计征用土地，避免出现二次征地。

（十七）施工图设计审批

施工图设计主要是解决施工工艺和施工组织设计。

（十八）施工、监理和其他服务商招标

第二个专题要进行详细讲解，这里就不多说了。

（十九）办理质量监督手续

按交通运输部相关规定，到国省道建设项目要到省公路工程质量监督站或其委托的市级公路工程质量监督站办理。

（二十）施工许可的办理程序和条件要求

施工许可部《公路建设市场管理办法》中规定了施工许可的办理程序和条件要求。原则上部批初步设计的项目，施工许可由其审批，省厅批初步设计的项目，由省厅审批施工许可。主要条件是建设资金已落实，征地拆迁已基本完成，施工图设计已批复，施工、监理招标已结束，质量监督手续已办理等。

（二十一）交工验收

《公路工程竣（交）工验收办法》（交通部令2004年第3号）和《公路工程竣（交）工验收办法实施细则》（交公路发201065号）规定，交工验收由建设单位组织，设计、施工、监理和接养单位参加。

注意：交工验收应依据施工图设计、招标文件、投标文件逐标段进行，特别是路基、路面分开招标的项目，路基完工后，路面施工单位也应参加对应标段路基的交工验收。交工验收的前提条件是施工单位已完成全部合同约定内容，工程质量自检合格，临时用地已恢复并经当地国土资源部门验收合格，标段施工总结已完成，内业资料和档案已按规定整

理完毕；目前看，为减轻施工企业资金压力，交工验收合格后，签发交工验收证书，按合同约定退还该标段履约保函，也可考虑退还50%的质量保证金。各标段均通过交工验收后，建设单位应报请质量监督机构进行工程质量检验，并出具检验意见。同时，针对各标段的交工验收情况，编写项目交工验收报告，连同质量检验意见一并报交通主管部门核备，申请通车试运营。项目通车试运营前，必须明确接收管养单位，做好项目和固定资产移交，避免公路无人管养。

（二十二）环保、水保、档案等专项验收（收费站、服务区等房建工程还要进行消防专项验收）

《建设项目竣工环境保护验收管理办法》《水保法》第二十七条规定：依法应当编制水土保持方案的生产建设项目中的水土保持设施，应当与主体工程同时设计、同时施工、同时投产使用；生产建设项目竣工验收，应当验收水土保持设施；水土保持设施未经验收或者验收不合格的，生产建设项目不得投产使用。

（二十三）决算审计

国家和省发改委批准立项的，一般由省审计厅或其委托地方审计部门、审计事务所审计，审计结论需由审计厅认定。

（二十四）竣工验收缺陷

责任期满后，建设单位应申请质量监督部门进行质量鉴定，鉴定合格和优良的工程，可向初步设计审批部门申请竣工验收。具体要求和条件，《公路工程竣（交）工验收办法》（交通部令2004年第3号）和《公路工程竣（交）工验收办法实施细则》中都做出了明确规定。竣工验收是大多数建设项目最后的一道程序。通过竣工验收的项目可以正式交付使用。

（二十五）项目后评价

项目建成投产多年以后，由交通运输主管部门，委托咨询单位针对工程可行性研究报告的结论，开展项目后评价工作。

第三节　公路建设与经济发展

一、概述

公路建设相对其他建设（水路建设、铁路建设等），具备很大的优势。特别是进行短途公路建设时优势更为明显，即便公路路线比较长，在采用高价值货品或鲜活货品建设方面其他建设也无法和公路建设相提并论。同时水路建及铁路建设集散的主要手段也都是公路建设。就是因为公路建设的地位，地方经济的发展状况和公路建设的发展情况和建设力度有着密不可分的关系。同时公路建设中重要性也被极大地凸显出来。何为公路建设，公路建设就是和公路有关联的经济。公路建设的内涵几乎包含了公路与经济相联系的各个方面。由于公路建设需要大量人力物力，在一定程度上极大地促进了地方经济的增长。

同时由于公路建设时涉及的面十分广泛，可以使得工程建材、商贸建设、饮食服务、劳务用工等一系列产业得到兴起和发展，大大地刺激了当地经济的发展进步。同时在公路完成建设后的一段时间，由于道路的畅通使得车辆、货物及有关交通运输的信息量在短时间内大幅增加，使得第三产业得到了很大的发展，促使了旅游业的繁荣。大大地增加了城市或乡镇的知名度，提升了城市（乡镇）品味，同时进一步开放了城市（乡镇）。伴随着公路运输业的深化，城镇化的水平会得到很大程度的提升，大量流动资金涌入市场，招商引资的脚步更加的稳健。极大程度上拉动了当地经济的发展。由于公路建设极大地推进了地方区域经济建设的脚步，这就使得地方区域经济发展的主要建设方式被确定为公路建设。但是区域地方经济的发展并不是一帆风顺，可能要受到很多因素的影响，比如国家政策法规的约束，还有可能自身地理环境不理想导致经济建设的缓慢。事实不仅如此，在进行区域经济建设的时候遇到的各种不一样的状况也会使得区域地方经济的建设受到很大的阻塞。所以进行公路建设时必须周全考虑综合分析地方的经济部署状况以及资源分配状况，同时还要顾及工农业发展的结构格局和中心城市的繁荣情况。另外由于公路投资的特殊性，其自身就可以引发国内生产总值的增加，进一步扩充了有效需要的需求。使得各行业的稳定经济增长得到了保证。还有，区域经济想要快速的发展，离不开完备的设施作为自身发展的基础，而交通设施恰好占有了设施中相当大的一部分比重。其主要原因是由于我国国情所致，物品生产、货币流通两者的交换和消费的过程构成了我国经济整体系统的运行。由于公路建设是交通建设因素的关键组成部分，所以即便在其他方面公路建设的影响力仍是十分巨大的。由此看来公路建设的作用是不言而喻的，另外公路建设还决定了经济活动的区位，让原本不为人知的地方成了商业交易及投资商投资的热点区域，大大地促进了周围城市的发展，同时也使得周围的土地拥有了更为广阔的升值空间，伴随着建设的深入还有可能进一步开发公路沿线的潜在资源。再有公路的建设起到了良好的枢纽作用，沟通了同一城市的工业、人流、信息流之间的联系，使得地方的经济结构得到了优化，极大程度上缩短了城乡经济一体化的进程。

二、公路经济发展的主要矛盾分析

公路交通建设的初衷就是为了让国民经济更好的发展，让人民群众可以快速安全的出行，同时服务于新农村的建设。为了更好地实现这一目的，就要打破原本公路论的束缚，用战略的眼光谋划公路的整体发展，在保证经济稳定发展的前提下全面深入探讨研究公路的适应能力。以群众的目光审视交通需求，站在行业外审视公路建设发展存在的问题，研究解决方案。就目前情况分析公路建设过程中仍存在如下问题：由于公路建设已经经历了较长的时间，始终沿着一个方向进行，在进行公路建设的时候难免形成思维定式，造成公路建设缺少新的经济理念的支撑，难以摆脱传统的道路桥梁建设养护的旧模式。再有由于资金方面的限制造成公路建设的低投入，使得公路养护的资金短缺，长期以来，公路建设、管理、养护的配套经费落实难度大、路子窄。

三、加强公路工程建提升服务促进公路经济发展

为了更好地发挥公路建设的作用，必须要以全新的角度、措施、观念及全新的机制来保证推荐公路的建设。同时保证公路建设在区域经济发展中处于领导作用已达到良好的效果。为了更好地实现以上目标我们必须要站在经济发展的角度推进公路建设的进程。以经济均衡发展的理念策划公路的发展方向转换思维进一步优化经济结构。还要以公路经济理念抓公路建设，重视人才建设积极引进先进的技术涌入公路建设，同时还要重视一体化的产品格局以及积极引导资金投入，把资金、技术、人才作为生产要素丰富公路沿线，尽可能短期形成产业互动发展以及城市乡镇经济互通的全新局面，还要注重统筹公路和产业结构的调整。把经济的发展方式、结构与转变和公路建设有机地结合起来，同时充分发挥公路所具有的纽带和载体的作用。使人力、物力、资金信息化朝着统一的方向跨地区、部门、行业快速整合发展，还要注重公路发展与公路的信息化建设。搞好公路信息网络工程配套设施以及货运客运附属设施的建设。改善公路网络质量促进公路信息的互通。另外还要注重统筹公路发展与经济之间的发展。勾通公路与大中型城市的经济、交通中心以及连接国道主干线、国省道干线之间的联系。使得为了进一步加快城乡一体化进程，满足发展要求。要做好公路周围的经济建设，对公路沿线的商业贸易、金融保险、生活日用品、餐饮进行总体性规划。要支持公路建设的措施，为加快公路经济发展建立良好的前提条件，要深化改革公路的公共服务的水平。为了能使中心城市的旅游资源得到良好的开发和保护，建设公路时必须要优先考虑该方面的因素，开发有重要价值的公路，同时对于通往国家自治区，市旅游区名胜古迹的公路要加强建设保证公路的安全和畅通。还要以经济的角度、理念看待公路的建设，积极的推进"生产发展、生活富裕、生态文明"理念以更好地服务于加快公路建设适应公路的发展。保证公路经济具备可持续发展的特性。贯穿"通过建设实现目的"的发展理念，做到公路发展与经济发展协调快速发展。以公路经济的思路服务于经济的全面发展。使公路交通的市场意识得到进一步的增强，同时还要树立为城乡群众服务的意识使得群众可以顺利完成产前、产中和产后。保证公路发展与生活富裕相互统一。处理好人民群众生产生活发展的适应性，和超前性的整体经济发展与公路发展之间的关系，使用现代化的设备以保证公路交通建设的速度得到最大限度的发挥，提高公路建设水平，为更好的保证人们出行效率，以及货物运输的流畅性做出最大限度的努力。在生态文明与公路发展的关系上要做到相互统一协调，在进行公路建设中要把公路环境保护和生态保护及

建设放在首要位置，搞好生态与公路发展的良性循环。

公路是经济建设的作为区域经济发展的重要组成部分，是沟通地方经济发展的重要组成部分，不仅仅起到了桥梁的作用，更在多方面多层次为其他行业的高速发展、促进高新技术引进、促进地方的招商引资做出了卓越的贡献。同时使得连通了多个区域和地方，使得公路周围生产的产品及生产总值得到了进一步的提升加速了城镇化的进程，同时也使得各个企业的生产规模的生产状况得到了很大程度的改善，更为重要的伴随着沿线公路的建设，一些中小型城市、乡村的经济的逐步提升，农村向城市化转变的整体进程得到了逐步深入，让城市化发展的进程更加迅速，城乡发展的协调性有了很大的提升。

第二章　公路工程招投标

自 1980 年上海、广东省等市开始重新尝试工程招投标以来，工程招投标管理一直是社会关注的焦点、热点、难点。公路工程施工招标为政府公共工程采购的一部分，由于它具有工程造价高，施工工期长，衍生的合同复杂，涉及部门、人员广泛，其招标管理工作更为社会关注。我国分别于 2000，2003 年开始实施《招标投标法》《政府采购法》后，公路工程施工招标管理工作进入了一个新纪元。目前全国每年通过招标采购建设的公路工程项目数以万计。在这些公路工程项目的招标管理中，招标管理部门严格执行《招标投标法》《政府采购法》的规定，在招标信息公开、招标评标方法、评标专家管理等招标管理的多方面进行不断的探索，使公路工程招投标管理工作已基本做到规范化、程序化，但招标采购效率仍然不高，在实践中部分政府工作人员不当干预招标管理工作，投标人围标、串标现象突出，中标人履约不力等屡有发生。所以，有必要对公路工程施工招标管理中的若干关键问题如标底、投标、评标等进行研究，结合我国制度环境，系统分析其招标管理遇到的各种典型问题，深入分析施工招投标相关部门的行为，这对提高公路工程招标采购公平与效率，探求政府进一步规范招投标市场的管理方式，完善公路工程施工招标管理，无疑具有重要的理论和实践意义。

第一节　招标的准备与实施

一、招标筹备

公路工程项目从批准立项，到完成招标文件设计阶段，称为招标前期准备阶段，而后便是进行工程招标工作。项目建设单位（业主）把工程项目的规模、标准、合同段划分、工程量、工期要求等情况，通过报刊、网络等媒体向社会公开招标或是通过邀标的方式进行招标。其程序为：发出投标邀请书，发售招标文件，投标人投标，在公证人员的监督下开标，组织人员评标。发出中标通知书，签订合同协议书，至此一次完整的招投标程序结束。

（一）施工招标应具备的条件

根据《公路工程施工招标投标管理办法》第 7 条规定，施工招标应具备如下条件：

（1）初步设计的文件已被批准；

（2）建设资金能够落实；

（3）项目法人已确定并符合项目法人的资格标准要求。

（二）成立招标组织机构

公路工程施工招标的招标人，应当是依照《公路工程施工招标投标管理办法》规定提出公路工程施工招标项目、进行公路工程施工招标的项目法人。

可以自行办理招标事宜的招标人应具备以下条件：具有与招标项目相适应的工程管理、造价管理、财务管理能力；具有组织编制公路工程施工招标文件的能力；具有对投标人进行资格审查和组织评标的能力。

招标人不具备上述规定条件的，应当委托具有相应资格的招标代理机构办理公路工程施工招标事宜。

招标组织机构由招标办公室、评标小组和招标工作委员会组成，三个机构的具体分工如下：

招标办公室负责编制招标投标工作计划、招标文件、标底及评标办法，发布招标信息，组织现场考察，答疑，办理好与投标人之间的往来文件，为招标投标过程提供所需资料、数据及各种表格，对投标文件进行初步审查并向评标小组报告工作，完成好招标投标过程中的各种具体业务直到发出中标通知书。

评标小组审核清标小组的清标工作报告、审定评标办法、评标打分并向招标工作委员会推荐中标候选人。

招标工作委员会负责招标投标工作中的行政监督，协调各方面关系、批准和审定招标投标工作计划、研究解决招标投标工作中的重大问题、检查督促招标投标工作的进度情况、审核评标小组的评标报告、确定中标人。

（三）委托招标代理机构

一般来说，招标是十分复杂的系统工程，具有完整的程序和专门的要求，其环节多，专业性强，相关的组织工作也很繁杂。所以，单纯依靠自己单位的专业技术人员，通常并不能完全满足招标工作的实际需要。同时，在相同的环境下，相同的工作团队容易形成群体的思维，这样会造成工作中的知识盲点，会引起工作失误。而委托招标则充分利用到了招标代理机构的资源以及能力，能够取得借鸡下蛋的功效。招标代理机构是指专业从事招标和投标活动的专业的组织，其在技术力量和招标经验等方面具有一定专业优势，能够制作出比较规范和完善的招标文件，可以按照规范的程序，有效的组织招投标的全过程、避免纠纷的发生，这样一来，可以为招标人节省大量的时间、人力、物力等资源。

招标人与招标代理机构双方是委托代理的关系。招标人委托招标代理机构后，在其代理权限范围内，以招标人的名义来组织招标的工作，而招标人要对招标代理机构的代理行为承担相应的民事责任。招标人需要同招标的代理机构签订书面的委托代理合同，以明确招标代理机构的代理权限、范围，责权分明，以避免越权代理引发纠纷。

（四）准备招标的图纸

通常来说，招标人编制的标底与投标人编制的投标报价，都应该以设计的图纸为依据来计算相应的工程量，同时设计又是施工活动的依据。因此，设计是工程造价的重要基础，如果设计的深度不够或者设计与工程当地的自然条件等不相符合，必然会导致施工过程中变更的大量出现，从而会使工程的实际造价背离合同价，导致工程的费用失控。

施工招标最好以施工图为基础。在通常情况下，初步设计完成后，项目法人就已经开始确立，建设的资金一般也能够落实到位。通常工程的施工图设计周期很长，如果等到施工图设计全部完成之后再开始招标，致使已经筹集的资金搁置很长的时间，进而开工时间也会推迟，从而导致带有时间价值的工程造价大幅增加。按照项目法人的要求，当然是尽早开工、尽快获益，这必然会造成工期的矛盾。为解决上述矛盾，某些项目选择在初步设计的阶段进行招标。这样，虽然工期的问题得到了解决，但是初步设计是宏观性的、方案性的文件，且经过初步设计审查以后可能还会有许多有待完善和修改之处。与此同时，作为初步设计的概算，其主要是国家对现有建设的项目进行投资控制的基本指标，也是公路基本建设项目的投资最高限额。所以，按照初步设计文件进行招标以及参照概算来编制标底，必定会造成工程实施以后大量的设计变更，工程量不够准确，工程的造价失控。

1997 年，早在高速公路建设的初期，山东省对部分项目采取标书设计阶段来进行招标图纸编制的初步尝试，这样可以有效的解决两者之间的矛盾。同时，这样也能够保证施工图的设计周期，满足项目招标人的具体要求，保证初步设计阶段的深度。标书设计阶段就是依据初步设计审查的意见，对其进行外业定测，同时在施工图的外业验收后的较短时间内，由设计单位来完成满足招标所需必要设计资料的过程，具体包括：部分设计图纸、地质钻探资料、试验资料、工程量清单等。标书设计阶段是处于初步设计和施工图设计中间的产物，可以加深初步设计，还能简化施工图设计文件（由于施工图设计的文件是工程施工过程中的直接依据，而招标过程中所必需的设计深度远不致如此）。这个设计阶段的基本要求是：简要说明工程的全貌，图示工程中的结构方案，且达到水文和地质明了，特殊要求以及特殊设计清晰、相关的试验资料齐全、工程的数量计算准确等等，能够达到满足招标所必须要求。依据标书设计阶段的招标后，设计单位还需要再进行更加详细的施工图设计，分批分期的按照工程要求提供相应设计文件，这样可以使得在工程实施的过程中，承包单位的进场和施工图的设计能够同步进行，节省大量工期时间。在工程实施的过程中，工程的造价与实际情况相符，很少有造价管理的失控现象，可以有效地解决设计深度与时间要求之间的矛盾。自从 2000 年以来，山东省在编制高速公路项目招标图纸的过程中，基本都是采用上述模式。

（五）计算工程量

目前，公路工程招标多数采用单价合同形式。因此，《招标文件》中应包含工程量清单，工程量清单中的工程量应根据施工图计算，计算应尽量准确，避免漏项，可以采取多人平行计算互相复核的方式进行核对。计算方法应与招标文件规定的计量支付规则一致。尽量避免签约后发生索赔和不必要的变更。

在广东某一公路工程的建设合同，其土方超运一项的清单数量就比实际发生数量要大三倍，这必然引导承包人将其单价做小，使工程标价不能反映真实情况，这也使业主的资金准备造成浪费；而相反情况就会使承包人在此投机，给业主造成投资超计划，工程费用增加的后果。

（六）编制招标文件

招标文件应当载明以下主要内容：

招标公告（或投标邀请书，视情况而定）；投标人须知；评标办法；合同条件及格式；工程量清单；图纸；技术标准和要求；投标文件格式；投标人须知前附表规定的其他资料。

招标文件在整个招标过程中起着至关重要的主导作用，是投标人编制投标文件的依据，关系到招标人能否选到一个优秀的承包商；招标文件又是招标人与中标人签订合同的基础，是合同的重要组成部分，是在工程实施过程中合同双方都应该遵守的准则，也是发生纠纷时进行判断、裁决的依据，招标文件关系到工程的顺利实施，也涉及招标人和承包商双方巨大的经济利益。"一份完善的招标文件已将工程管理工作完成了一半"，并可形成管理上的良性循环。

招标人应十分重视编制招标文件的工作，要本着严谨、齐全、周密的原则，以《范本》为基础，对招标投标双方在招标活动各个阶段的要求和行为进行明确和规范，防止因招标文件中的疏忽遗漏而造成投诉或让中标人在施工过程中增加索赔的机会，给招标人造成不应有的损失。

招标文件用词必须严谨、精炼、意思明确。评标时要注意投标人有无设置索赔的条文和含糊不清模棱两可的词句。如果招标文件或投标文件有类似词句可能给合同履行带来经济上的损失，就必须在澄清问题时要求投标人进行澄清，或者在合同签订时增加有关条款，防止招标文件或投标文件因为文字表达不清而招致的风险。

合同的履行和奖惩条款以及许多经济问题往往是跟日期联系起来的，这些日期包括合同生效日期、付款日期、结算日期、竣工日期等，各种日期的确定必须在合同中明确，避免由于日期的不明确而导致合同履行延长，影响整个工期，避免由于日期的不明确而产生经济上的纠纷。

招标文件中的工程说明应有针对性，即招什么工程的标，写什么工程的说明。工程说明作为投标须知的附件，其内容应简明、扼要，使投标人对所投工程的位置、范围和特点有所了解即可，投标人要想更详尽地了解项目情况，还可查阅参考资料，进行现场考察等。

专用条款和专用条款数据表给招标人留有很大的变通余地，但编写时宜注意其合理性，使其不失公正、公平的原则。一个好的合同，应能使风险和利益的分配达到最好的平衡。

在招标文件中可以将本标段的技术难点说明一下，由投标人根据这些技术难点做专题论述，这样，一来可以推动公路建设新技术、新工艺的研究和实施，二来专题论述给投标人和招标人都带来时间上的宽裕和交流上的深度，优劣更好评判。

加强招标文件编制工作力度，加大技术人员的投入，加大审查的力度，招标标底编制的时间、人力、物力和财力的投入要与项目工程量适应，保证复核工作，建议制定招标文件、标底文件编制审核管理制度，强制规定根据工程量最低限度所需要投入的人员、设备、时间，工程技术人员、造价编制人员、管理决策人员的资质要求、比例要求，复核人员的要求和规定，制定相应的奖罚制度；同时建立评估审查委员会，根据项目实施情况、变更发生情况和招标文件、标底文件发生的错、重、漏、误等情况执行奖惩。

（七）发布招标公告

《招标投标法》第十六条规定，招标人采用公开招标方式的，应当发布招标公告。依法必须进行招标项目的招标公告，应通过国家指定的报纸和刊物、信息网络以及通过其他的媒介发布。通过媒体发布的招标公告，是企业了解招标信息的重要渠道。

招标的公告应表述清晰下列内容：

（1）招标人名称、地址；

（2）招标项目名称、相应的技术标准、规模、投资情况、工期以及实施的时间地点等；

（3）获取资格预审文件、招标文件的流程、时间、地点；

（4）对潜在的投标人资质的要求；

（5）招标人认为应公告或告知的其他事项。

为规范招标公告发布行为，根据《招标投标法》和《国务院办公厅印发国务院有关部门实施招标投标活动行政监督的职责分工意见的通知》（国办发〔2000〕34号文）的有关规定，对于依法必须招标的项目，原国家计委指定在《中国日报》《中国经济导报》《中国建设报》和"中国采购与招标网"上发布招标公告。其中，国际招标项目的招标公告应在《中国日报》发布。

某些地方性的招标投标管理政策指定了另外一些地方性或专业性报刊发布招标公告，由于发布招标公告的媒体众多，容易导致信息发布的混乱。一些招标公告只在地方性的报纸上发布，有可能出现表面上的招标，实际上带有较强的倾向性，缩小了信息的传播范围，助长了地方保护主义，降低了的竞争的激烈程度，同时很可能导致招标失败。

（八）进行资格审查

资格审查是指招标人对投标申请人的法人资格、营业执照、资质证书、业绩、信誉等情况所进行的审查。

施工队伍的资质，在一定程度上反映了一个单位的施工水平、机械设备、综合管理、财务状况等；资质的高低是全面衡量一个施工队伍整体水平的重要标志之一。因此资质理应成为能否通过审查而进入市场的一个必要的前提条件。

考察承包商近几年来的业绩时，主要是看其有无建造不低于同等级公路施工的经历，特别是有无技术复杂大桥、隧道等的施工经历，避免选用经历不足、经验偏少的施工队伍，防止出现"公路成为练兵场"现象，导致事倍功半、影响投资效益。

在确认资质、业绩后，还要对承包商的实力进行调查。现代公路工程的施工，要求是高度的机械化，而机械设备、技术力量的投入是影响工程建设成功的决定性因素，因此着重对拟投入本工程的机械、人员情况审查是必不可少的一道环节。

质量是工程的生命，信誉是企业生存的保证。工程招标的目的就是通过投入适量的资金购买到高质量的产品——公路。在对施工单位的考察时应注意两方面：有些单位不珍惜自己的声誉，不顾工程质量，片面追求高利润，走所谓"低价中标，高价索赔"的路子，在一定程度上丧失了信誉，对这样的单位审查时要坚决拒之门外；对资源投入少，往往造成拖延工期、质量差的大单位，也要拒之门外，例如铁路部门某单位在工程中，由于投入不足，致使工程进展缓慢，工期滞后严重，业主只好采取强行分包措施。此后凡该地区的公路工程一律禁止该单位参与，被列入"黑名单"，彻底堵塞了漏洞，同时也教育了其他单位。

资格审查是招标投标工作的一个重要环节，其工作质量直接关系到招标投标工作的效率和公正性。资格审查可以使招标人掌握各投标人的基本情况，排除明显不符合要求的投标人，控制投标人的数量。通过资格预审的投标人的数量应以 5 ~ 8 家为宜。

资格审查可以分为资格预审和资格后审两种：资格预审是招标人在发出投标邀请前，对投标申请人的投标资格进行的审查只有通过资格预审的投标申请人，才能取得投标资格。资格后审就是在招标人发布招标公告后，投标人直接购买招标文件参加投标，开标后再进行资格审查。也就是说将资格审查放在评标阶段进行，资格审查将构成评标阶段的一项重要内容。对于一些急于开工，又不算复杂的工程项目，可不进行资格预审，而进行资格后审。

随着公路建设市场的逐步开放，关心支持公路建设、争相参与工程施工的单位越来越多，竞争日趋激烈。从众多投标单位的区域来看，他们来自祖国各地，四面八方；从行业看，他们来自公路、铁路、冶金、石油、水利、城建、市政等诸多部门；从经营方式来看，有国家大型企业、集体企业、合资企业和私营企业等。通过实行公开招标，为各施工企业提供了广阔的生产市场，同时也为业主择优确定理想的施工单位，减少业主风险，优质、高效、节约、按时完成工程建设项目，提供了先决条件。鉴于当前公路施工单位的资质管理还不够十分健全和完善，参与公路工程投标的单位常有高资质低能力，"以小充大"的现象时有发生，一旦这样的单位中标，势必导致工程质量低劣，工期拖延，管理混乱，给业主造成了不应有的损失，其主要的原因之一就是资格审查这一环节没有做充分，没有真正做到"优胜劣汰"。因此，高度重视资格审查是保证业主利益的第一道防线。

1997年8月1日，交通部发布了《公路工程施工招标资格预审办法》，对资格预审的有关问题做出了相关规定。根据此《办法》，由建设单位结合项目具体情况制定资格预审评审细则，报评审委员会审定。在资格预审评审细则中，对投标申请人的施工业绩、拟投入到本工程的关键人员、主要设备、主要财务指标、履约情况等条件，均应制定强制性资格标准，对投标申请人的技术能力、施工经验和财务状况等制定具体评分标准。

（九）发售招标文件

交通部〔2006〕第7号令《公路工程施工招标投标管理办法》中的第21条规定："招标人应按招标公告或投标邀请书里面规定的时间和地点出售资格的预审文件和招标文件。资格预审文件和招标文件的发售时间一般不得少于五个工作日。"这样可以确保处在不同地域的投标人均能够有足够的时间购买到资格预审文件或招标文件，保证招投标活动竞争的公平性。

二、招标过程实施要点

（一）合理确定招标方式

公路工程施工招标应当实行公开招标，但是如果符合下述任一条件，不适合公开进行招标的，在依法履行审批手续后，仍可进行邀请招标：1）项目技术复杂或有特殊的技术要求；2）符合条件的投标人的数量有限；3）由于自然地域环境限制的；4）公开招标的费用占工程费用比例过大的。

（二）合理确定合同类型

招标人要合理地确定工程项目定标后的合同类型，施工合同的类型可以分为以下几种固定总价合同、可调总价合同、固定单价合同、可调单价合同。

一般来说，如果项目的施工周期不太长，施工图纸详细齐全，预计可能出现的设计变更比较少，可以选择固定总价合同，这样招标人能够尽早地控制投资。如果在固定总价的基础上再预留一定的不可预见费，就成为可调总价合同。如果项目的设计深度不够深，预计会出现一些设计变更，就应该选择固定单价合同。

如果工程量变化太大，就可能需要改变施工方法，从而引起较大的单价变化，需要重新调整合同单价，就成为可调单价合同。

如果预计在项目施工周期内会出现物价涨跌，特别是建筑材料和安装设备较大幅度的涨跌，则只能采用可调单价/总价合同。也可以采用调价公式法进行调价。

（三）合理进行标段划分

二○○六年八月一日起施行的交通部的〔2006〕第7号令的《公路工程施工招标投标

管理办法》中的第十三条规定："公路工程的施工招标标段，应按有利于对项目实施管理和规模化施工的原则进行合理划分。"那么，怎样划分标段才算合理呢？这就要求标段的划分应适中，以使承包人能够全面组织机械化施工、合理地投入人力、财力、材料和机械设备以及摊薄管理费用、提高经济效益。标段划分的合理性、科学性也将影响工程项目的投资成本。

1. 标段划分的一般原则

对项目实施管理和规模化施工有利。标段划分太大时，中标单位管理上力不从心，可能完不成合同内容，业主只能指定分包，增加了业主的管理难度。标段划分太小了，会使施工成本增加，施工干扰增多，业主和监理的施工协调和管理工作量也将增加。当面向大型工程承包单位招标时，标段可以很大；面向小型的专业化施工队伍招标时，标段可以划得较小。

以最优化工程组合划分标段。根据公路工程以大量土石方路基及桥涵构造物等分项工程组成的特点，在标段划分时，应综合考虑标段内的土石方平衡，不要造成有些标段土方不够要外借，有些标段土方多余要弃方的情况。在外借土方较多的项目，要综合考虑地方道路与料场的位置，组合最佳的经济运距以降低工程成本。

以专业化分工划分标段。每个工程项目都有许多标准构件，如预应力 T 梁、空心板、圆管涵、路缘石等，若每个施工标段自行施工，将投入较大的资源和设备，质量也难以控制。因此标准构件统一生产、安装，将为工程项目的质量提高和工程成本降低起到很重要的作用。其次，如特大桥、特长隧道等都是专业性很强、技术含量很高、设备投入很大的分部工程，在标段划分时，要以单独的标段进行招标。

按明确责任原则划分标段。招标时如果采取按照路基和路面分别划分标段，从表面上看是为了适应专业化的施工，节约资源，而从实践上来看则存在以下两个问题：其一是出现了质量问题后难以界定责任；其二是工期的衔接很难得到保证，带来的相应结果是投入的增加和工期的延误。

2. 标段划分过小的缺点

从承包方来看，因为标段划分得过小，参与项目实施的承包人数量增多，分别用于诸个承包人的调遣费、驻地建设（包括办公、生活用房，加工、预制场地，库房等）、主要施工设备、临时用地、临时道路、供水供电线路和项目管理的费用等都要相对地增多，形成"小而全"的投入和配置，无疑会增加整个工程项目的间接费用。国际上常用的组合标折扣，即同时投中 2 个以上的标段，降价百分之几的做法，这个折扣率可以看作是从上述管理费或间接费中节省的。

标段划分过小，招标人和监理在工程的管理、协调、监督、验收等方面将面对数位以至十几位承包人，其施工进度、质量管理水平参差不齐，在施工过程中各种衔接、作业面交叉、时间安排以及争议发生的概率都会增多，这无疑增大了管理、监理的工作量和工作难度。

过小的标段，无法吸引大公司、大企业和跨地区的承包人来投标。一般来说，在加强分包管理和严格禁止层层分包的前提下，大公司、大企业与小公司，小企业相比，其优势在于具有良好的履约信誉基础、管理规范、施工经验丰富、机械化程度高，对保证工程质量是有利的，但如果标段划分得过小，承包人无法充分开展机械化施工，大公司、大企业的优势就很难得到充分发挥，并且难以在标价上与小企业相竞争，他们出于企业生存和发展的考虑，会把精力放在较大规模的项目上，而对小项目关注度不高。至于吸引跨地区的承包人参与项目的实施，可能会带来一些新技术、新工艺和外地乃至海外成功的施工经验，对于本地区的公路建设会有借鉴和学习的作用，并对本地区公路施工水平的提高会有所帮助。但是，相对于本地区的公司、企业，跨地区的承包人的调遣费、某些材料的成本和项目管理的费用会更高，标段划分过小，这部分费用就无法摊薄，自然在报价上无法与本地企业竞争，从而影响他们跨地区参与投标的积极性。

如广东某地某国道项目，工程长度20km，山岭重丘区二级公路，路基宽度12m，当地政府及建设单位按官员意志行事，最小标段竟然仅有200m，投入了过多的施工单位，严重影响了工程的连贯性，不利于机械化施工，施工成本大大增加。

3. 标段划分的合理长度

交通运输部曾于1992年提出在外资贷款项目中，为吸引国际大公司、大企业参与投标，一级公路、高速公路每标段应在20km左右。依据济青高速和潍莱高速的经验与教训，对国内比较大的承包商，一个标段一般以大约15km为宜，如果结合行政区划分，最大也不能超过20km，最小也不宜小于10km。路基、桥涵、路面工程由同一施工单位施工，交通工程应该按项目类别独立招标。对一级、二级公路，通常的二级资质施工单位，每标段划分以5～10km为宜。在济青高速公路的建设时，其最小的标段为25km，而最大的标段为58km，其平均值约为40km。在潍莱高速公路建设时，其标段最大是21km，最小是一座大桥，其平均值大约是14km。实践证明：济青高速公路的个别标段划分范围过大，这样导致给承包单位增加大量的压力。虽然中标的单位多数都是大型企业，具有几万人的施工队伍，但其人员散布于全国各地，一般企业都有若干的在建项目，很难抽调所需要的人力和物力。从工程管理力量和技术力量以及施工机械设备和资金等诸多方面都显得力不从心，从而导致工程拖沓，质量难以得到保证，工程后期，业主也只有进行指令性分包，给整个项目带来损失。

（四）合理确定质量标准和合同工期

交通部〔2006〕第7号令《公路工程施工招标投标管理办法》中的第十三条规定："施工的工期应按批复的初步设计建设工期，结合项目的实际情况，合理确定。"工期过短会增加施工成本，并可能对施工质量有较大影响；工期过长，会使业主的投资效益受到损失。

招标人应该合理地确定招标工程的质量等级，工程质量目标等级应实事求是，不必提出过高的要求，如国家级、省级、市级的各项质量奖，以免增加造价，造成浪费。

招标人最好在合同中根据确定的质量等级和工期要求，设置相应的奖罚条款，用以激励和约束承包商。

工期过长，投资的效益难以得到发挥，这样投资的回报就会减少，从而增加招标人的管理费用、监理费用以及土地临时租用费用等等，同样也会导致承包单位增加施工的管理费用和设备租赁费用等，造成投资额增加、投资的效益降低。如果工期过短，则难以确保工程的质量和安全，例如，某些大型桥梁和高填方的路段如果不能保证合理的施工周期，路基会发生下沉，桥头跳车等现象就会难以避免。一般来说，路面油层对施工温度的要求比较严格，在我国北方的大部分地区，一年有大约 5 ~ 6 个月的时间不能进行路面油层的施工。所以，工期过短或者对工期的安排不当，就会导致无法完成工程任务。如违背自然规律抢工期，则可能会造成工程的质量事故，这样也会相应地增加投资。

工期的设定不应该一概而论，应结合当地的自然条件、工程规模、工程复杂程度、材料供给、资金状况、当地的施工水平等综合考虑，合理的工期既要能保证工程质量、安全，又要能保证合理的投资收益。

（五）合理确定投标文件的编制时间

《中华人民共和国招标投标法》中的第二十四条规定："招标人应确定投标人编制投标文件所需要的合理的时间；但依法必须进行招标的项目，从招标文件开始发出之日起至投标人提交投标文件截止之日，其最短不得少于二十日。"交通部〔2006〕第七号令也在第二十一条规定："招标人应合理确定资格预审申请文件与投标文件编制的时间。编制资格预审申请文件的时间，从开始发售资格预审文件之日至潜在投标人提交资格预审申请文件截止时间，不得少于十四日。投标人编写投标文件的时间，从招标文件开始发售之日至投标人提交投标文件时间止，对于高速公路，一级公路，技术复杂的特大桥梁以及特长隧道不得少于二十八日，其他公路工程不得少于二十日。"

当前，我国国内一些公路项目仍不同程度地存在缩短招标时间的问题。原因是多方面的，很多项目是由于国家加大了对公路等基础设施建设的投资力度，各地的交通主管部门大干快上，纷纷出台地方公路网规划并规定了最后的完工期限。由此，不少项目招标人在实际工作安排上是先确定最后通车期限，然后对项目实施的时间表进行倒排，从而压缩各个环节的时间，包括压缩招标采购时间，如招标文件在初步设计未完成的情况下即着手准备，招标提前进行，缩短投标人的投标时间，缩短评标时间等，此类举措会使正常的、规范的招标程序受到严重的影响，也会在后期项目实施过程中产生变更、索赔、不履约等问题。

第二节　标底的编制与确定

一、标底的概念及分类

（一）标底的定义

标底是指招标人依据概预算定额以及概预算编制办法计算，得出来的工程造价，是招标人对拟建设工程造价的期望值。

标底是在我国的工程招标过程中的特有的一个概念，设立标底是针对我国当前工程建设市场的发展状况以及我国的国情而采取的措施，设立标底是具有中国特色的招投标制度的具体体现之一。国内工程招标标底是与国际惯例之间的最根本区别，标底是招标人对招标工程的预期价格，也就是计划的价格。

按国际惯例，业主在工程招标的过程中会委托招标代理人或专业的造价估算公司来对工程造价进行估算，但估算造价只是作为投资额度和判断投标人报价高低的参考之一，不会将其作为评标的标准，其一般选择在实质上是响应了招标文件的最低评标价为中标单位。

标底在本质上属于我国计划经济的产物，它是以定额为基础进行计算的，反映了全国平均的生产力水平。但投标人的实力、经验和管理水平是各不相同的，与定额相比也有所不同，所以，单纯以标底为依据进行评标无法充分体现投标人之间真实实力的竞争，反而变成了各投标单位做标人员对于定额掌握熟练程度的竞争。即使采用了复合标底能够减少人为的干扰因素，但从本质来看也并不能改变标底的计划经济色彩，仍无法形成充分的市场竞争。

（二）标底的分类

（1）概算标底：是指以获得批准的概算的相应部分作为标底。这种方法，如果概算投资额与实际的造价存在较大差别，会对工程项目的实施管理产生不利影响。

（2）预算标底：是指招标人自行组织计算或委托专业的造价咨询公司等按预算定额来编制的标底。招标人自行组织编制标底时对其编制人员水平要求较高，应选择业务强、有经验的人员编制，这种方法在以往的公路工程招标中经常采用，近几年用得较少。这种方法既不能有效地降低工程造价，又不能从源头上杜绝腐败；委托造价咨询部门编制标底时，由于造价工程师与各投标人所处区域不同，掌握的标准可能也存在差异，因而标底的编制很难做到准确，同时也容易造成标底泄露。

（3）无标底：是指招标人并不组织编制标底，二手以投标人投标价的加权平均值或该平均值乘以一个合理的下降系数来作为招标的标底。这种方法的最显著的优点是不必担心针对某一投标人编制来标底或对标底的泄漏。其缺点是多家投标人联合起来可能会操纵标底，从而操纵最终的中标结果，影响评标工作的公平性和公正性；如果多家投标人联合起来抬高标价，可以使中标价偏高，导致业主受到损失。

（4）复合标底：是指以投标报价的平均值与业主标底加权之和作为标底。在开标以前招标投标双方均不知道复合标底的具体数额，所以复合标底具有不可预知性。复合标底较好地解决了标底编制过程中的某些人为因素，有利于对投标报价的科学评价。复合标底综合了概（预）算标底和无标底的特点，可以有效地避免招标投标中的恶性竞争以及围标、串标，较好地适应了当前我国公路工程建设市场由计划经济向市场经济转变过渡时期的现状，是目前使用范围最广的一种标底。

二、标底的编制与审查

标底是评审承包商报价、支付单价和科学选择施工单位的重要依据之一，标底的确定必须结合工程项目实际情况，准确可靠。编制标底是整个招标工作的关键环节，对此应引起高度重视。

（一）标底编制的准备

标底的编制是一项严肃的工作。其一，标底的准确性和合理性将会直接影响到建设项目投资的合理利用；其二，标底直接关系到投标人的合理收入和投标的积极性。因此，正确的、合理的编制标底是一项非常重要的工作。

一般来说，编制标底必须全面掌握招标文件中的投标须知，合同条款，技术规范以及计量支付等相关内容，使标底的编制合理而准确，既不重也不漏。需要引起注意的是定额项目单位必须要与工程量清单一致。

工程量清单一般是指按公路工程国内招标文件范本的规定进行编制，要注意工程量清单里面特殊说明的相关规定。必须仔细阅读招标文件相关内容，注意和工程量清单在数量上的对应。尽量按照设计文件的具体要求，根据合理的定额依据，编制出更加合理而实际的标底。

在土方工程施工中的取土和弃土位置的调查中，需要准确确定土方工程的施工方法以及取土和弃土坑的位置及相应的运输距离。必须对材料价格进行现场调查，以了解建筑材料的具体参数和种类，熟悉诸如产地、产量、规格、运输方式、运距、装卸费等因素。应该明确各种不同材料的供应位置及其供应范围，按照最经济的材料价格来编制最合理的工程招标的标底。此外要对临时工程中的便道、便桥以及电力、电讯线路和施工场地的用量、位置的现场等进行确定，需要特别注意电力的供应状况，要求能够合理地安排自发电与工业用电的比例。

注意收集工程相关的国家以及行业的政策、法规、造价信息和地方政府等其他有关的资料。

（二）确定合理的施工组织方案

根据调查得到的资料并结合工地的实际情况，制定切实可行且经济合理的施工方案，这样才能够更客观地反映工程的详情，在编制标底时才能更精准的把握相关定额，确保相关费用更加合理。

根据招标文件和设计图纸，结合现场勘查的情况，可以绘制施工的平面布置图，其主要内容包括办公室，仓库、加工维修的车间和职工的生活区，临时性的建筑物，水电的供应线路和临时的排水设施，材料和机械设备等堆放的位置，大型构造物及路面材料拌和的施工场地，最后还要合理安排进出现场的便道便桥，电力电讯线路和其他相关设施。

根据上述内容，绘制工程的概略图。根据技术组织和生产力组织等基本情况对施工的过程进行合理的时间概略安排，使得施工过程中的人、机、料的调配以及租用的吊装设备等各项费用更为合理。

（三）选择合理的定额及相关费率

根据最佳的施工方案，选择合理的工程定额，按照交通部公路基本建设工程概预算编制办法规定及业主的相关要求综合选定相关费率。在选择使用定额时需要注意对应的工程内容的说明，要做好临时设施和吊装设备费用的分摊，个别缺项的定额可以采用补充定额或以调查项目单价的方式进行确定。

（四）确定材料单价

在上述说明的调查、收集资料的基础上，必须认真选定合格的材料原价，按相关部门的规定，合理计算材料的运杂费用和装卸费用等。对于自行采购的材料和自办运输，则可以套用交通部公路工程的预算。工程中所需材料名称的确定，可以用交通部公路概算的电算软件进行计算后确定。

（五）人员组成

参加编制标底的技术人员必须对设计内容、工程地质情况、施工方案、公路工程设计预算定额、取费标准、合同文件以及施工现场管理等非常熟悉，在上述基础上才可能在编制标底时做到得心应手，少出纰漏，使编制的标底更加符合工程的实际。

（六）标底力求准确、合理，正确反映工程实际

编标标底的过程中必须以交通部定额和编制办法等作为依据，谨慎的选定各种费率。在确定标价时必须充分考虑以下几个方面因素的综合影响。

首先，在市场经济的条件下，要充分考虑市场、价值规律的作用和国家经济政策对市场的影响。

其次，在技术革新的潮流中，要积极的鼓励"四新"技术成果的应用，按图纸和合同

文件的相关要求，充分考虑工程的施工工艺，设备材料，以及施工环境对造价的影响。

最后，在竞争日益激烈的公路建设市场下，要适当考虑竞争对标价的直接影响，必须充分考虑到施工单位的实际情况，标价的确定要高低适宜，使得投标人能够有利可图。

（七）标底保密

在编标期间，编制小组必须制定严格的纪律，要求全体成员认真遵守并给以必要的限制，严格限制小组人员与外界的通信联系与交往，以确保编标是处于保密状态下进行的，严防泄密。标底制定以后仅由一人汇总，上交分管领导来确定实际的标底，使得参加编标的其他人员也不能完全了解标底的实际数值，确保标底的严密性。

（八）标底审查

标底文件主要包括标底的编制说明，计价工程量清单，主要的人工和材料，机械数量和施工组织方案等。

审查根据定额计算的工程量。审查定额项目计算的工程量包括工程量清单的每个细目的个数，数量与组成的合理性；定额的采用以及费率的取定是否充分合理等；在分析计算材料预算单价的过程是否具有错误及不合理的价格等。

审查标底的编制依据。审查各种定额和人工工资，材料原价以及各项取费标准的选用，能否符合国家及地区相关规定。

审查组成标底的费用。审查施工组织计划以及施工的方法的合理性，审查套用定额是否正确，补充定额的编制是否适合，审查各项费率的确定是否准确等。对应相关工程项目单价的费用分析标底单价，对于明显不合理的工程项目的单价，要仔细核查设计图纸工程量与标底采用的工程量的一致性，特别需要注意的是定额工程量的单位，避免发生较大的错误。

（九）编写审查报告

审查报告的主要内容包括审查单位和审查人，审查依据和审查中发现的问题，标底的修改意见等等。保质保量的写好审查意见，与编标单位及其相关人员进行协调，以修改标底编制过程中的错误，从而确定更加合理的报价。

三、设标底投标的优缺点

（一）设标底投标的优点

对于公路工程招投标，设置合理的标底，可以防止投标者围标、哄抬标价，控制项目投资，同时科学的标底也可以用来衡量投标单位标价是否合理，因此，在公路工程招投标中，科学合理设置标底是十分有必要的。

（二）设标底投标的缺点

但另一方面，设置了标底的招投标，并不完全符合社会主义市场经济规律，不利于投标者之间的公平竞争，亦不能很好地体现"公开、公平、公正"的三公原则。

招标投标之所以能成为工程承发包的主要方式，就是因为它体现了"公开、公平"，根据实践来看，有标底招标造成的招标投标纠纷越来越多，因为受标底编制准确性局限，如果编制的标底与实际价格产生较大的偏差，则可能导致所有投标人都因投标报价过高或过低，偏离实际有效标范围成为废标，或导致最后的中标价格与实际的偏差较大。

第三节　投标的技巧与策略

一、对投标书的认识

投标书是投标人的投标策略、实力水平等的综合体现，正如施工图纸是工程师的"语言"，投标书也是投标人的"语言"。一般来说，投标人只有通过标书，才能详细的展示自身的实力，以明确表达投标的诚意，真心实意地提出投标的书面承诺。同时，招标单位也只能通过标书才可以客观公正并准确地评价投标人的实力水平。

（一）投标书是投标人投标意愿的重要表达方式

通常，招标人通过新闻媒介以及其他公开方式向投标单位发出邀请，对来参加投标的单位详细的介绍工程概括，带领投标人对工程的现场进行实地考察，并对其提出疑问给以解答。这些过程明确表明招标单位的诚意及其对投标人的欢迎。在投标的过程中，投标人所持态度只有通过投标书才能表达。而标书的标价高低和整体质量则是衡量投标单位的技术水平和管理水平的重要标准。所以，投标人的投标愿望只有通过标书才能表达和实现。

（二）投标书是投标人自我展示实力的重要途径

公路建设市场是一个很大的开放性市场，招标单位不可能对参加投标的每一个单位都具有一个客观而全面的掌握。作为投标单位，可以根据招标文件的相关要求，借助投标书的方式，可以详尽地说明自己的技术实力和优势特点等，让招标人对其机构设置情况，设备和财务状况等具有一个整体的认识。标书既要对自身丰富的经历给以说明，还要通过标书的施工组织设计等其他方面给以佐证。要力求实事求是的展示自身的成绩、实力和荣誉等方面，以便使招标人能够客观公正的评价，进而实现推介自己的目的。

（三）投标书是投标人向业主提交的书面承诺

投标书是投标人对招标文件的响应，投标人应该根据招标文件的相关规定，逐项逐条地予以确认并答复。也就是说，投标书是针对招标人提问式的要求而给出的具有书面承诺和保证的文件。在中标以后，投标书将具有法律效力，是招投标双方必须遵守的约定，所以应认真而谨慎的编制。

（四）投标书是投标人维护自身利益的原始根据

招标人和投标人签订合同协议书（除与招标文件不一致者外），表明招投标双方对投标书的内容均予以确认，所以双方都要恪守承诺。一旦出现违约，在诉诸法律时，投标书就是解决问题的原始依据，投标人可据此维护自身的合法权益。

综上所述，一份有竞争力的投标书，必须具备以下四个条件：首先是有竞争力的报价；其次是具有真实、齐全并且符合招标文件要求的标书内容；第三，是有充分展示投标人自身实力的准确数据，严密的文字表述和优秀的图表照片等说明材料；最后是具有针对性的、切实可行的、保障得力的质量保证体系和施工方案。

二、投标书的合理报价

一个优秀的投标书，其优秀之处的最佳体现就是投标报价。投标单位能否中标，合理的投标报价是业主招标时首先考虑的主要因素，同时也是最能表现投标单位实力的反映，一个精明的投标单位，其高超的投标艺术就是使自己的投标报价尽可能接近标底价格，或控制在标底价格的 +5% ~ -15% 之间。要做出让业主能够接受和满意的合理报价，要切实做好下面的工作。

（一）编标准备

编制标书并不是一个简单的工作，它是决定投标成败的一个十分关键的环节。前期的准备工作做得是否充分将对标书的质量起到重要的决定性作用。因此，编标前必须做好以下几点：

（1）成立一个知识结构相对合理，经验丰富并且富有敬业精神的编制团队。投标人的意志和决策等很多信息都要通过标书来传递，标书的水平高低、质量优劣等也是标书编制人员对问题的理解程度、自身经历以及个人业务水平的综合反映。因此，标书编制团队的专业要齐全，必须包含工程技术、工程造价、财务、机械等相关专业的骨干技术人员。此外，构成成员中还应该包括经历和经验丰富，逻辑思维能力强以及文字功底深厚的专家。与此同时，由于标书编制的工作量大，通常需要加班，有时还需要进行多次的现场考察和社会调研。上述的外业工作也要求必须高精度、细致而全面地完成，包括偶尔会遇到的意想不到的困难等等。因此，参加标书编制的人员必须有吃苦耐劳、任劳任怨的敬业精神，这些都是一份优秀标书编制过程中必不可少的基本条件。

（2）必须对工程项目本身有一个清晰的认识。标书编制人员应该通过现场实地考察和咨询、调查等多种技术手段，尽量多地获取工程相关信息，并对其加以整理，取精去粗，存真去伪。例如，应对工程的规模、工程地理环境、工程的水文地质、工程料原料质以及交通状况等有个清晰的认识；对于设计文件和招标文件都要了然于心；对于影响工期的工程重点和难点问题要早做计划；对于施工驻地和出入的通道等都要有整体的构思。只有细致入微的做到上述方面，在编标时才能做到游刃有余，编制出来的施工组织计划才能够达到方案合理、重点突出、难点明确。

（3）应掌握竞争对手的基本情况。做到知己知彼，百战不殆，若想获得竞争的最后胜利，必须对竞争的对手做必要的了解。只有将对手竞争的动向及其特点搞清，才能在标书的编制过程中准确的突出自己的竞争优势，提交一份适合竞争的报价，从而掌握竞标的主动权。实践证明，市场的竞争是残酷的，每一个标段一般都有大量来自诸如铁路、公路、水利等各行业的队伍，从五、六家至十几家，尽管参与竞争的对手在各地市场占有各不相同，其竞争的目的也大不一样，有的是为了打开市场，有的则是为了巩固市场，可能还有的仅仅是为了了解市场。所以，准确地把握竞争对手的心态差异，搞清其真正竞标的目的，就有可能既中标，又可以获取最大的经济效益和社会效益，这样的话，标书编制工作就可以更加从容，更富含针对性。

（二）正确把握标书编制的依据和原则

在准备工作完成以后，即进入标书编制的实质性阶段。在此阶段，一般要充分利用已经积累的经验和收集到的信息，分析研究的意图和招标人的心态，多下功夫，编写出符合招标单位要求的标书。在此过程中，招标文件是编制标书的主要依据和原则。首先，要认真仔细的研读招标文件，做到准确理解和把握招标文件的具体要求与规定，这是标书编制过程中必须遵循的指导思想，也是编制符合工程实际、内容齐备标书的重要前提。因此，理解一定要正确而准确，不能出现误差。要明确工程的专用条件中的特殊要求，以避免漏项和重报，从而造成不必要的额外损失。此外，采用合理的预算编制定额、适当的综合费率、科学先进的施工工艺也是编标时应遵循的原则，依靠科技降低成本，是最具竞争力的"撒手锏"，也是业主大力提倡的。因此编标时要在报价中充分向业主表明出这一点，以期得到业主的信任。

（三）认真进行标价清单的复核

编标结束前还要对标价清单进行详细的复核，按照招标文件提供的工程量清单逐一进行对照复核，避免漏项、重计和算术性错误，不至于功亏一篑，前功尽弃，丧失一次机遇。

三、投标书的报价策略

（一）采用不平衡报价为报价策略

在总价确定以后，在不提高投标报价和影响中标的前提下，可以通过调整报价细目，以期望获得最理想的经济效益。这一策略对于单价合同尤其适用，工程量最终按实际结算，利用其工程量清单中的个别或部分工程量错误，分析将来施工时可能增加或提前结算的项目，将其所在的单价提高，反之，项目的单价相应降低。二级及其以下的公路设计一般较不成熟，尤其是排水等结构物在实际的施工过程中，通常有所增加。此时，可适当提高圆管涵等结构物的单价。在采用不平衡报价的策略时，特别应注意涉及数额较大的不平衡报价有可能导致废标。

（二）以力求投标价最高分为报价策略

要求造价工程师编制的投标报价应准确、合理。

（三）以盈利为报价策略

通常，该投标策略一般在建筑市场任务多、投标单位对项目拥有技术上的垄断优势、由于工期短，竞争的对手数量少，业主支付的条件不够理想或工程量较小而机械设备必须运输到较远的距离，施工的环境恶劣，条件艰苦而风险性较大时方可采用。

（四）以微利保本为报价策略

在报价时尽量降低利润甚至不考虑利润，这种投标的策略通常是在企业工程任务不饱满，建筑市场供不应求，参加竞争的对手多而强，竞争激烈并且业主支付的条件理想、施工条件好、工地转移距离短、工程量大、单价合同、设备、劳务能力能够得以充分的周转使用、工程的变更索赔机会较多，并且业主按最低标定标时，通常采用此策略。

（五）以低价亏损为报价策略

在施工单位参加市场竞争时，力求打入其他新的地区、开辟新的业务，并计划占据一定的位置或急于解决企业停工、设备停滞等危机时，可在第一次参加投标时，用最低限度的报价、保本价、无利润价、甚至亏损3%（5%）的投标价格进行投标。

四、投标书的报价技巧

报价的合理性是从整个工程的不均衡报价中体现的，也就是说，在各分项、分部工程的报价上要有所侧重，通过整体的不均衡来做到报价的合理。在编制投标报价时，切忌倚高就高或倚低就低，造成标价的不合理。因为，每个单位有着自身施工优势和特点，在优势项目上可降低报价同对手竞争，在一般项目上保证合理的经济效益，总体上达到技高一筹，所以在报价时完全可以"丢了芝麻，拣到西瓜"。此外，在研究分析自己的报价后，认为有必要再下调时，还可利用降价声明优惠一定的数额，提出最终报价，但应注意降价声明是必须随同标书一起投送的。

五、注重标书内容要充实、重点明确

社会各界对评标的工作都非常关心，招标方一般都能做到严肃认真，公平公正合理，客观而全面。除了标价因素外，业主通常还需要考虑诸如施工方法、质保体系、机械设备、工程管理等方面的因素。在编制标书时，一定要注重标书的真实性、完整性，千万不能通过夸大自己的实力，美化自己的信誉来博得业主的欢心，即使一时中标，也会在日后的施工过程中暴露出来，因此编制标书一定要做到以下几点：

（1）标书承诺的真实性和可靠性。根据前述，投标书是要体现投标人严肃认真的诚挚态度，标书中所列的业绩、设备、人员、有无分包以及能否按时进场开工等各项承诺必须经得起实际的考察和实践检验。如有弄虚作假引起信誉危机，将在评标过程中处于不利的地位，甚至会导致失去再次投标的机会。

（2）标书内容的符合性和完整性。招标文件对投标书的要求非常详细和严谨。投标书必须根据相关要求，严格按照规定的格式，将全部的内容翔实全面地展现出来。绝对不允许出现有违背招标文件规定和要求的相关内容，对招标文件问题的回答及说明务必要做到完整具体、具有说服力。

（3）标书技术方案的先进性和合理性。标书提供的施工方案要充分体现到投标人在施工经历上的优势，拟选用的施工方法应具有可行性和先进性，其主要应集中体现在分项工程、主要工序的合理科学安排，尤其是对关键的工艺、特殊构造物的施工方案更应重点明确，以使招标人能够通过方案对投标人的技术水平具有客观公正的全面认识。

六、标书中常出现的问题

近几年来，大多数的投标单位非常注意标书格式、内容，做到精致美观，标准规范，符合业主的要求。但通常也存在着一些问题，增大了业主招标工作的难度，造成投标的被动。主要表现在以下几个方面：

（一）格式不符合规定

根据每个工程项目的实际情况，业主在招标文件中都具体规定了标书的格式，递交的时间、地点和联系电话等，只要认真阅读招标文件就不会出错。有些单位由于投标经验不足或疏忽大意在标书密封上出现问题，比如正副本问题、密封章问题，密封封面的书写格式等，由此导致不能通过审查。

（二）拟投入的人员、设备泛多，重点不突出

投标单位往往存在一种误解，认为投入的人员、设备越多越好，越能满足工程需要，从高级工程师、工程师、技术员一个不少；从桥梁施工设备到路面铺筑设备应有尽有。一方面作为一种对业主的承诺，增加了自身的运作负担；另一方面，不能突出重点，比如山

区高速公路与平原高速公路相比较，其工程特点是显而易见的，石方工程为主，土方工程次之，因此在拟投入的人员、设备中就要大力突出石方爆破设备和爆破技术人员，而不能泛泛投入与此无关的人员和设备。

（三）标书内容不完整

标书的内容是业主评标和执行合同的重要依据，标书内容不完整，就会使业主不能充分评价投标单位，或者造成执行合同困难。一些投标单位的标书中对财务状况及审计情况填写不完全、不清楚，就会使业主产生对财务履约能力的怀疑，进而产生不信任。对附属工程不重视，无临时工程、临时占地数量或数量不准确，在以后的工程实施中就会造成执行合同困难，超出临时占地用量的部分，按规定是有承包商自行解决的，不但增加了自身的负担，同时也加大了业主的风险。

七、正确利用问题澄清

投标人在投标的过程中，招标人要求投标人对标书进一步澄清的有关问题，一般都是标书编制时应注意的问题。例如，对工程实施过程中的分包问题，建设单位一般都非常关心，而通常的标书大都回避这一问题，所以常常会造成澄清问题时的被动。当前国内在建的项目中一般都不同程度地存在分包的问题，分包已经成为普遍的问题并逐渐为招标单位所接受。因此，投标人在编制标书中要着重说明在分包的管理中，应该如何在质量、进度和工期等方面，对分包单位进行科学而有效的管理，以确保高质量地完成建设的任务。投标人要实事求是的展现自身的想法，以获得招标人的信任。问题的澄清是对标书的进一步补充，也是向招标人再次展示自己优势和真诚合作的机会，必须牢牢把握和准确利用。

通常，只要正确认识到标书作用，严肃的对待标书编制工作，对其足够重视，并不断地吸取投标的经验和教训，认真对其进行总结，积极探索。每次投标活动都应不断改进，准确地掌握市场竞争的行情，则一定能编制出竞争力强的优秀标书，在残酷的竞争立足不败之地。

第四节　评标行为与方法

一、评标委员会

《招标投标法》的第三十七条规定："评标委员会由招标人的代表和相关技术、经济等方面的专家组成，成员人数为五人以上单数，其中技术、经济等方面的专家不得少于成员总数的三分之二……。"由既有系统理论知识，又有丰富实践经验的来自不同专业的专家参加评标，能够全方位地评议投标人的优劣。因此专家评委在评标中的作用越来越得到重视。此外，在评标委员会中将招标单位代表的人数控制在三分之一以内，能在一定程度上降低招标方主观因素对评标结果的影响，减少招标方与投标人串通的可能性。为了更好地发挥专家评委的作用，有以下几点可以考虑。

（一）对专家库进行分类管理和动态管理

目前，对专家的管理主要停留在专家资格准入上，只要符合资格入围条件进入专家库名单，经抽取后一般即可参与所有工程的评标。然而，多数的专家只对某一专业甚至只对某一专业的局部熟悉，如果采取这种专家抽取方式，往往会造成A专业的专家去评B专业的内容，例如从事技术工作的专家却被抽取评商务标，显然不能达到理想的评标效果。因此，建议对专家按照行业和专业进行分类，分成勘察设计、施工、监理等行业，再进行专业细分，将技术类专家与经济类专家分开。抽取专家时应分别从相应的专家库中量才录用，有针对性地对每一具体的工程做出准确的评价。这一方式正在被逐步推广采纳。

此外，对专家库中的专家应该进行调整充实和动态管理。以目前上海市的评标专家组成结构上看，大多数是设计、施工方面的，缺乏技术经济方面的专家。在对专家库进行充实的基础上，还需通过定期或不定期的更换专家进行专家库的动态管理，避免评委总是老面孔的问题。例如可对评委的业绩进行考评，每个专家的业绩都应作为今后是否被续聘的依据。

（二）中标单位的确认权

《招标投标法》第四十条规定"招标人根据评标委员会提出的书面报告和推荐的中标候选人确定中标人。招标人也可以授权评标委员会直接确定中标人。"一般而言，对于推荐候选人的做法比较适合于大中型工程或者技术工艺比较复杂的工程。对于一般工程或者技术工艺比较简单的工程，应当多采用由评标委员会直接确定中标人的方法。

二、确定评标指标体系的原则

（一）科学性原则

是指标体系的设计要力求实事求是，要力求客观真实地反映被评价系统的状态。这样就会降低低价中标产生的劣质风险和优质中标产生的不合理高价的风险。

（二）完备性原则

是指标体系作为一个有机的整体，应该从不同的角度反应被评价系统的特征，不能在主要方面有所遗漏或偏颇。否则，评价结果就无法客观真实而全面的反应被评价对象。在确定评标办法前，应预测开标时有可能出现的各种情况，对商务标和技术标的适宜权重进行预测，做到能够量化商务标与技术标分值之间的比例关系。

（三）可行性原则

是指标设计过程中应考虑到实现的可行性，应力求严谨、可靠并适合评价的方式，符合指标评价者对指标的接受程度及判断能力。

（四）简明性原则

是指标体系中的指标应简单明了、不宜烦琐，避免因为过多细枝末节而无法准确地把握评价对象。另外，还要避免相同或相近的指标的重复出现。

三、几种常见评标方法的应用

（一）综合评分法的应用分析

本节的综合评标法以百分制评标法为重点。

所谓百分制评标法，就是对每个投标人的质量、工期、报价等方面配以一定的权重，加以评分，以 100 分为满分，得出各投标人考虑了各因素之后的综合得分，以综合得分最高者为中标单位。由于这种评标方法将投标人各因素的优劣加以量化，减少了定性及人为的因素（尽管在设置权重时依然不可避免地带有一定主观因素），符合《招标投标法》第四十一条的第一种中标依据，在实践中得到大量应用。本文认为，在百分制评标法的应用中，有以下几点是值得注意的。

1. 关于权重的分配

对于百分制评标中的各要素权重的分配，对一些技术复杂的重点工程项目，则适宜将评标的重点放在施工组织上，着重考查其人员组织、技术装备及组织措施，加大这方面的比重；对一些利润较高的项目如装饰工程，则可考虑将报价作为重点评价的因素。

2. 因素评分中应注意的问题

（1）关于信誉分

在上海市的百分制评标办法中，在沪建建 2000 第 0738 号文《关于进一步加强上海市建设工程施工招标投标管理的若干规定（试行）补充规定的通知》发布生效之前，信誉分一般在百分制中占到 3 ~ 5 分。但该文件则规定：评标办法不再单独列信誉分作为打分的内容，施工企业的信誉情况应在投标入围时就予以考虑，并作为入围条件之一。

信誉分依然可以作为百分制中的考虑因素之一，只是其分值在资格预审时就应确定（量化时可考虑的指标有：银行信用等级、近几年工程的工期履约率、质量等级标准履约率、是否违反建筑市场管理的有关规定，是否发生过重大质量事故等）。该分值可直接带入评标阶段，因此无须再在开标后进行重复打分。在开标前能确定的因素尽量提早确定，能在一定程度上防止评标时的不规范行为。

（2）关于工期、设备与质量等级

关于工期的评价，应要求投标人根据各自实力安排工期，并在投标文件中附上工程进度表。审查保证施工进度计划的措施，重点审查作业循环和施工组织是否能满足施工高峰期的强度要求，从而看其总进度计划是否建立在可靠的基础上。在合理安排的基础上，取工期最短为满分，其余按超1天扣n分（依总工期及工期所占权重而定）。此外，招标单位有阶段工期要求的工程项目，对里程碑工期的实现也要进行评价。

对于技术装备的评价，特殊工程的特殊装备，应作为否决项目。没有适应工程施工的特殊装备，应不考虑将其列入评标范围。

关于质量等级的评定，对于在近几年获得优良工程的施工企业，可在本年度招标评标时予以加分。相反，则扣分。当然，对于质量等级的评分，不能光看投标人上一年度的工程完成情况以及自报的质量等级，更重要的是审核其是否具有保证质量的切实可行的措施。

（3）关于报价的评分

报价得分在百分制中往往占到60～70分，对投标人的报价进行评分时，宜采用动态评估法。

该部分所举示例的百分制评标法中的报价部分，以报价越低者得分越高。

投标报价的动态评估法是一种在招标阶段考虑合同价款支付的时间价值（即利息）的一种分析方法，也就是以静态合同报价为基础，以合同终止期动态报价为标准，进行评标定标。由于招标的结果是签订承包合同，而合同的实施与工程款的支付都是一个动态的过程，因此对投标报价采用动态评估法更能准确地反映业主授予该合同后的实际支出，是投标报价的真实体现。并且，投标报价的动态评估能够消除投标人早期现金流量偏大的不平衡报价带来的影响，并将工期因素转化成动态投资进行评估。下面以一个具体的示例来表明动态报价评估与静态报价评估的区别。

在某招标项目中，工程支付采用每月末结算的方式，贷款月息为1%，工期款在当月末支付。现有2家投标人a、b，其报价分别设为A、B。其报价的现金流量表及动态评估表分别如下。

表2-3-1 现金流量表

报价\月份	1	2	3	4	5	6	7	8	9	10	11	12
A	6	5	6	7	8	9	8	10	10•	10	11	10
B	10	11	10	10	9	8	8	7	8	7	6	6

表 2-3-2 动态评估表

	动态报价	静态报价
a	93.11	100
b	94.38	100

计算公式（折为现值）

$$P_d = \sum_1^n (P_i * 1.01^{-i})$$

Pd 为动态报价，Pi 为各月报价。

2 家投标人的静态报价均为 100 百万元，但 b 的前期支付较 a 多。考虑了不平衡报价的影响后，可得出 a 的动态报价较少。

3．两阶段评标法

这里所指的两阶段评标，是指先评技术标（暗标），再评商务标（明标），根据技术标与商务标预先设定的权数以及评分结果以总分最高者中标。实质上依然是综合评标法，而不是沪建建〔96〕第 036 号文件中所指的两阶段评标法（通过技术标者方可评商务标）。因篇幅所限，本节在此不作深入分析与探讨。

（二）最低价中标法的应用分析

1．围绕标底评标的不合理性

《招标投标法》第二十二条第二款规定："招标人设有标底的，标底必须保密。"而第四十一条的中标依据也没有与标底有关的内容。也就是说，工程招标不一定要编制标底，即使编制了标底，也未必将之作为评标的标准。而在《招标投标法》颁布之前的一些文件则规定了工程建设招标必须编制标底，或者有效的投标必须在标底上下一定百分比范围内。例如《上海市建设工程施工招标投标管理暂行办法》第十二条规定"……实施施工招标的建设工程应具备的条件……（五）标底编制已经完成。"第三十二条则规定："投标的有效标价为：全民所有制企业在最终合理标底价的上百分之三与下百分之六之间。集体所有制企业在最终合理标底价的上百分之零与下百分之十之间……特殊建设工程的投标价低于标底价下限，但有科学合理的施工方案和切实可行的组织措施，能确保工程质量和工期的，可优先中标。"

究竟标底是否应该作为评标的尺度。标底应该起到一个什么样的作用。本节将对这些问题发表一些意见。

以最接近标底的投标人的报价得最高分，以及对有效标的范围做出硬性规定的作法并不符合规范。原因如下：

（1）平均劳动消耗量与个别劳动消耗量的差异

依据定额与图纸计算的标底反映的是生产建筑产品的社会必要劳动量，代表的是社会现有的平均生产力水平。既然如此，反映个别劳动量的承包商的报价高于或低于标底都是情理中事。至于高多少、低多少才算合理，则需要评标委员会根据特定工程的具体情况：如工程规模、技术条件等作具体的分析，而不应在文件中做出硬性的规定。

（2）标底编制的不确定因素

一般来说，标底是在投标人报价之前编制的，这时未必有具体的施工组织设计、施工机具配置方案。一些工程在设计中可能会应用新工艺、新材料，作为标底编制依据的定额，一般总是具有滞后性。此外，承包商采购渠道的不同也有可能导致不同的材料价格。不同的施工方法会导致不同的人工消耗和机械消耗。以上这些因素造成了标底相对于工程造价的不确定性，用一个不确定的标底作为衡量投标人投标是否有效，并作为评标的重要依据，显然是不够合理的。

（3）不利于施工单位提高自身的竞争能力

对于一些优秀的承包商而言，完全可以通过先进的生产技术，科学的管理编制出利润最大化却富有竞争力的报价，达到质优价廉的目的。而以接近标底得高分及对有效标做出硬性规定的作法，则使承包商编制报价时只能以定额为准，甚至可能会出现争相探听标底的情况。这样必然不利于承包商重视自身的内部管理、挖掘降低成本的潜力从而提高自身的竞争力。

出于围绕标底评标具有以上的弊端，目前在评标工作中往往采取了减弱标底作用的做法。其中应用得较多的是合成标底。其基本做法是以招标单位事先依据工程量清单与定额得出标底 A 值，以投标人的报价平均数为 B 值，再将 A 与 B 以一定的比例分配合成为 C。如某地曾经采取的"无标底招标，有标底评标"办法中投标人报价算术平均值的权数在 0.6 ~ 0.7 之间抽取，最后再在 C 的基础上确定一个下浮率作为最终合成标底。这种办法在防止标底外泄方面的确有一定的作用，但依然是欠妥当的。不仅仍然设置了限制的杠杠儿，而且给不法投标人哄抬标价提供了机会。此外，各投标人的报价都是在一定程度上根据各自的技术水平、管理能力，在不同的施工方案基础上做出的，将这些内涵不同的数据相加平均了再平均又有什么意义？再者，这种抽签的做法看似公平，实际上对信誉高、施工质量好、内部管理好而且内部定额标准低的一些企业是不公平的。时间久了将形成抑制先进，鼓励平庸落后，不利于建筑行业发展的社会机制。

当然，标底也并不是完全没有存在的必要。招标单位在招标前应该对工程造价有个大致的估计。标底就可以作为业主筹集建设资金的依据。

减弱标底作用的最终方向就是要建立起与国际惯例接轨的最低价中标的方式。

2．最低价中标法的理论依据

从理论上来讲，工程招标投标活动是典型的不完全信息静态博弈。接受招标机制的投标者根据机制的规定进行博弈。哈里斯和雷维夫，赖利和萨谬尔在 1981 年证明了在满足下列几个假定的条件下，最低价中标法的招标机制是最优的，即投标者是风险中性者，投标者具有独立私人估价信息，支付只是报价的函数，投标者是对称的。上述假设的条件与西方发达国家建筑市场的情况比较接近，所以最低价中标法在西方，特别是在市场机制较完善的美国应用效果很好。而我国的部分地区，例如深圳、广东等工程造价管理体系市场化程度已经较高，建筑市场已经具备了采用最低价中标法的条件。

3. 最低价中标法的意义及注意要点

《招标投标法》第四十一条（中标依据）第二款为："……经评审的投标价格最低；但是低于成本的除外。"这条中标依据可以理解为经评审后不低于成本的最低价中标（以下简称最低价中标）。

这里需要指出的是，有不少关于招投标的论文都把《招标投标法》的这款中标依据的规定理解为"合理低价中标法"。本文认为，这种提法是欠妥的。因为"合理"二字，本身就是相对而言。同样的一个报价对于某承包商而言可能是合理的，而对于另一个承包商而言却可能是不合理的。对投标报价的调整应仅限于对不同汇率报价的调整及考虑了工期因素的动态调整，而不需要对投标文件的技术部分逐项进行价格折算，否则这就是综合评估法，而不是最低价中标法了。低价是一个客观的概念，如果对评标依据冠以"合理"这样一个主观而模糊的限定词，容易被某些人利用来进行不规范的评标。因此本文建议不应提倡"合理低价"这种说法。下文对这条中标依据均概括为"最低价中标"（省略"不低于成本"）。

有资料表明，世界银行贷款的工程项目绝大多数采用最低价中标的评标定标方式。目前我国许多省市和地区在部分建设工程招投标过程中也开始逐步推行使用该种评标方法，并且这种方法的使用范围还在不断扩大。在这种评标办法中，标底仅作为招标单位的投资预测值或叫期望值。下面本文对最低价中标的意义及注意事项谈一些看法。

（1）实行最低价中标的意义

招标投标是一种市场竞争行为。竞争是市场经济的普遍规律。竞争的基本规律是实现优胜劣汰。长期以来，建筑行业一直处于供大于求的状态。在这种供求失衡的情况下，投标企业为了占领有限的市场份额，很容易产生不正当竞争行为，最低价中标会自然淘汰一批发展无望，难以生存的施工企业。招标单位筛选的结果会使建筑市场上的施工企业强者更强，弱者愈弱。没有资余，没有实力，没有信誉，在竞争日益激烈的市场上处于劣势，一次次投标被筛选掉，没有发展空间，只能被淘汰。用市场规律去改变"僧多粥少"的局面，实行优胜劣汰，使施工力量与施工任务趋向于一个合理的比例，供求机制逐渐趋于平衡。

此外，最低价中标的出发点并不是以牺牲承包商的经济利益来换取业主节约投资的效益，而是要求承包商通过先进的技术方案来降低造价。这必然引导竞争者将重点放在降低成本上，从而引导企业加强内部管理，开发新的技术，提高劳动生产率。

（2）最低价中标的注意事项

1）对投标人报低价的几种情况的分析

投标人报低价，可能是出于不同的原因考虑，对之要根据不同的情况作具体的分析。

情形一：报低价的施工企业的个别成本低于其他竞争对手的个别成本，具体可能有以下几种原因：

该企业自身实力雄厚，技术水平、管理水平较高，因而其个别成本比同行低，并有可能低于定额水平，具有降价空间。

工程项目的施工特性（如特殊结构、特殊工艺等）适合于该企业，该企业在这些方面比竞争对手具有更多的相关特长和经验，容易降低成本。

情形二：投标企业靠牺牲部分应得利益而采取报低价的投标策略，具体有以下几种原因：

该企业为了打进新的市场(如新地区、新业主)或占领市场份额而采取的低价投标策略。

该企业为承揽具有社会影响力的形象工程，典型工程，达到广告宣传目的而采取低价投标策略。

情形三：该企业为排挤其他竞争对手而采取恶意压价投标策略，中标后往往采取以下手段以弥补损失：

在施工过程中偷工减料给工程质量造成危机；用不正当手段谋求高额索赔，如业主管理不善就会给之以可乘之机。

第一种情形属于正当竞争行为，应予以倡导。第二种情形是施工企业为赢得长远利益而暂时放弃眼前利益的投标策略，应加以引导，避免其向第三种情形发展。第三种情形财属于恶性竞标行为，带有欺诈性质，应予以制止。同时，随着市场经济的不断健全和全社会工程建设管理水平的不断提高，特别是工程监督部门、业主、监理、咨询等单位水平的全面提高，第三种情形的施工企业将会被逐步淘汰出局。

2）询标

在确定中标单位之前，应考察最低标是否确实能保障工程按该价格完成的具体施工措施，必要时可进行询标，要求投标人对此予以澄清。前面已经提到，即使投标人报出了较低的价格，也不能断然判定其为废标，而应该通过详细的询标来判断其所报低价是否有依据，同时还应核验该承包商是否有以低价成功地完成工程任务的记录。

4．最低中标法与企业定额

施工企业只有具备较强的成本管理能力，才能获取更多的利润。在计划经济时期，施工企业进行成本核算和管理的依据主要是部颁定额，如果不考虑造价人员的计算准确程度和对定额的理解掌握深度的差别，对同一个工程，不同投标人的投标报价应该是相同的。也就是说，这个投标报价并不能很好地反应投标人的资质等级、管理模式、技术实力和施工方案等因素。

国际工程的工程造价没有统一的定额依据，消耗量是承包商自己测算的经验定额，或者是根据施工方案测算出来的实物量；市场价格是随时变化的，利润和管理费随着竞争的程度也在不断调整。不同投标人的资源消耗量可能相差很大，管理水平、技术实力、施工方案都可能影响资源消耗量；不同的时期、地点和不同的供应渠道，原材料价格不同，承包商对利润的期望值也有很大差距。因此，各承包商对同一个工程项目进行投标，其投标报价可能相差较大。

企业定额是指企业根据自身的实际情况，自行组织编制、审查、批准、颁发并仅在本企业内部执行的定额。企业定额是根据企业具体的管理水平以及工人的技术熟练程度，根据不同工种、不同工序或不同工作过程制定的包括人工定额、材料消耗定额、机械台班定额等定额的总称。企业定额反应企业自身的劳动生产率和企业的管理水平。

（1）做好企业定额工作的意义

1）能够很好地解决定额适用性的问题。目前，由于每个企业的具体施工条件与国家统一编制定额中所考虑的条件存在很大的差异，故企业定额更有针对性、更切合本企业的实际情况；统一定额的更新周期很长，不能迅速地适应新技术、新工艺、新材料的要求；如果采用低价中标法确定中标人，投标时就不能使用统一定额为基础来编制投标报价，因为如果都用统一定额为基础编制投标报价，必然会大同小异，不能体现自身优势。因此，应当编制自己的企业定额，以便更好地适应招投标以及参与市场竞争。

2）能够更好地发挥企业能动性的作用。企业可以通过适时调整影响企业定额水平的相关施工方法和施工组织，从而达到调控施工的进程，调节分配，使企业定额在企业中发挥出最大的能动作用。同时，企业还可以及时对企业的定额进行修正。

3）有利于提高企业积极参与市场竞争的能力。投标报价要有竞争力，就必须按照企业自身的定额作为计算的依据。要根据具有竞争性的企业定额来提高工程报价的竞争力，企业定额水平与市场的竞争能力可以形成良性的互动作用，这样可以促进企业不断加强内部管理以提高企业的整体素质。

（2）企业定额的编制

首先，企业内部必须制定出有关的定额管理办法，规定定额的编制、审查、批准、颁布的具体程序和相应权限，以确保企业定额的严肃性；

其次，企业定额要在遵循国家统一定额的前提下，充分考虑到调动企业职工积极性的各种因素，并与企业的管理水平和技术水平相符合，来反映本企业的平均的先进水平，个别项目定额的编制可以和统一定额不一致，但总体水平应高于统一定额。

最后，企业定额项目的划分应力求简明适用、有粗有细。既要适应工程招标和投标等上层管理的需要，同时又要满足签发工程的任务单、进行班组核算等基层管理的需要，也就是说，要求企业定额的项目要全，要具有很强的综合性，要方便使用。

5. 最低价中标法与工程担保

对于招标人来说，担保通常需要分阶段进行设置和实施：具体包括招投标阶段的投标担保，工程实施初期预付款的担保，合同执行期间的履约担保、分包担保等等；政府为保证解决拖欠工程款问题而设立的业主支付担保这对承包商是十分有利的。上述这些担保作为承包合同的从属合同，在招投标阶段必须要精心进行设置。

（1）投标担保

投标担保可采用银行保函或担保公司担保书、投标保证金等方式，具体方式可由招标人在招标文件中规定。采用投标保证金的，招标人应当按照有关规定及时向投标人退还投标保证金；除不可抗拒因素外，中标人拒绝与招标人签订工程合同的，招标人可以没收其投标保证金。如果招标人不与中标人签订施工合同，招标人应当按照投标保证金的两倍返还中标人。

设置一定数额的投标保证金，可以在一定程度上防止围标，可以减少承包商投标的盲目性和随意性，从而保障招标投标工作的连续性和严肃性。但是，如果要求提供的保函或保证金数量过大，将会提高投标人的投标门槛，对投标人造成很大的资金压力，从而限制许多中小投标人的投标，也有可能会导致中标价格提高。

（2）预付款担保

预付款担保是指为保证承包人因经营状况不良或某些原因对预付款的挪用和转移，导致无法按合同规定完成相应工程内容而采取的措施。预付款担保是在发包人支付预付款之日起，直至发包人按合同的规定向承包人收回了全部工程预付款之日内有效，其担保数额可以根据预付款扣回的情况而逐级递减。

（3）承包商履约担保

履约担保可采用银行的保函或担保公司的担保书以及履约保证金等方式，也可采用承包商的同业担保。也就是说，由实力强并且信誉好的承包商来为其他的承包商提供履约的担保。由于非业主原因承包商未能履行合同，那么担保人则应承担其担保的责任，例如：向承包商提供相应的设备、资金以及技术援助，使其能够继续履行合同约定的义务；或直接接管工程或移交给业主同意的其他承包商，来负责完成合同约定的其他剩余部分，业主通常只要按原合同规定支付工程款；根据合同的约定，对业主遭受的损失给以补偿，履约担保额度的确定一般来说主要应该考虑施工项目必需的履约诚信额度以及中标单位的财务承受力。

如按亚行的要求，我国重庆的渝黔高速公路二期工程的雷神店崇溪河段是采用最低标价法来确定中标单位的，同时还采用了缴纳巨额保证金的制度。也就是说，以最低价中标的单位除缴纳报价百分之十的履约保证金之外，承包商还需要缴纳一定比例的现金作为中标保证金。否则，就会将其视为废标或自动放弃中标。上述制度的确给那些缺乏实力的单位设置了较高的门槛，使其闻风而退。上述工程的雷崇段共分为十个标段，在招标的过程中有七个标段的最低报价均低于复合标底，七家单位按规定共缴纳了2.6亿元人民币的中标保证金，七家中最多的一家交纳了五千万元人民币。对于中标保证金，业主设立专用账户存入银行，按照中标单位的工程进度情况，在质检合格以后分批退还给各施工单位。一般来说，当完成工程量的20%时可以退还50%的保证金，当完成工程量的50%时则退还80%的保证金。这样就可以督促施工单位为了尽快收回保证金，减轻资金上的压力，加快工程的进度，同时确保工程质量。采用最低价中标法使该项目的中标价比业主标底低14.4%，使得真正有实力的单位得到公平合理的中标机会，不但控制了工程造价，节约了工程的资金，而且能够从源头上预防腐败的滋生。

又如 2002 年 5 月，辽宁省交通厅对沈阳大连段的沈大高速路改扩建工程首次采用了最低价中标法进行评标。按照招标文件的规定，对投标价低于复合标底百分之八十五的投标人，必须在履约保证金的基础上再交纳一定比例的中标保证金，否则按自动弃权进行处理。而投标价高于复合标底百分之八十五的投标人，不需交保证金；低于百分之八十五复合标底百分之一到百分之三的，按百分之八十五的复合标底与投标人标价差额的 1.5 倍来进行计算保证金；低于百分之三到百分之五的，按 2.5 倍标价差额计算；对于超过百分之五的，则需要按 4 倍标价差额计算。交纳的保证金按工程进度返还，利息照付。这种方法，很大程度上降低了工程的造价。因此，全长 348 公里的二十八个标段的土建工程，业主标底是 26.89 亿元，中标价是 20.75 亿元，相比降低了百分之二十三。承包商除缴纳了百分之十的履约保证金以外，还交纳了 5.58 亿元的中标保证金。

以上做法的优点显而易见，一方面可以限制和预防"低价抢标"，另一方面业主保证金在手，可以更有效的保证工程目标的实现，但是以最低价中标后，缴纳巨额保证金的做法也存在一定的负面作用。中国《招标投标法》的第四十六条规定："招标文件要求中标人交纳履约保证金的，中标人应当提交"。《工程建设项目施工招标投标办法》的第六十二条规定："招标文件要求中标人提交履约保证金或其他形式履约担保的，中标人必须提交；投标人拒绝提交的，视为放弃中标项目"。这就是履约保证金制度的主要内容。但对于保证金的数量多少及招标人获取该保证金后使用过程中的限制，则并没有做出明确的规定，由此引发的问题更加错综复杂。例如，中标人应提交的履约保证金一般是工程造价的百分之十、百分之二十或是百分之三十，部分最低价中标的单位在此基础还需要再交纳中标保证金。施工单位在未施工前就已提交大量资金，为准备开工和备料还须投入大量资金，而中标单位往往同时有几个工程运转，在资金压力很大的情况下，就可能会挪用其他工程的款项，变相的垫资进行施工，这样最终受损的必定将是工程本身。

（4）业主工程款支付担保

国务院办公厅出台的《关于切实解决建设领域拖欠工程款问题的通知》中，提出了对项目积极推行业主工程款支付担保等风险管理方式。业主支付担保是保证人根据《中华人民共和国担保法》为业主提供，用以保证业主按合同规定的支付条件，按期将工程款交付承包商。如果业主无法按合同的要求支付工程款，将由保证人向承包商履行支付责任的信用担保方式。业主支付担保是和承包商履约担保相互对等的反向担保措施，可用以维护工程市场的秩序，确保工程项目的参与各方履约守信。

履约保证的真正意义在于其威慑作用。而在实际履行合同的过程中双方更多的是通过高水平的合同管理来维护自己的利益。依靠市场经济的信用机制来规范市场主体的行为，信誉好的就可能获得贷款和担保，就容易获得更多的合同，而有不良信用的合同主体，没有人愿为其担保，丧失信用，就无法生存于市场。

由于我国银行的工程履约保函业务开展时间较短，还没有完全建立起有效的信用机制，商业银行在某些地方行政干预的压力下向某些承包商提供履约保函，银行为降低风险倾向于提供有条件的履约保函，且条款、手续烦琐，缺乏可操作性。使得业主获得的担保无法有效地制约承包商，商业银行还不能完全充当保证担保人的角色。

在我国长期的计划经济在工程建设领域的影响尤为明显，因而至今工程建设领域的担保仍未全面推广。没有健全的建设工程担保制度，使得合同对当事人的约束减弱，一旦出现违约行为，追究违约责任便面临着很高的成本。

6. 对最低价中标法有关问题的建议

不得不承认的是，目前在我国实施最低价中标法尚存在许多问题，这其中包含有市场发育不完善以及企业改革的步伐过于缓慢等诸多原因，同时也包括政府的监管措施不力等因素。交易双方的利益受制于采用什么样的交易方式，尤其在这种交易方式影响到其中某一方的生存时，如何能够有步骤、谨慎的推进此项制度，应成为政府和有关部门必须考虑的重要问题。

同时还应强调的是，最低价中标法在本质上的先进性是不应被抹杀的。根据市场的发展情况来看，最低价中标法应成为我国工程建设交易制度与国际惯例相互接轨的目标之一。所以，所谓"谨慎"的态度也并非消极地等待市场条件的成熟，反而是应该在积极创造有利条件的基础上，进一步推动该制度的真正实施。根据目前我国公路行业的现状，建议采取如下几项措施。

（1）转变政府管理职能，真正实行政企分开。长期以来，政府既要管好政府的事情，还要操心国企投标人的生存和发展。建议政府负责宏观调控、政策制度和监督，让所有投标人完全按市场规律参与公路工程招标投标活动。

（2）工程造价管理体系完全市场化。具体做法可在公路工程造价定额体系的基础上，逐步建立与市场价格相协调的企业内部定额体系。公路工程造价定额体系可在各级政府编制投资计划宏观控制预算时使用，企业内部定额体系则可在实际编制投标报价时使用。

（3）目前我国各地制定的判别和限制低于成本投标的规定较多，其缺陷非常明显，存在的突出问题是：专家评估时的主观性过重，客观性不足；定性方法与定量方法之间的结合不够，即使是对于同一工程，不同的专家评估之后可能会得出截然不同的结论。深圳主管部门受理的有关招投标的投诉中，涉及是否低于成本的投诉约占一半以上。因此，目前最关键的问题是制定低于成本投标的判定原则、判别方法和程序等。在国内，世行亚行认为低于成本的投标是可被接受的，这一点与国内的做法不尽相同。

（4）建立工程担保制度，完善风险转移体系。最低投标价中标法使投标企业的利润空间受到了很大程度上的压缩，但是市场经济条件下价值规律的调节促使投标企业追求最大化的利润，很多情况下，招标人和投标人的利益处于相对对立的状态，在项目实施过程中一旦发生风险，则很可能使业主损失惨重，更加严重的情况下甚至导致工程建设失败。所以，风险管理是一项极为重要的内容，而工程担保则是风险管理过程中有效降低风险的一种行之有效的办法。建设工程担保分为投标担保、履约担保以及预付款担保。担保的方式可由投标人提交一定保证金，又可以提供第三方（多为银行或担保公司）的信用担保。

目前，国际上多采用第三方担保，这种担保是指担保人在事先评估被保证人的业绩和信用的基础之上，向受益人担保被保证人能够如期按照合同完成工程或及时支付有关工程款项的信用工具。根据谁造成风险谁承担责任的原则，担保公司扮演导向阀的作用，当风险发生时，将风险后果转而回给风险行为制造者。所以，对于被担保人而言，购买保函也就意味着承担风险的开始。由于承包人在得到工程担保保函时被要求对被担保金额进行反担保，担保公司的作用其实是指名义上的、表面的风险承受方，而承包人是工程风险行为的最终承担者和实际承受者。承包人清楚地知道一旦发生合同的违约行为，人为风险的最终后果必然要完全靠自身承担，轻则经济受损、信誉扫地，进而增加了后期投标的成本，重则丧失获得工程担保的资格，由于以后不能参加投标而自动退出了工程建设的市场。由于承包方一般对工程人为风险的后果有一个理性的预见，因而会认识到避免工程违约风险的最好办法就是严格履约，最大限度地减少违约事件的发生，这样会有利于工程的顺利完成。此外，担保制度还可以预防业主单位因资金链断裂或恶意拖欠工程款项，而造成的施工企业垫资施工情况的发生。

（5）完善信用制度和市场的准入制度。政府部门必须加强公路工程市场管理，建立健全企业信用制度，对于工程建设行业中有关企业的履约情况给以记录并对企业的信用等级进行客观的评价，同时还要将这些信息及时地向社会公开，在资格审查时应通过上述这些信息来核查投标人情况，以全面了解投标人的资质信誉和履约的能力。必须充分发挥社会舆论的监督作用，以此提高投标企业承诺的价值和违约的成本，做到守信获益、失信受罚，奖惩分明。体现企业信用的真正价值。应该严格限制中标而不认真履行合同以及工程质量低劣的施工企业进入到建设市场。淘汰那些管理水平低下、生产成本高、设备、技术落后的企业，才可能逐渐缓解公路工程市场目前供不应求的情况，促使公路工程建设市场向良性发展。

（6）建立设计赔偿和设计保险制度，为最低价中标法的应用夯实基础。采用设计赔偿制度可大幅度提高设计质量，进行限额设计，为提高投标报价精度和保证最低价的权威性打下基础。建立设计赔偿制度，对由于勘察设计重大失误造成工程造价变更，应承担相关责任和经济赔偿。巨大的经济责任可以使得设计单位的设计人员加强设计管理，认真搞好设计。

（7）加强合同管理。一些承包人采用"先通过报低价中标，等任务到手再逐步提高造价（或着眼于索赔）"的畸形竞争策略。业主应学会不用行政手段而按市场机制运作；学会放弃甲方直接管理而聘请专业监理单位来进行管理；学会放弃长官意志按工程合同来管理项目。投标人在实施工程建设过程中，要严格执行合同中有关价格的条款，维护招标投标结果的权威性，保证建设工程合同的严肃性，依法办事，减少纠纷。业主、监理方应加强合同管理，严格按照合同条款办事，防止较低价格中标所可能出现的各种"后遗症"。

（8）严格资格预审，规范建设市场。在确定投标人入围名单时，要严格资格预审，审查潜在投标人的财务、经营、设备、人员、在建工程和奖励处罚情况，在预审时发现有借用资质挂靠、围标、串标的，要坚决予以剔除。只要把好投标入围关，即使撇开报价因素，让哪一家中标，招标人都觉得放心。必须做好投标人资格审查工作。确保投标人都有能力完成工程，不能把机会留给不具备实力的施工单位，给工程质量留下隐患。

（9）改变企业登记划分方式，用量化系列替代现在的定性化等级划分方式，用企业能提供的工程担保保函金额数值大小来区分企业实力。

四、评标环节的注意事项

（一）关于询标的注意事项

《招标投标法》第三十九条规定："评标委员会可以要求投标人对投标文件中含义不明确的内容做出必要的澄清或者说明，但是澄清或者说明不得超出投标文件的范围或者改变投标文件的实质性内容。"

这里所指的"实质性内容"，就是指价格、工期、工程技术等。开标之后如果再允许投标人对实质性内容进行修改显然违背公平原则。而如何判断投标人的澄清或者说明是否超出投标文件的范围，或者己对投标文件进行实质性的修改是很算杂的问题，这依赖于根据具体情况做出的具体分析。一般而言，是否超出投标文件的范围，可以依据投标文件的书面语义判断。至于"实质性内容"，主要判断修改的对象是否为投标文件的报价、技术标准等主要内容。对于缺乏完整性的投标文件，不能一概予以拒绝。这里有两种情况，一类是实质性内容的不完整，如未按规定提供投标保证金，不应给投标人机会以澄清或者说明方式补充，而应认为该投标文件不合格而加以拒绝；另一类是非实质内容不完整，如投标文件中非主要人员证件不齐全，这类情况则不应认为该标书不合格，评标委员会可以要求投标人加以澄清。

对于询标还要注意的是投标人的澄清必须由评标委员会提出，投标人自己无权提出；在澄清会上评审人员的活动只限于提问和听取回答，不宜对任何投标人代表的回答作任何评论或者表态。

（二）是否允许替代标

对于是否允许投标人投替代标，应在招标文件中予以表明。但对替代标的考虑应仅限于主标能符合招标文件的实质要求的情况下。也就是说，如果主标被废标，替代标不应被考虑。

（三）发出未中标通知书与候选名单通知书的时机

向未中标人发出未中标通知书的时间应安排适当。一般的做法是：对某些明显无希望中标的投标人的标书，可以在确定后立即将未中标的结果通知这些投标人；而对于有被授标可能性的投标人，也应该立即告知投标人已被列入供严格审核的候选人名单。不做到这一点对于拥有可动用资源的投标人是不公正的。

第三章　公路工程施工组织设计

公路工程是大型的基础设施，施工涉及的内容很多，而且项目各工序相互交叉，涉及工程技术的合理性，人力资源和工器具的有效配置，以及工程质量要求、施工安全要求、工期要求、环保要求等多方面的内容。一个高速公路项目在施工过程中，无论是空间上还是时间上，各种运输机械、施工机械等需要进行交叉操作，施工现场错综复杂。同时也需要各种原材料、半成品、构件等。只有不断改进完善施工组织计划和施工现场的监管工作才能防止现场施工作业的断断续续，才能保证施工的流畅性，才能保证各道工序之间合理连接。因此，这就要求施工单位必须依据施工现场的实际环境，合理快速地进行施工组织。

第一节　概　述

一、施工组织设计的概念

施工组织设计，就是从工程的全局出发，按照客观的施工规律和当时、当地的具体条件，统筹考虑施工活动中的人力、资金、材料、机械和施工方法等因素后，对整个工程的施工进度和资源消耗等做出科学而合理的安排。它是各种施工组织设计文件的总称，也是全面、科学地组织施工的技术经济文件。

施工组织设计的目的，是使工程建设在一定的时间和空间内实现有组织、有计划、有秩序地施工，以期达到工程施工的相对最佳效果，即耗工少、工期短、质量优、成本低。

施工组织设计，是公路工程设计文件、公路工程施工投标文件和施工单位进行施工项目管理文件的重要组成部分，也是项目管理规定的必要内容之一。

公路工程，由其自身的特点和性质决定每个工程项目都要个别设计、个别组织施工。因此，公路建设项目的许多施工组织设计任务是比较繁杂的，而且更显示出它的重要性。同时，因生产阶段和施工组织活动层次的不同，施工组织设计的深度、广度也不相同，从而所形成的施工组织设计文件的作用也不相同。

二、施工组织设计的分类及文件组成

在公路工程设计和施工的各个阶段，都必须编制相应的施工组织设计文件。按其在生产中所起的作用，可分为设计阶段文件和施工阶段文件两大类。

（一）设计阶段的施工组织设计文件

设计阶段的施工组织设计文件由勘察设计单位负责编制，并编入相应的设计文件中，按规定上报审批。按设计阶段的不同，又可分为初步设计阶段的"施工方案"，技术设计阶段的"修正施工方案"和施工图设计阶段的"施工组织计划"。

1．施工方案

两阶段初步设计和三阶段初步设计均应编制施工方案。施工方案的作用主要是：①对工程进行初步的施工组织，供主管部门对工程是否列入年度计划进行审查和决策；②为编制设计概算提供依据。

施工方案一般由下列内容组成：

（1）施工方案说明。其主要内容是

① 施工组织、施工力量的设想和工期的安排，关键工程项目的施工方案比较、论证情况；

② 主要工程、控制工期的工程和特殊工程的施工方案；

③ 主要材料的供应，机具、设备的配备及临时工程的安排；

④下一阶段应解决的问题及注意事项。

（2）工程概略进度图

根据劳动力、工期、施工条件以及施工方案等按年和季度进行概略安排。图中应列出工程项目单位、数量，按年和季度示出各项工程起止时间、机动时间、衔接时间。

（3）人工、主要材料及机具、设备安排表

列出人工和材料、机具、设备的名称、单位、数量，并按年和上半年、下半年分别列出其需要量。主要材料一般指钢材、木材、水泥以及施工中用量大的沥青、石料、砂等。

（4）临时工程一览表

列出临时工程的名称（如便桥、便道、预制场、电力设施、电讯设施等）、地点或桩号、工程项目及数量等。

（5）公路临时用地表

列出临时用地的位置或桩号、工程名称、隶属（县、乡、个人）关系、长度、宽度、土地类别及数量等。

2．修正施工方案

采用三阶段设计的公路卫程，在技术设计阶段应提出修正的施工方案。修正施工方案根据初步设计的审查意见和施工方案说明中提出的应进一步解决的问题，及注意事项进行编制。修正施工方案的编制深度和提交的文件内容，介于施工方案和施工组织计划之间。修正施工方案的主要作用是：①贯彻初步设计审查意图，对原定施工方案作修改；②为编制修正概算提供依据。

3. 施工组织计划

不论采用几阶段设计，在施工图设计阶段均应编制施工组织计划：施工组织计划的主要作用是：①作为编制施工图预算的依据；②作为建设、施工单位进行招投标和施工准备的依据；③作为施工单位编制施工阶段施工组织设计文件的参考文件。

施工组织计划一般由下列内容组成：

（1）说明。其主要内容有：

① 初步设计（或技术设计）批复意见执行情况；

② 施工组织，施工期限，主要工程的施工方法、工期、进度及措施；

③ 计划及主要施工机具的使用安排；

④ 主要材料供应、运输方案及临时工程的安排；

⑤ 对缺水、风沙、高原、严寒等地区以及冬季、雨季施工所采取的措施；

⑥ 对高速公路和一级公路的交通工程及沿线设施施工协调和分期实施有关问题的说明；

⑦ 施工准备工作的意见，如拆迁、用地、修便道、便桥、临时房屋、架设临时电力、电讯设施等。

（2）工程进度图。图中应列出工程项目名称、单位、数量、劳动力等，按年、月分别绘出各工程项目施工延续时间并标出其月计划工日，绘出劳动力安排示意图等。

（3）主要材料计划表。表中列出主要材料的名称及规格、单位、数量、来源、运输方式、年和季度的计划用量等；

（4）主要施工机具、设备计划表。表中列出主要机具名称及规格、数量(台班数、台数)、使用期限（开始、结束时间），年和季度的计划用量等。

（5）临时工程数量表。包括便道、便桥、预制场、施工场地、电力及电讯线等。表中应列出各项临时工程的地点或桩号、工程名称、工程说明、工程数量等。

（6）公路临时用地表。表中应列出临时用地的位置或桩号、工程名称、隶属（县、乡、个人）关系、长度、宽度、土地类别及数量。

（二）施工阶段的施工组织设计文件

施工阶段编制的施工组织设计，也称为实施性施工组织设计，它是由施工单位负责编制的。为适应工程招投标以及工程监理制度的实施需要，按照它的作用和使用层次对象不同，施工阶段施工组织设计文件又可分为：用于工程投标的"指导性施工组织设计"；中标后（或非招投标的施工任务）编制的"实施性施工组织总设计"；以单位工程、分部（分项）工程为对象编制的"单位工程或分部（分项）工程实施性施工组织设计"。

1．指导性施工组织设计

指导性施工组织设计，是施工单位（投标单位）在深入了解和研究设计文件、设计图纸和招标文件，以及调查和复核现场情况，与建设单位、设计单位协商解决设计变更，经施工设计和施工辅助设计之后着手编制的。它是投标文件中的必备文件，施工单位中标后，它是承包合同文件的重要组成部分，是建设单位（业主）和监理工程师对承包单位进行监督管理的依据之一，同时也是施工单位编制投标报价的依据。

指导性施工组织设计的内容、文件组成，通常与设计阶段的"施工组织计划"内容相似，但更加具体和详细，并应满足招标文件的要求。其主要内容一般有：主要工程项目的施工方案、施工方法；各分项工程的施工顺序、施工工艺；确保工程质量和工期的措施；施工安全和环境保护措施；冬季和雨季施工安排；施工总体计划；各种资源（劳动力、机具、材料、资金）需要量计划；施工准备工作计划；施工现场总平面布置图设计和规划；施工设计和施工辅助设计有关资料；其他图表。

2．实施性施工组织总设计

实施性施工组织总设计，是在设计阶段的"施工组织计划"和投标时编制的"指导性施工组织设计"的基础上，为进一步落实和确保指导性施工组织设计按期或提前实现，施工单位中标后，以整个建设项目为对象，着手编制的施工组织设计文件。它是施工单位在进一步详细研究设计文件、图纸、合同条款文本，以及现场反复调查复核的情况下，对指导性施工组织设计文件的内容逐一研究落实，并分析和科学优化，重新进行补充和完善。

实施性施工组织设计文件的内容，目前尚无统一规定，通常与指导性施工组织设计文件内容相同，但更详细、科学和合理。同时图表中应增加降低工程成本及措施的计划。

实施性施工组织设计的任务是：

（1）规定最合适的施工方法和施工程序，以保证在承包合同规定的工期内或提前完成施工任务；

（2）及时而周密地做好施工准备、供应和服务工作；

（3）合理地组织劳动力和施工机具，使其均衡生产，避免出现骤增骤减的现象，并尽量发挥其工作效率；

（4）科学地规划施工场地，合理地布置生产、生活、交通等设施，最大限度地节约临时用地，保护环境，节约时间，方便生活，便于安全和管理；

（5）确定临时工程，制订供水、供电、供热计划；

（6）编制运输组织计划；

（7）进行施工平面图设计；

（9）编制重点工程施工进度图；

（10）编写说明书。

第二节　总体施工组织布置及规划

一、现场布置原则及总平面布置说明

公路工程的施工布置是针对工程现场的施工要求进行相应布置。工程施工场地布置的具体原则及总平面布置说明如下：

1. 符合总体施工计划及总体规划的要求。

2. 按施工阶段划分施工区域和场地，保证施工期间交通的畅通和合理布局及在施工各阶段满足材料运输方便。

3. 尽量减少对周围的影响。

4. 各种生产设施便于工人的生产开展，且满足安全防火，劳动保护的要求。

5. 符合工程总体环境的要求，不污染环境。

6. 布置设想及要求

（1）临时用电

根据附近的电源，设专用配电室，采用集中管理，用电从配电室分为三路接出：一路作为办公、生活用电；一路作为拌和场及预制的机械用电，另一路作为施工用电。现场施工用电线路采用三相五线制；临时用电的电缆采用架空与地面埋设相结合的方法，并做好相应的警示标志，电缆分配箱将根据工程的施工流向分别逐一设置，凡途经路口时，采用套管上回填砂，浇捣地加工处理，整个施工现场的夜间照明，采用 $\phi48$ 钢管搭设灯架，设置投光灯。

（2）临时用水

工程施工用水直接取用河水或打井取水，在拌和场砌筑水池蓄水，一般工程施工用水总管采用 $\phi50$ 管，接出的分管为 $\phi25$ 管。

（3）临时道路布置

根据踏勘现场的情况，工程的现场情况：施工场地拆迁结束，场地已经平整，且有施工便道，场内外道路畅通，无大的障碍。

（4）临时搭建

① 根据踏勘施工现场情况，搭建生产、生活区与办公生产区临时用房。

② 在拌和场附近搭设仓库、机具间、材料仓库、厕所与小区内房建工程队共用等。

③ 搭建机具停置场和材料堆放周转场。

二、施工组织机构及施工管理人员配备

1. 项目管理班子：针对工程的重要性，组建一个精干的且责任心强、技术好、经验丰富的项目管理班子负责管理工程。项目经理部组织机构为四部一室。

2. 项目经理：拟用有工程师职称和相应资质的建造师，且具有类似工程施工经验、工作责任心强的人员担任。

3. 项目技术负责人：将选派具有工程师职称且具有丰富施工管理经验的人员担任。

4. 其他成员：其他主要的项目管理人员均具有大专以上学历及具有丰富的施工项目管理经验。

5. 持证情况：保证班子所有人员均拥有相应的岗位证书。

6. 项目经理部负责人和部门职责分配

（1）项目经理

① 代表公司对项目全面负责，在项目上实施公司的质量方针和经营宗旨，全面履行施工合同；

② 组织制订施工组织设计，审批施工组织总设计，审核项目组织设计；

③ 保证质量保证体系在项目中的有效运行。对项目质量、安全、工期、成本和文明施工负责。

（2）项目技术负责人

对项目经理负责，协助项目经理监管项目质量保证体系的运行；主管项目的技术、质量管理工作；组织编制施工组织总设计；负责对单位工程施工组织设计、重大施工方案；组织协调解决重大技术问题和工程施工，分管部分职能部门工作。

（3）工程技术部

① 做好施工准备工作，负责各专业施工的协调，对关键工序和特殊工序组织有效的控制，执行公司工序交接管理制度；

② 接收业主提供的场地控制网，对施工过程测量进行监督、检查；

③ 总体施工条件的安排和布置，编制和调整网络进度计划，进行工期考核；

④ 组织实施文明、整洁、有序的现场管理；

⑤ 负责需业主方配合的施工条件的协调与联系；

⑥ 组织不合格品处置、纠正和预防措施的实施；

⑦ 组织实施对工程产品的标识和成品保护工作；负责产品的可追溯性工作；

⑧ 组织工程的技术竣工检查和项目交工验收工作；

⑨ 负责对工程交工后保修期内的保修；

⑩ 组织、监督各专业项目部对工程所用物资、设备的搬运、贮存、包装、防护工作。

⑪ 负责项目所需规范、标准、规程的配备与实施；

⑫ 负责设计文件的管理和联络工作；

⑬ 负责解决施工中的技术问题，重大技术问题由公司组织解决。

（4）质量安全部

① 组织、检查施工图纸的自审、会审及技术交底工作；

② 负责需业主代表、质量监督和监理部门配合解决的技术质量问题的协调工作；

③ 对工程质量进行检查与控制，对不合格品提出处置方案，制定纠正和预防措施，并监督实施；

④ 负责项目的检验和试验及检验、测量和试验设备的控制和管理工作；

⑤ 接受业主代表、质量监督和监理部门对工程质量的监督，组织进行质量等级评定、核定工作。

（5）物资设备部

① 负责业主提供的工程所需的材料、半成品和设备的验证、现场保管、供应等管理工作；

② 负责自行采购的材料、半成品、设备的采购、验收、保管、供应等管理工作；

③ 负责施工现场产品标识和可追溯性工作监督管理。

（6）计量支付部

① 负责业主合同和劳务分包合同的管理评审；

② 配合公司对合同重大变更进行评审；

③ 负责对工程分承包方的评价与选用并报监理工程师(业主)确认(工程无分承包方)；

④ 配合公司经营部门回访、服务。

（7）综合办公室

① 负责项目经理部质量管理文件的统一保管、印制发放工作；

② 负责对公司及外部质量管理文件的统一收发管理工作；

③ 了解和掌握专业项目部特殊岗位人员的培训情况，监督检查持证上岗情况。

④ 参与内部质量审核工作。

三、施工便道等临时工程方案

场地布置本着"因地制宜、便于管理、方便施工"的原则进行布置。注意保护好施工场地周围的农田、沟渠、构筑物、林地等，不任意拆除和损坏。

（一）施工便道

施工现场便道路面宽度一般段为3.5m，路面采用泥结碎石路面。

（二）施工用电

本合同段电源搭接点较为方便，将按就近搭接的原则与电力公司商定在线路旁的主网上搭接。进场前期采用自备发电机发电。中后期自备发电机作为备用电源。

（三）施工用水

沿路线范围内有多处灌溉机井，水质较好，水量较大，可以满足施工和生活用水需要。

（四）临时通信

采用程控电话和移动手机为通信。

（五）生产生活用房

生产生活房屋修建标准：单层砖木结构，石棉瓦顶盖，火工品库为砖墙混凝土预制板结构；住房按 3m²/ 人、办公 5m²/ 人、公共生活服务设施按 2m²/ 人修建。

（六）拌和厂、预制场

全线面层、基层、底基层采用集中厂拌，桥涵及路基路面排水防护预制构件全部在预制场集中预制。全线设置拌和厂 1 处（面层、基层、底基层合并设置），设预制场 1 处。

（七）污水及垃圾处理

在生产区和生活区修建污水处理池，将生产生活废水集中处理；在生活区修建垃圾坑，生活垃圾定期进行妥善处理。

（八）医疗、卫生

为保证职工能安全、健康、正常地生产、生活，在施工现场设置卫生所，以满足日常的医疗服务，同时与地方医院紧密联系，作为施工后方医救中心。

（九）防洪与防火

一般公路工程所处地区为丘陵区，施工雨季到来时，密切注意防洪；防火遵循"预防为主，防消结合"的方针。

第三节　主要工程项目的施工方案

一、工程测量

（一）平面控制

控制点的测设：测量放线采用全站仪，标高控制采用水准仪，测量计算将全部采用计算机进行计算。测量控制网根据业主提供的控制点加密，每 20 米布桩，分主线左右布置，并定时检测。

开工后首先对业主的交点桩进行复核，复核时须注意周边施工控制点的校核，复核结果经现场监理认可后方可使用。根据测量提交的桥轴线控制桩按照施工需要适当增加控制点，为了确保控制网的可靠性，将根据现场条件把控制点都选定在施工作业影响范围以外的地方，用混凝土护桩，做到各控制点的通视性良好，符合施工需要。

（二）高程控制测量

工程高程控制要求较高，测设工作量大。在施工前应做好水准点的测放工作，闭合差小于 12 / L。

（三）分部结构的测设

利用全站仪进行桩基轴线、支座中心点的放样，水准仪进行桩顶标高、盖梁顶标高、支座垫石标高等的控制，各分项工程结构放样、复测都单独进行，并经监理复核签证后，方可作下一道工序施工。

（四）测量仪器的检测

用于工程使用的所有测量仪器必须经检测合格并在有效期内方可用于工程施工，确保工程使用的仪器误差在允许范围内。

二、路基工程施工方案

（一）路基土石方施工

路基工程施工结合预制场、涵洞、便道施工进行统筹安排，多工作面展开。进场后立即进行清表、软基处理及安排对路基填筑影响较大的涵洞施工，施工完成后大面积展开路基土石方施工。

路基土方施工采用机械作业，土方路堑开挖采用挖掘机挖装，自卸汽车运输，边坡预留保护层，人工挂线刷坡。边坡防护及加固施工随路基开挖逐台进行施工。

石方路堑开挖采用横向全宽纵向梯段自上而下分台阶开挖，开挖采用人工手持风钻机打眼，以毫秒微差松动爆破为主，边坡部位采用预裂或光面爆破。爆碴用挖掘机或装载机挖装，自卸汽车运载。

填方路基按照横断面全宽水平分层逐层填筑，采用推土机粗平，平地机精平，振动压路机及冲击式压路机碾压。填筑的平整度、宽度、密实度、横坡度均符合有关规定。路基施工达到一定的规模长度后，按照"四区段，八流程"工艺组织施工，努力提高功效，保证工程质量。

（二）排水防护施工

1. 技术准备

（1）施工方案已审批完成，根据施工方案内容对工人进行技术培训并交底。

（2）根据砌筑高度及砌块规格、灰缝厚度计数皮数和排数，制作皮数杆。

（3）确定砂浆配合比，准备好砂浆拭模。

2．材料要求

（1）砌块：砌块应符合设计规定的类别和强度，砌块强度、试件规格及换算应符合实际要求，砌块强度的测定应按现行规范标准执行。

（2）水泥

应根据结构物所处环境选用水泥品种。宜采用硅酸盐水泥或普通水泥。水泥进场应有产品合格证和出厂检验报告，进场后应对强度、安定性及其他必要的性能指标进行取样复试。其质量必须符合国家现行标准《硅酸盐水泥、普通硅酸盐水泥》等的规定。

当对水泥质量有怀疑或水泥出厂超过 3 个月时，在使用前必须进行复试，并按复试结果使用。不同品种的水泥不得混合使用。

（3）砂：砂宜采用中砂或粗砂并应过筛，当缺少中粗砂时，也可用细砂。砂的质量标准应符合混凝土工程相应材料的质量标准。

（4）水：宜采用饮用水，当采用其他水源时，应按有关标准对其进行化验，确认合格使用。

（5）砂浆：砂浆的类别和强度等级应符合设计规定。砂浆的配合比应通过实验确定，可采用质量比或体积比，并应满足国家现行标准中砂浆技术的要求。砂浆应有良好的和易性，圆锥体沉入度 50mm ～ 70mm，气温较高时可适当增大。

3．施工工艺

（1）砂浆拌制

1）砂浆宜利用机械搅拌，投料顺序应先倒砂、水泥、掺合料，最后加水。搅拌时间宜为 3 ～ 5min，不得少于 90s。砂浆稠度应控制在 50mm ～ 70mm。

2）砂浆配置应采用质量比，砂浆应随拌随用，保持适宜的稠度，一般宜在 3 ～ 4h 内使用完毕，气温超过 30℃时，宜在 2 ～ 3h 内使用完毕。发生离析、泌水的砂浆，砌筑前应重新拌和，已凝结的砂浆不得使用。

3）为改善水泥砂浆的和易性，可掺入无机塑化剂或皂化松香为主要成分的微沫剂等有机塑化剂，其掺量可以通过试验确认。

4）砂浆试块：各个构筑物或每 50 砌体制作边长为 70.7mm 立方体试块一组（6 块），如砂浆配合比变化时，应相应制作试块。

（2）砌筑

1）将皮数杆立于砌体的转角处和交接处，在皮数杆之间挂线控制水平灰线高程。

2）基础砌筑时，基础第一皮砌块应坐浆，即在开始砌筑前先铺砂浆 30mm ～ 50mm，放稳放平。从第二皮开始，应分皮卧砌，并应按上下错缝，内外搭接，不得采用外面侧立砌块中间填心的砌法。

3）基础转角和交接处应同时砌筑，对不能同时砌筑而又必须留置的临时间断处，应留成斜槎。

4）基础砌筑时，砌块间较大的空隙应先填塞砂浆，后用碎石块嵌塞，不得采用先摆碎石块，后塞砂浆或干填碎石块方法。

5）基础的最上一皮，宜选用较大的砌块砌筑。转角处、交接处和洞口处，应选用较大的平石砌筑。

6）基础灰缝厚度 20mm～30mm，砂浆应饱满，砌块间不得有相互接触形象。

7）分段砌筑时，分段位置应设在基础变形缝或伸缩缝处，各段水平砌缝应一致。相邻砌筑高差不宜超过 1.2m。缝板安装应设置准确、牢固，缝板材料应符合设计规定。

8）砌块底面应卧浆铺砌，立缝填浆捣实，不得有空缝和贯通立缝。砌筑中断时，应将砌好的层空隙用砂浆填满。再砌筑时石层表面应清扫干净，洒水湿润。工作缝应留斜槎。

9）宜以 2～3 层砌块组成一工作层，每工作层的水平缝应大致找平。立缝应相互错开，不得贯通；砌筑外露面应表面整齐。砌块应相互错叠、咬接牢固，砌块之间应用砂浆填灌密实，不得干砌。较大空隙灌缝后，应用挤浆法填缝，挤浆时，可用小锤将小石块轻轻入较大空隙中。

（3）勾缝

1）砌体勾缝除设计有规定外，一般可采用平缝或凸缝，浆砌较规则的块材时，可采用凹缝。

2）勾缝前应将石面清理干净，勾缝宽度应均匀美观，深（厚）度为 10mm～20mm，勾缝完成后注意浇水养生。

3）勾缝砂浆宜用过筛砂，勾缝砂浆强度不应低于砌体砂浆强度，勾缝应嵌入砌缝内 20mm，缝槽深度不足时，应凿够深度后再勾缝。除斜石砌体勾凹缝外，其他砌体勾缝一般勾平缝。缝宽不宜大于 20mm。

4）勾缝前须进行修整，再将坡面洒水湿润，勾缝的顺序是从上到下，先勾水平缝后勾竖直缝。勾缝后应用扫帚用力清除余灰，做好成品保护工作，避免砌体碰撞、振动、承重。

5）成活的灰缝水平缝与竖直缝应深浅一致、交圈对口、密实光滑、搭接处平整，阳角方正，阴角处不能上下直通，不能有丢缝、瞎缝现象。灰缝应整齐、拐弯圆滑、宽度一致、不出毛刺，不得空鼓、脱落。

三、桥涵工程

（一）圆管涵工程

圆管涵的施工采用现浇混凝土基础、安装管节、现浇护壁混凝土的施工方法，管节集中预制生产；

圆管涵的施工一般程序为：测量放样→挖基→人工夯铺沙砾垫层→涵管预制→涵管安

装→进、出水口砌筑→涵顶填沙砾→养护→清理。钢筋混凝土圆管节于集中预制场用离心式制管机预制，汽车运输至现场。

1．基础工程

放好样后视具体情况采用人工配合机械放坡开挖基坑。开挖作业连续进行，至设计标高时检查基底，如无异常情况及时修整，并作承载力检测，满足设计要求后，上报监理工程师。地质良好的石质基坑基础模板直接利用坑壁作为模板，地质差的基坑采用组合钢模板，混凝土由机械拌和，振捣器振捣。

当地基基底承载力不满足设计要求时，采用置换沙砾垫层和回填片石处理。

对于管涵，当基底承载力小于设计要求 ≥150Kpa 时，其下无软弱卧层，按不大于 2 米沙砾垫层置换能满足基底应力要求。沙砾垫层施工选取级配较好的沙砾按经试验确定的松铺厚度，由人工摊铺、平板振动夯实机进行压实。

基础沿洞身方向每 6 米设一道沉降缝，或按实际情况确定，并严格控制在 4 米以上。沉降缝宽 2 厘米，采用沥青麻絮或其他弹性较好的不透水材料填塞。经基底处理过的基础则在接口处设置，以保证不均匀沉降发生时，不拉裂基底较好的部分。八字墙与涵身之间以变形缝隔开。

2．涵身施工

为了缩短涵身的施工周期，尽量把施工便道改到涵身以外，以满足整个涵身可以同时施工，保证了施工的延续。

圆管涵管节集中预制，汽车拉运到现场安装施工。安装从下游开始，每节涵管紧密相贴于已铺好的弧形基座上，使涵管受力均匀，各管节垫稳坐实。管节安装以管底水流坡度面呈平顺直线为准调整。管节接缝在沉降缝处与沉降缝同宽，其余均控制在 1 厘米以内。涵管调好后，即可安装模板浇筑护壁混凝土。管节接缝一般的采用沥青麻絮或其他弹性较好的不透水材料填塞内、外侧，以形成一柔性密封层，再用两层 20 厘米宽的油毛毡用热沥青分层黏缠在接缝处。当管采用套环接缝时，则分别采用沥青麻絮、水泥砂浆或沥青砂紧密填塞所有接缝。

3．进出水口

涵洞进出水口在涵身完工后进行，八字式翼墙、顺延式翼墙，跌井等形式按照图纸尺寸要求进行施工，全部采用坐浆挤浆法。砌体基础属隐蔽工程，故基坑开挖至设计标高时，先处理干净，必要时作地基承载力试验，合格后报请监理工程师签认才开始砌筑。用于砌翼墙墙身的片石外露面全部精加工凿毛或采用块石砌筑，砌缝宽控制在 1 厘米左右，线条均匀流畅，以充分体现出涵洞整体大方美观。

（二）盖板涵施工

1．施工工序

施工准备→定位放线→基坑开挖→地基处理→模板支设→混凝土浇筑→模板拆除→混

凝土养护→下道工序。

2．施工工艺、方案

（1）定位放线

按照图纸，进行基础的定位放线，确定中线，边线及标高。

（2）基坑开挖

首先按照安全、技术交底，人工开挖探沟，确认无任何管线后，方可采用挖掘机进行开挖，施工过程中防止超挖和保持边坡坡度正确，深度大于 4m 的盖板箱涵基坑，边坡用塑料薄膜覆盖进行防护。机械开挖至接近设计坑底标高或边坡边界，预留 300mm 厚土层，人工配合开挖。基坑周圈用编织袋装砂子堆积 200mm 高，基坑施工挖出的土方，堆到基槽边 2m 以外，高度不应超过 1.5m。施工时应加强对边坡和支撑的检查控制，车辆的行走离开坑边。基坑挖好后，对坑底进行抄平、修整。给水栓及排水槽：给水栓系统及站场排水槽，由于开挖深度、宽度小，宜选用行动灵活的小型轮胎式挖掘机进行基坑开挖。挖除的土方堆放于基坑 500mm 以外，留作回填土用。

（3）地基处理

砂石垫层：铺设垫层施工前，将基底表面浮土、杂物清除干净。垫层铺设过程中，严禁扰动垫层下卧层及侧壁的软弱土层。铺筑砂石的每层厚度不宜超过 30cm，水准仪控制标高。采用 6 ～ 10t 的压路机碾压。铺筑的砂石应级配均匀。如发现砂窝或石子成堆现象，应将该处砂子或石子挖出，分别填入级配好的砂石。铺筑级配砂石在夯实碾压前，应根据其干湿程度和气候条件，适当地洒水以保持砂石的最佳含水量。施工时应分层找平，夯压密实，并应设置纯砂检查点，环刀取样，测定干砂的质量密度。下层密实度合格后，方可进行上层施工。

（4）模板工程

模板采用定型钢模板，钢管、螺栓加固。通过验算模板和支撑的强度、刚度及稳定性，绘制全套模板设计图（模板平面图、分块图、组装图、节点大样图、）。按模板设计图进行拼装，相邻两块板的每个孔都要用 U 形卡卡紧，龙骨用钩头螺栓外垫碟形扣件与平板边肋孔卡紧。拼装完成后，按照先后顺序，将一个流水段模板用吊车按顺序吊至安装位置初步就位，用撬棍按墙位线调整模板位置，对称调整模板固定螺栓。水准仪、掉线坠等方法垂直校正标高，使模板的垂直度、水平度、标高符合设计要求，立即拧紧螺栓。

（5）钢筋工程

盖板钢筋全部在钢筋棚严格按设计及规范要求集中加工，分类分批堆放。按照图纸进行钢筋的绑扎。

（6）混凝土工程

混凝土施工，混凝土采用现场搅拌砼，砼运输车运至浇灌地点。混凝土分层振捣，使用插入式振捣器时每层厚度不大于 50cm，在上面振捣，振捣完毕后用木抹子抹平。在支撑方木或钢管上抄出水平控制线，防止超高，终凝前进行二次抹压。施工缝用钢丝网挡牢，在继续浇筑砼前，剔除浮动石子，用水冲干净后，浇一层水泥浆，然后继续浇筑混凝土，细致操作振实。浇灌砼时应注意随时检查模板是否变形位移，螺栓、拉线是否松动、脱落或出现胀模、漏浆等现象，并有专人修理。在砼浇筑完 12 小时内，应对砼表面进行适当护盖并洒水养护，养护时间不少于 7 天。浇注完毕后注意养护并在浇筑过程中留制试块。

（7）浆砌片石工程

浆砌片石施工，采用挤浆法砌筑。砌体片石，选用质地坚硬、无风化、无裂纹、无污渍的石料；用作镶面的片石，选用质地平整、尺寸较大且边缘厚度不小于 15cm 者。分层、分段砌筑时，分段位置设在沉落缝。为了严格掌握边墙断面尺寸，当在基顶已放好边墙底面平面尺寸后，利用木板制成断面挂线样板，把它固定在沉降缝的位置上，挂上线绳作为砌筑时的依据。为了防止它每段高走动，应经常检查边墙的沉降缝和基础沉降缝的位置是否一致，以确保工程质量。每段高度控制在 70 ～ 120cm 之间，每砌到该范围时大致找平一次，每找平一次为段的分界面。段内砌块的砌缝互相交错压叠、砂浆密实、砌缝饱满，无石料直接接触处。浆砌片石的砌缝、勾缝，符合规范规定。砌体及时覆盖，并经常洒水保持湿润，常温下养护期不少于 7 天。砌体的砂浆未达设计强度前，不得承受全部设计荷载。

（8）沉降缝

① 基础和涵身在同一断面设置沉降缝。

② 涵洞的沉降缝端面上下垂直，整齐交错。

③ 沉降缝填缝前，打扫干净并使之干燥。

④ 沉降缝外侧用沥青浸制麻筋填塞深 5CM，内侧以 100# 水泥砂浆填塞身 15CM，在用麻筋与砂浆填满。在沉降缝外面敷设 0.5 宽的一层沥青浸制麻布和两层石棉沥青的防水层。

（9）涵洞回填土

盖板涵污工达到设计的要求强度后，及时回填。填土路堤在涵洞每侧不小于 3M，及高出洞顶 1M 范围内，用不膨胀的土壤由两侧对称分层用打夯机仔细夯实，每层厚度 20CM，管节两侧夯填土，大于最佳含水量，最佳密度 95%。

（三）桥梁工程

工程桥梁施工主要为混凝土工程。

工艺流程：混凝土搅拌→混凝土运输→混凝土浇筑→混凝土养护

1．混凝土搅拌

（1）开始搅拌前，应进行如下准备工作；

① 对搅拌机及上料设备进行检查并试运转。

② 对所计量器具进行检查并定磅。

③ 校对施工配合比。

④ 对所用原材料的质量、规格、品种、产地及牌号等进行检查，并与施工与配合比

进行核对。

⑤ 对砂、石的含水率进行检测，如有变化，及时调整混凝土配合比用水量。

（2）计量：各种衡器应定期校验，保持准确；骨料含水率应经常测定，雨季施工应增加测定次数。

① 砂、石计量：砂、石计量的允许偏差为 ≤±3%。

② 水泥计量：采用袋装水泥时，对每批进场的水泥应抽查 10 袋的重量，并计量每袋的平均实际重量。小于标定重要的要开袋补足，或以每袋的实际水泥重量为准，调整其他材料的用量，按配合比的比例重新确定每盘混凝土的施工配合比。

（3）上料：现场拌制混凝土，一般是计量好的原材料先汇集在上料斗中，经上料斗进入搅拌筒。

（4）首盘混凝土拌制时，先加水使搅拌筒空转数分钟，搅拌筒被充分湿润后，将剩余水倒浆。搅拌第一盘时，由于砂浆粘筒壁而损失，因此，石子的用量应按配合比减 10%。

（5）混凝土地拌和过程中，除对搅拌时间进行控制外，还应对混凝土拌合物的均匀性进行检查，保证混凝土颜色一致，不得有离析现象。

2．混凝土运输

（1）混凝土的运输能力必须满足混凝土浇筑的连续性，并确保在混凝土初凝前浇筑完毕。

（2）当混凝土拌合物运距较近时，可采用无搅拌器的运输工具运输、但容器必须不吸水漏浆。

（3）当采用搅拌运输车运输且运距较远时，途中应以每分钟约 2～4 转的慢速进行搅动，卸料前应快转 2～3min。

（4）混凝土运至浇筑地点后发生离析、泌水现象时不得使用。

3．混凝土浇筑

（1）混凝土浇筑前应对支架、横板、钢筋和预埋件等分别进行检查验收，符合要求后方能浇筑混凝土。横板内的杂物、积水和钢筋上的污垢应清理干净；模板内面应涂刷脱模剂。

（2）混凝土自高处倾落的自由高度不宜超过 2m。倾落高度超过 2m 时，应通过串筒、溜槽等设施不落。

（3）混凝土应按一定厚度、顺序和方向公层浇筑，分层浇筑时应在下层混凝土初凝前浇筑上层混凝土；上下层同时浇筑时，上层与下层前后浇筑距离应保持 1.5m 以上。

（4）浇筑混凝土时，应采用振动器捣实，边角处可采用人工辅助振捣。用振动器振捣混凝土时，应符合下列规定：

① 使用插入式振动器时，移动间距不应超过振动器作用半径的 1.5 倍，插入下层混凝土 50～100mm。靠近模板处钢筋较密，在使用插入式振动器之前先以人工仔细插捣。

② 表面振动器的移动间距，应保证振动器的平板能覆盖已振实部分 100mm 左右为宜。

4. 混凝土养护

（1）混凝土浇筑完成，应加以覆盖和洒水养护，并应符合以下规定：

① 混凝土应在终凝后及时进行覆盖养护，覆盖时不得损失或污染混凝土表面。

② 混凝土养护的时间不得少于 7d，可根据大气的温度、温度和水泥品种及掺用的外加剂等情况，酌情延长；对掺用缓凝型外加剂或有抗渗要求的混凝土不得少于 14d，预应力混凝土养护至预应力张拉。

③ 洒水的次数应能保持混凝土表面经常处于湿润状态。

④ 当气温低于 5℃时，应覆盖保温，不得向混凝土表面洒水。

（2）对于大体积混凝土的养护，应根据气候条件采取温控措施，并按需要测定浇筑后的混凝土表面和内部温度，将温差控制在设计要求的范围内，当设计无具体要求时，温差不宜超过 25℃

四、路面施工

（一）天然沙砾垫层施工

1. 摊铺

下层复验合格后要及时摊铺，运到工地的沙砾排平后，大小颗粒应分布均匀，虚铺厚度一致，按虚铺厚度一次铺平，不得多次找补。运料及摊铺应先远后近循序进行，所需材料按预先计算量分段分堆放置，应用人工配合机械进行摊铺，摊铺的沙砾应分布均匀一致，无明显颗粒分离现象，严禁用四齿耙拉平料堆，造成粗细料局部集中。对摊铺时发生的粗细料集中情况应及时处理。摊铺虚厚按设计厚度乘压实系数，通过实验段确定压实系数，一般可按 1.2 ~ 1.3 之间的松铺系数试压。摊铺时要严格控制高程和平整度，初压后必须立即检查并找补。碾压前断绝交通，保持摊铺清洁和施工安全。平整度不大于 ±15mm。

2. 碾压

碾压以"先慢后快""先轻后重"为原则。压路机应逐次倒轴碾压，重叠宽度为三轮压路机的二分之一后轮宽，对双轮压路机不应小于 30cm。碾压前先泼水，每平方米约泼水 3 ~ 4kg。碾压自路边开始向路中移动，路边应重复碾压，避免沙砾向外挤动。在轻碾稳定碾压过程中应随时检查，如发现有高低不平现象，高出处应适当均匀撒出粒料，低凹处应适当添加粒料后再行压实。

（二）水泥稳定级配碎石层施工

工程水泥稳定级配碎石层施工程序为：准备下承层→施工测量放样→严格材料试验→混合料的拌和→混合料的运输和摊铺→混合料的碾压→混合料的接缝→养生及交通管理。

1．准备下承层

下承层必须按规定验收，符合标准。由于施工车辆碾压造成的不合格路段必须采取措施使其达到标准，方可在上铺筑混合料。水稳碎石层铺筑前必须对下承层表面进行整修，使其表面稳定，符合铺筑水稳碎石层的要求。

2．施工测量放样

恢复中桩：采用全站仪进行恢复。直线段每20m设一桩，平曲线每10m设一桩，每100m设一固定桩，并写明桩位，在路两侧边缘外设自动找平指示桩。

水平测量：在两侧指示桩上用红漆标出铺筑层的边缘设计标高，并将自动找平基线调整到合适位置。

按路面结构的设计宽度定好边线，每侧应超出设计宽度25cm。

3．运输和混合料摊铺

（1）在准备铺筑的下承层上先洒水，使其表面湿润。

（2）混合料在拌和均匀后进行转运，在距离铺装地点较远时，予以覆盖，以防混合料失水。水泥稳定碎石在装卸过程中如有粗细颗粒离析现象，在工地补拌使混合料均匀后摊铺，经检验发现含水量低于最佳含水量2%时，工地需洒水增补。考虑风干因素，拌和时适当提高湿度2%左右。

（3）混合粒料摊铺前，用铝合金半刚性基准面支立于已做好的下承层内侧顶面，对其高程平整度和横坡度进行控制。

（4）混合料运输应配备足够的运输车辆，以保证摊铺过程的连续进行。

（5）水泥稳定碎石层的摊铺采用两台全行动自行摊铺机联合进行。

4．碾压

（1）混合料摊铺完成后，立即按试验路段所定压实方法进行压实。在直线段由两侧向中心碾压，在平曲线段，压路机应由内侧向外侧进行碾压。

（2）碾压用压路机静压，稳压1～2遍，路面两侧，应多碾压2～3遍。然后用18～21t压路机压实，碾压至无明显轨迹为止，再用压路机抛光，将高出部位刮除，发现不平处立即进行人工填补整修。

（3）压实后的基层不可随意贴补找平，不允许滚浆碾压。在碾压过程中，如有"弹簧"、松散、起皮等现象，及时翻开重新拌和，使其达到质量要求。

（4）完成压实后的基层表面应为：在压路机行进时不得出现位移，也不得出现轨迹、隆起、裂缝或材料松散。如压时期间含水量不够，洒水润湿后重新压实。

5．接缝及调头

（1）为减少接茬，采取全幅摊铺和延长摊铺段落施工，段落端点处达到设计密实度95%以上。在接铺新料前应将旧料刨松，采用立茬、毛茬衔接，对旧茬适当洒水湿润，碾压时接茬处加强碾压。

（2）严禁压路机在已压成型或正在碾压的基层上调头，以保证稳定土层表面不受破坏。

（三）沥青混凝土路面层施工方法

1．测量放样

测量放样是直接影响路面平整度、高程的关键工序，面层施工外观尺寸的依据，它可分为复测水准点，中线放样，基平测量和敷设弦线基准等几个步骤。复测水准满足精度要求后，在原始水准点基础上每 500m 处需设一个临时水准点。敷设弦线基准也是一个关键步骤，它既要保证钢丝挠度小于 1mm。摊铺机采用两边走钢丝控制摊铺厚度、高程及横坡的方式。由于摊铺机带有自动找平装置，测量人员在铺筑面层底口边线外 20cm 设置控制规定纵坡的参考弦线，每隔 10m 中桩定点，即用 2.5mm 弹簧钢丝用张紧器拉紧，张力一般控制在 100KN，每根长度 100m 左右，让自动找平仪传感器的触件沿着弦线移动。

2．沥青混合料的拌和

（1）严格掌握沥青和集料的加热温度以及沥青混合料温度。

（2）拌和料控制室逐盘打印沥青及各种矿料的计量和测量进行校核，每天应用拌和总量检验矿料的配比和沥青混合料油石比的误差。

要注意目测检查混合料的均匀性，及时分析异常现象，如混合料有无花白、冒烟、离析等现象，如确认是质量问题，应作废料处理并及时予以纠正。在生产开始以前，有关人员要熟悉本项目所用各种混合料的外观特征，这要通过细致地观察室内试样的混合料而取得。

要严格控制油石比和矿料级配，避免油石比控制不当而产生泛油或松散现象。拌和机每天上午、下午各取一组混合料试样做马歇尔试验和抽提筛分试验，检查油石比、矿料级配和沥青混凝土的物理力学性能。油石比与设计值的允许误差 ±0.2%，采用抽提法检测沥青用量。

3．沥青混合料的运输

（1）采用数字显示插入式热电偶温度计检测沥青混合料的出厂温度和运到现场的温度，插入深度大于 150mm，在运料卡车侧面中部设专用检测孔，孔口距车厢底面约 300mm。

（2）拌和机向运料车放料时，每装一斗料，汽车应前后移动，分三堆装料，以减少粗集料的分离现象。

（3）沥青混合料运输车的运量应较拌和能力和摊铺速度有所富余，摊铺机前进方向应有五辆以上的运料车等候卸料。

（4）运料车用完好的双层篷布覆盖设施，以便保温防雨或避免污染环境。

（5）连续摊铺过程中，运料车在摊铺前 10 ~ 30cm 处停住不得撞击摊铺机。卸料过程中运料车应挂空挡，靠摊铺机推动前进。

4．沥青混合料的摊铺

采用摊铺机成梯队作业两台摊铺机一前一后相距 15 ~ 20 米进行同步摊铺，形成热接缝。后一台摊铺机摊铺的混合料重叠在前台摊铺机摊铺的沥青混合料上约 30cm，并用热熨平板将接缝熨平，然后一起进行碾压。摊铺时特别注意接缝处的平整且紧密顺直，既不能下凹也不能凸出，并宜设置样桩控制厚度。

连续稳定的摊铺，是提高路面平整度最主要措施，摊铺机的摊铺速度应根据拌和机的产量、施工机械配套情况及摊铺厚度按 2.5m/min 左右予以调整选择。做到缓慢、均匀不间断摊铺。不应以快速摊铺几分钟，然后再停下来等下一车料，午饭应分批交替轮换进行，切忌停铺用餐，做到每天收工停机一次。

摊铺的混合料未压实前，施工人员不得进入踩踏。一般不用人工整修，只有在特殊情况下，需在现场技术人员指导下，允许用人工找补或更换混合料，缺陷较严重时予以铲除，并调整摊铺机或改进摊铺工艺。

摊铺机应调整到最佳状态，调试好螺旋布料器两端的自动料位置，并使料门开度、链板送料器的转速相匹配。螺旋布料器的料量以略高于螺旋布料器的中心为度，使熨平板的挡料板前后混合料在全宽范围内均匀分布，避免摊铺层出现分离现象，并随时分析、调整粗细集料是否均匀，检测松铺厚度是否符合规定，以便随时进行上述各项调整。摊铺前应将熨平板预热到规定温度，摊铺时熨平板应采用中强夯实等级，使初始压实度不小于85%，摊铺机熨平板必须拼接紧密，不许存有缝隙，防止卡入料将路面拉出条痕。

要注意摊铺机接料斗的操作程序，以减少粗集料离析。摊铺机集料斗应在刮板尚未露出，尚有约 10cm 厚的热料时扰料，这是在运料车刚退出时进行，而且应该做到料斗两翼才恢复原位时，下一辆运料车即开卸料，做到连续供料，并避免粗集料集中。

严禁雨天、夜间无照明设施摊铺。摊铺遇雨时，立即停止施工，并清除未压实成型的混合料，遭雨淋的混合料应废弃，不得卸入摊铺机摊铺。

5. 沥青混合料的压实成型

沥青混合料的压实是保证沥青面层质量的重要环节，压实必须在摊铺后紧接着进行，不得等混合料稍冷以后碾压。在初压或复压过程中，采用同类压路机并列成纵队压实，不宜采用首尾相接的纵列方式。

采用振动压路机压实沥青混合料路面时，压路机轨迹重叠宽度不应超过20cm，当采用静载压路机，压路机轨迹应重叠 1/3 ~ 1/2 的碾压宽度。

压路机应以均匀的速度碾压，采用振动压路机碾压，应采用高频、低幅操作，终压时不得开振。压路机的适宜碾压速度随初压、复压、终压及压路机的类型而别。初压采用钢轮静碾一次，振动三次，温度不低于 140℃，速度 2.5KM/h，复压应紧接在初压后进行，复压采用轮胎压路机静压 4 遍，至稳定无明显轨迹，速度 3.0KM/h，复压温度控制在130℃以上，终压采用双轮压路机静压二遍，以消除轨迹。

沥青混合料摊铺和碾压时，应有专人负责指挥协调各台压路机的碾压路线和碾压遍数，使铺筑面在较短时间内达到规定的压实度。碾压长度控制在 20 ~ 30m。压路机折返应呈阶梯形，不应在同一断面上，初压不得使用轮胎压路机。为避免碾压时混合料推挤产生拥包，碾压时应将驱动轮朝向摊铺机；碾压路线及方向不应突然改变；压路机启动、停止必须减速缓行，对压路机无法压实的死角、边缘、接头等，采用小型压路机或手扶振动压路机或手扶振动夯趁热压实。初压时应尽量减少喷雾，防止沥青混合料降温过快。复压后用三米直尺检查平整度，发现问题用压路机集中处理压平。

在当天碾压的尚未冷却的沥青混凝土层面上，不得停放压路机或集体其他车辆，并防止矿料、油料和杂物散落在沥青层面上。

要对初压、复压、终压段落设置明显标志，便于司机辨认。对松铺厚度、碾压顺序、碾压遍数、碾压速度及碾压温度应设专人检查。

压实完成 14 小时之后，方能允许施工车辆通行。

（四）改性乳化沥青透层、下封层、粘层

1．材料

乳化沥青生产所用的沥青需采用符合设计规范要求的基质沥青，本项工程改性乳化沥青的生产，用全自动控制的具有精确量化控制的乳化沥青生产设备进行生产。

石屑：其规格符合《公路沥青路面施工技术规范》（JTG F40 — 2004）的要求，洁净、干燥、无风化、无杂质，具有足够的强度、耐磨耗性。

2．施工方案

施工顺序：清扫基层表面机械除尘喷洒透层乳化沥青养护乳化。

沥青下封层沥青下面层粘层洒布沥青上面层完成全部工序施工开放交通。

（1）透层施工前，彻底清扫干净基层顶面，保持基层顶面的清洁，平整度满足要求并经过监理工程师验收合格后进行透层施工。

（2）透层用沥青洒布车喷洒。喷洒乳化沥青后，待其充分渗透、破乳彻底蒸发后再进行封层施工，这期间人工找补、养护，并严禁车辆、行人通过。

（3）封层石料洒布：在普通乳化沥青按规范要求量洒布后，根据石料级配、洁净度、干湿状况，在洒布过程中微调，洒布更精确、均匀和美观。石料洒布量根据业主或规范要求洒布。

（4）粘层施工方案与透层类似，但宜在午后气温最高时洒布。

3．要点

1）清扫是保证透层油渗透、保证下封层与基层黏结效果的关键环节，再好的结合料，若不能作用在洁净的界面上也不可能达到预期效果。首先人工提前对工作面进行全面清扫，清除堆积余料，凿除黏结物，必要时用高压水冲洗。施工前用鼓风机沿纵向斜线将浮尘吹出路面，再检查路面情况，重复清扫、吹尘直至工作面洁净度达到要求为止。

2）施工前，检查沥青洒布车的油泵系统、输油管道、油量表、保温设施等，保持干净、完好。每次完成沥青洒布后，将剩余残留物清除，一定要保持管道及喷头畅通。

封层施工必须在透层油充分渗透、稀释剂完全蒸发之后开始。普通乳化沥青到最佳温

度时进行洒布。

3）粘层洒布时应均匀，不要过量浇洒，路面有脏物、尘土时应清除干净，当有沾粘的土块时，要用水冲刷干净待表面干燥后再浇洒粘层改性乳化沥青。当气温低于10℃或正下雨时，不得浇洒粘层改性乳化沥青。洒粘层乳化沥青后，严禁一切车辆（除沥青混合料运输车外）、行人通过；粘层洒布后应待乳液破乳、水分蒸发后再铺筑沥青面层。

4）纵向接缝必须顺直，搭接宽度为10～15㎜；对纵向边缘与构造物连接处，进行喷洒时，喷油管外端设遮护挡板，或用塑料薄膜对结构物进行遮挡，不得污染防护设施。

5）横向接缝处均匀一致。每天喷洒的开头处，用油毛毡等不渗油材料铺满，压紧固定，车辆从覆盖物上起步后迅速打开阀门并能行驶到档位和速度；终点处铺2～3m，车辆到达后迅速换挡降速，确保开头、终点均匀一致。

6）成型后的封层必须进行早期养护，封闭交通1～2天。初开放交通时，车速不得超过20km/h，严禁刹车或调头。未稳定成型的路段，严禁兽力车和铁轮车通过。发现局部损坏，应及时进行修补。

（五）水泥混凝土面板

1. 施工前的准备工作

施工前的准备工作包括材料准备及质量检验，混合料配合比检验与调整，基层的检验与整修等项工作。

（1）材料准备及性能检验

根据施工进度计划，在施工前分批备好所需的各种材料（包括水泥、砂、石料及必要的外加剂），并在实际使用时核对调整。对已选备的砂和石料抽样检测含泥量、级配、有害物质含量、坚固性；对碎石还应抽其强度、软弱及针片状颗粒含量和磨耗等。如含泥量超过允许值，应提前一二天或过筛至符合规定为止，若其他项目不符合规定时，应另选料或采取有效的补救措施。

（2）混合料配合比检验与调整

混凝土施工前必须检验其设计配合比是否合适，否则应及时调整。

① 工作性的检验与调整：按设计配合比取样试拌，测定其工作度，必要时应通过试铺检验。

② 强度的检验：成型混凝土抗弯拉及抗压试件，养生28d后测定强度应满足设计要求。

③ 外加剂的检验：必须检验外加剂与水泥的适应，外加剂使用过程中的质量控制技术的实用性。

除进行上述检验外，还应根据不同用水量、不同水灰比、不同砂率或不同集料级配等配制混合料，通过比较从中选出经济合理的方案。施工现场砂和石子的含水量经常变化，必须逐班测定，并调整其实际用量。

（3）水泥稳定碎石基层检验与整修

① 水泥稳定碎石基层质量检验

如水泥稳定碎石基层有损坏应在浇筑水泥混凝土面板之间采用相同材料修补压实，严禁用松散粒料填补。

② 测量放样

根据设计图纸放出路面中心线及边线，在路面中心线上一般每20m设一中心桩。同时应设置涨缩缝、曲线起止点和纵坡转折点等中心桩，并相应在路肩上各设一对边桩。主要中心桩应分别固定在路肩稳固位置。

根据放好的中心线及边线，放出砼板块位置线，放样时为了保证曲线地段线性，合理的划分中线内外侧车道混凝土板块，保证横向分块线与中心线垂直。

布设临时水准点与路线两旁的固定建筑物上或另设临时水准桩，不宜过长或过远，便于施工时就近对模板或路面进行标高复核。

施工中应对测量放样经常进行复核。包括在振捣混凝土过程中，做到"三勤"，即：勤测、勤核、勤纠偏。

2．混凝土拌和与运输

（1）混凝土拌和

在拌和机的技术性能能满足混凝土拌和要求的条件下，混凝土各组成材料的技术指标和配料计量的准确性是混凝土拌制质量的关键。本工序采用人工辅助机械化施工，拟用带电子称量的配料机进行配料。按水泥混凝土配合比要求，对水泥、水和各种集料的用量准确调试后，经试拌检验其混凝土的工作性和和易性等指标满足《施工技术规范要求》后，再正式开盘拌和生产。

（2）混凝土运输

施工中采用混凝土运输车运输。

（3）卸料

根据每车装载混凝土量、路面施工宽度和浇筑厚度计算出每车砼浇筑长度。

3．混凝土的摊铺与振捣

（1）模板安装

模板既是水泥混凝土路面面板的侧模，又是三轴平整仪的运行轨道。

模板高程控制是否精确，安装是否平直，接头是否平顺，将直接影响到路面表面的质量和行驶性能。模板要能承受从模板上传下来的机组质量，横向要保证模板的刚度。模板数量根据进度配备，并要有拆模周期内的周转数量。依据目前施工时日平均气温模板按日进度配置。设置纵缝时，应按要求间距在模板上预留拉杆位置预留孔。对各种钢筋的安装位置偏差不得超过1cm，传力杆必须与板面平行并垂直接缝，其偏差不得超过5cm；传力杆间距偏差不得超过1cm。

模板侧面在每次浇筑前应清洁，且刷脱模剂。

（2）摊铺

运输车将混凝土拌和熟料卸在模板内，人工使用铁锹将混凝土摊平，严禁使用铁锹抛掷混凝土混合料摊铺。安排专人指挥车辆均匀卸料。布料应与三轴整平仪摊铺速度相适应，不适应时应增加摊铺布料技术人员。中途如因故停工，应设施工缝。摊铺厚度应考虑振实预留高度。

（3）振捣

混凝土振捣，采用振动棒和砼路面三轴整平仪进行。混凝土摊铺后，采用人工手持振动棒对混凝土进行捣密实。有效振捣半径为30cm，使松铺混凝土在全宽度范围内达到预留高度，安排专人监督振捣情况，严禁掉棒或漏振。

最后使用砼路面三轴整平仪整平，三轴整平仪作业单元长度宜为15～20m，振动棒振实与三轴平整仪整平两道工序之间的时间间隔不宜超过15min。三轴整平仪振实料位高度不宜高于模板顶面5～10mm，若过高部分在三轴整平仪作业时人工铲除，过低应同时补料。在三轴整平仪一个作业单元长度内，应采用前进振动，后退滚碾的方式作业，宜来回作业2～3遍，最佳滚碾遍数应经过试铺确定。滚碾完成后，将振动轴抬离模板，用平整轴前后碾滚整平，直到平整度符合设计要求，表面砂浆厚度均匀一致。表面砂浆厚度宜控制在4±1mm，三轴整平仪前方表面过厚、过稀的砂浆必须刮除丢弃。

4．砼表面整修

振实后混凝土进行整平、精光、刻纹制作等工序。

采用三轴整平仪进行整修时，表面三轴仪整平轴在混凝土表面往返滚碾，利用三轴仪前进将混凝土表面整平。模板顶面应勤清理，以便三轴仪顺畅通行，同时确保砼表面平整。在三轴仪施工中途有停歇时，整平轴停驻处混凝土表面常有微小的棱条出现，可辅以人工抹面消除。

精光工序是对混凝土表面进行最后的精细整修，使混凝土表面更加密实、平整、美观，这也是水泥混凝土路面外观质量的关键工序。三轴整平仪由于整机采用三点式整平原理和完善的修光提浆配套设备，整平质量较高。精光工作由人工完成，施工中应加强质量检查、校核，同时应确保工人耐心、仔细、细致的操作，保证精光质量。

刻纹制作是提高水泥混凝土路面行车安全的重要措施，水泥混凝土路面全幅浇筑完达到保养期后，采用50cm宽刻纹机一次性刻制槽纹，使混凝土表面在不影响平整度的前提下，具有一定的粗糙度。纹槽制作的平均深度控制在1-2mm以内，刻纹时应控制槽纹的走向与路面前进方向垂直，横向邻板的槽纹应顺直联通以利排水。

5．养生

水泥混凝土表面修整完毕后，应覆盖养生，使水泥混凝土面板在开放交通前达到设计强度。

在养护初期，为减少水分蒸发，避免阳光照射，防止风吹和雨淋等，拟采用无纺布覆盖养生，每天必须坚持洒水喷湿至少5～6遍。

6．接缝施工

（1）纵缝

平缝施工应根据设计要求的间距预先在模板上制作拉杆位置留孔，并在缝壁一侧涂刷隔离剂，顶面的缝槽用切缝机切锯，深度为 5～6cm，并用填缝料填满。假缝施工，为确保纵缝顺直、美观和整齐，顶面纹理使用切缝机清缝然后填注灌缝料。

（2）横向缩缝

水泥混凝土硬化后，应适时锯缝。锯缝过早，因混凝土强度不足，会引起集料从砂浆中脱落，而产生毛边现象。锯缝过迟，混凝土板会在非预订位置出现早期裂缝。

当水泥混凝土抗压强度达到 5～10Mpa 时锯缝，或者用手指甲在水泥混凝土表面划痕，指甲有磨损感时进行锯缝。在气温骤变时，宜取尽早锯缝，锯缝方法以调深调速的锯缝效果较好；为减少早期裂缝，锯缝可采用"跳仓法"，即每隔几块板先锯一道缝，然后再逐块锯缝。

（3）胀缝

胀缝分浇筑混凝土终了时设置和施工中途设置两种。

施工终了时设置胀缝，传力杆长度的一半穿过端头挡板，固定于外侧定位模板中。混凝土浇筑前应先检查传力杆位置是否符合设计；浇筑时应先摊铺传力杆下方混凝土，用插入式振动棒振实，并校正传力杆位置；再浇筑上部混凝土。浇筑凝板时应拆除顶头木模，并设置下部胀缝板、木制嵌条和传力杆套管。

施工过程中设置胀缝，胀缝施工应预先设置好胀缝板和传力杆支架，并预留好滑动空间，为保证胀缝板施工的平整度以及机械化施工的连续性，胀缝板以上的混凝土硬化后用锯缝机按胀缝板的宽度锯两条线，待填缝时，将胀缝板以上的混凝土锉除，该施工方法对保证胀缝施工质量特别有效。

（4）施工缝

施工缝为施工间断时设置的横缝，常设于胀缝或缩缝处，双车道施工缝应避免设在同一横断面上。施工缝如设于缩缝处，板中应增设传力杆，其中一半减 5cm 长度锚固于混凝土中，另一半加 5cm 应先涂沥青或加塑料套，允许滑动。传力杆必须与缝壁垂直。

（5）接缝填封

混凝土板养生期满后应及时填封接缝。填缝前缝内必须清扫干净并保持干燥。填缝料应与混凝土缝壁黏结紧密，不渗水，其灌注深度以 3～4cm 为宜，下部可填入多孔柔软材料。填缝料的灌注高度，夏天应与板面平。

当用加热施工填缝料时，应不断搅匀，至规定温度。气温较低时，应用喷灯加热缝壁。个别脱开处，应用喷灯烧烤，使其黏结紧密。

第四节　施工组织设计编制

一、高速公路施工组织设计的特点

在项目施工之前，需要根据工程施工现场的实际情况，依据相关部门对建设项目的基本要求，编制施工组织设计，使项目施工的整个流程科学、合理。总之，施工组织设计是对整个施工过程进行规划、管理的文件。它具有全局性和控制性。

高速公路和一般工程相比，主要具有以下特点：一是线状构筑物，施工工作面狭长；二是分部和分项工程众多，涉及的专业内容多，相互干扰和影响大；三是施工过程中资金、人力和机械设备投入大；四是施工工期长，一般需要跨越 3 ~ 4 个年度；五是施工受到沿线地质、水文、气候，尤其是受冬季和雨季的影响大；六是施工技术标准要求高；七是安全、环保等方面的要求高。高速公路的这些特点，决定了在进行施工组织设计编制过程中，不但要满足一般工程施工组织设计的要求，更要结合高速公路的特点和实际需求，有针对性地进行施工组织设计的编制。

二、高速公路施工组织设计文件的作用

（一）高速公路工程实施的指导性文件

高速公路施工组织设计从工程实施的全局出发，以工程质量、工程费用、工期安排为主线，整体考虑施五大工要素，从时间和空间上分析达成目标的工艺需求和工、料、机的消耗，统筹合理地安排工程的资源投入、施工工艺和施工进度，保证施工生产中的经济性、连续性和协调性，以最低的消耗创造最大的经济效益。高速公路的施工组织设计具有两方面的作用：一是指导施工前期准备工作，合理分配资源，控制施工进度整体布置施工活动安排，另外保证了施工秩序的正常化，起到了协调和沟通各个环节的作用。

（二）施工单位进行工程费用控制的主要依据

目前，高速公路建设市场竞争激烈，为了应对市场竞争，提高生产效率、控制成本支出是最重要的措施之一，应对施工方案周密部署，对施工组织设计不断优化，因为工程费用与施工方案选取有关，不同的施工方案所需的费用差别也很大。比如在桥梁基础施工过程中，可采用人工挖孔和机械钻孔来成孔，人工挖孔可采用爆破施工也可使用人工下挖，机械钻孔可采用旋转钻机也可以采用冲击钻。这些施工方案的选择直接影响了工程造价，因此必须结合现场的实际情况、施工机械、人工情况，在施工方案满足合理性、先进性、安全性的同时，应该仔细考虑经济性。

（三）施工单位进行索赔的重要依据

项目中标后，投标文件中的施工组织设计是合同文件的重要组成部分，在项目实施过程中，每一个单项工程、分项或分部工程的施工组织设计，也是合同实施的重要支持性文件。在实际施工过程中，若业主在原方案的基础上增加工程数量，未按照招标文件中的承诺提供基本施工条件（比如三通一平、取土场等），或是由于业主或监理工程师的原因出现变更造成工程延期的情况，施工单位可依据投标文件中的施工组织设计文件和经监理工程师批准后的单项工程、分项或分部工程的施工组织设计文件，进行合理的工期、费用索赔。

（四）施工单位及监理单位进度控制的重要依据

无论是投标文件中的施工组织设计文件，还是工程实施过程中的单项工程、分项或分部工程的施工组织设计文件，作为施工单位，在满足总体工程进度和工程质量的基础上，从经济有效投入角度出发，一般会提出了连续、均衡的投入策略，经综合比选后提出了施工组织设计方案；从项目业主和监理工程师的角度出发，主要考察和审批施工单位工料机的投入能否保证项目在确定的工期之内保质保量完成，如果审核通过，将是三方共同遵守的基础性文件，以此来控制工程的进度。

（五）施工单位和监理单位质量控制的重要依据

投标文件中的施工组织设计文件，以及经监理工程师批准的工程实施过程中的单项工程、分项或分部工程的施工组织设计文件，是施工单位进行质量控制的重要依据。

三、高速公路施工组织设计文件编制依据

1. 国家、地区或行业等颁布的相关政策、条例等法律、法规、规章、要求等文件，以及国际通行的规则等。

2. 针对该项目的招标文件的所有相关文件。包括招标文件、施工图设计文件、补遗书，以及其他的补充资料和文件。

3. 现行的与高速公路施工相关的标准、规范、规程、指南等。如《公路工程概预算编制办法》《公路桥涵施工技术规范》等。

4. 建设条件的调查资料，包括自然条件和社会条件的调查资料。主要包括项目沿线水文、地质、气候、砂石料、钢材、沥青、木材、取弃土条件、供水、电力、电信、道路、交通运输、历史古迹、军事设施、风俗习惯、人文景观等。

5. 施工单位工、料、机的可能投入能力、管理水平、类似工程施工经验等。

6. 类似工程或相近工程的经验资料。

四、高速公路施工组织设计文件编制原则

1. 均衡生产，突出重点的原则。在施工技术、劳动力和物资供给方面优先满足重点工程，其他工程采取科学、均衡组织。

2. 确保工期的原则。在保证施工质量的前提下，合理安排劳动力、施工机械设备、材料等，确保顺利实现工期目标。

3. 坚持以人为本的原则。必须高度重视施工人员的职业健康和安全，同时还要兼顾沿线居民的健康和安全，切实做到以人为本。

4. 统筹兼顾、科学安排的原则。合理安排施工时间、施工顺序，尽最大努力降低对群众生产生活和当地交通所造成的影响，科学文明施工，树立良好的施工单位形象。

5. 施工同时注重环保的原则。不能因为施工而造成生态破坏、水土流失，必须坚持"改造自然、保护自然、环保同行"的原则。

6. 灵活机动、因地制宜的原则。根据工程实际情况，合理组织施工，尽量少占用当地群众的耕地，努力降低征地费用。

7. 专业化施工原则。必须使用专业的施工队伍对路基、路面、桥涵中一些关键部分进行施工，绝不能为降低工程造价而使用杂牌军，必须确保工程质量。

五、高速公路施工组织设计编制内容

作为施工单位进行工程施工的指导性文件高速公路施工组织设计贯穿于整个施工过程。同时，高速公路施工组织设计作为一个综合性文件一般应包括工程概况、施工策划、施工现场的总体部署、主要施工方案、施工技术关键、施工总进度计划、工程质量管理措施、工程安全管理措施等，下面简要介绍一些内容。

（一）工程概况

主要包括：（1）工程概要介绍，主要设计标准和工程规模、工程内容等；（2）工程所在地的水文、气象状况以及地形、地貌环境特征等；（3）工程特点及重点、难点；（4）主要工程数量；（5）交通、通讯、电力、材料等工程技术条件。

（二）施工策划工作

施工策划工作的基本任务是在分析研究项目特点的基础上，对施工单位自身的人力资源、机械设备、材料的供应、进场方式、时序安排等情况进行评估，并拟定初步的计划安排。

1. 施工任务分解与劳动部署

根据本合同段的总工程量、工程特点和重点难点、工程分布以及当地气候特点、工期要求，路桥兼顾、平行作业、分段推进、逐段成型，并按此投入所需的人员和机械。

2．主要机械（具）设备配备

在施工设备配备上要求满足施工要求、经济适用、便于维修、保养和管理。在保证质量和安全的前提下，通过合理的配备，力争最大限度地降低成本、提高工作效率。

3．材料供应保证计划

提前制订出材料的供应计划，调研好材料在不同季节、不同时间段的价格和市场供需关系。

4．人员、设备、材料运到现场的方法

（1）施工人员进场方法

根据初步计划安排，研究施工人员进场人数、时序、方式等。

（2）机械设备进场方法

根据施工单位目前各类工程机械设备的数量、位置，以及本项目的初步计划安排，拟定各类施工机械设备进场的次序、方式、数量等。一般应根据路基、桥涵、路面等工程进展情况，安排所用的设备分期、分批进入现场。

（3）材料进场方法

确定工程所需的材料及地产材料的供货地点、数量以及运输方式。

（三）施工准备与临时工程

施工准备工作的任务是为高速公路的施工做好各项准备工作，创造对施工有利的条件，一般包括以下内容：

1．施工准备

（1）施工管理准备工作

施工管理准备工作主要包括：学习合同条款、相关法律、法规、建立健全规章制度，组建项目经理部、开展施工队伍的技术培训。

（2）技术准备工作

施工技术准备工作主要包括：学习设计文件、设计交底和技术规范，进行现场踏勘调查研究；核实工程数量、编制实施性的施工组织设计；建立工地试验室；埋置好保护桩。

（3）施工材料、机械准备工作

统筹各种材料的采购和供应工作，协调运输力量。机械进场前进行调试维护，保证施工机械能够正常运行。

（4）临时工程准备工作

做好现场"三通一平"工作，沥青硅拌和站、水电供应的准备工作需要重点抓好。

（5）资金准备

到银行进行开户，并提前准备好充足的资金，提前办理好保险业务，做到万无一失。

（6）编制作业指导书，申请开工

编制作业指导书和开工报告，申请正式开工。

2．临时工程

（1）临时便道

根据本项目的实际和施工需要，规划设计和建设施工便道。

（2）生活及生产房屋

根据施工需要，规划建设生活与生产用房，也可考虑采用租赁当地居民或企事业单位房屋。

（3）生产及生活用水

对当地的地表水、地下水水质和水量进行调查，结合生产和生活对水质和水量的需求，确定取供水方式。

（4）电力供应

结合生产和生活对用电量的需求，以及当地电网分布、负荷实际分析，确定供电方式。

（5）拌和站、预制场地

根据线路所经区域地形地势、交通运输条件工点位置及工程工期需要，设置拌和站和预制场的种类和能力。

（四）施工现场的总平面布置

高速公路施工现场总平面布置的基本原则是尽量降低运输、方便管理、降低成本，一般包括生产生活用房、预制场、拌和站的位置和布置状况、临时道路和需要硬化的场地等。

（五）高速公路主要施工方案

公路工程项目施工方案包括交通工程、路基路面工程、桥梁涵洞工程、道路沿线设施、绿化等方面的内容，不同的合同段，内容不同。

交通工程施工主要包括收费站、管理中心的机电监控设施施工方案、标志标线工程的施工方案等；路基工程施工主要包括土石方填筑方案和排水及防护工程施工方案；路面工程底基层、基层施工方案、面层施工方案；桥涵工程施工主要包括基础施工方案、墩台施工方案、梁板施工方案、桥面铺装附属设施的安装施工方案；沿线设施包括收费站、管理中心、服务区、停车区等的施工方案；绿化施工主要包括中央分隔带绿化、边坡绿化等施工方案。

施工方案决定了施工组织设计能否顺利实施、工程能否按期竣工、费用能否得到有效控制。

（六）施工进度计划的编制

施工进度计划是控制工程期限和施工进度安排等各项施工活动的计划。

1．施工进度计划的编制依据

（1）工程项目的所有设计文件、技术交底资料等与设计有关的文件；

（2）项目所在地的水文、地质、气象等自然条件资料，以及技术经济资料；

（3）合同协议书、中标通知书、招标文件等所有与业主和监理工程师约定有关的资料文件；

（4）交通运输行业公路工程项目施工的各类定额，以及与项目相关的其他行业的施工定额；

（5）施工所必需的生产资料（设备、劳动力、原材料）供应等情况。

2．施工进度计划的表现形式

进度计划的表现形式方法主要有横道图法、网络图法、斜线图法等。

（1）横道图

横道图又名甘特图，是一种应用最广泛的进度表现形式。它将工程任务的所有工作名字依次排列在左侧垂直向下方位，同时绘制与之相对应的各项工作道线跟它紧邻的时间度表中。通过横道线的两个端点可以看出每项工程任务的起讫时间。采用这种方法进行工程项目进度计划的编制，具有直观易懂，使用方便的特点。

但是，横道图也有以下缺点：

不能明确表示对工期起主要影响作用的作业；不能清晰表达工程任务中各项作业之间的逻辑关系；不方便已规划好的各种时间参数的计算；不方便计划的优化与调整。

一般来说，甘特图适用于简单、粗略的进度计划编制。

（2）网络图

网络图是一种利用节点跟箭头组成的有向、有序的网状图形。用来表达整体工程任务中各项作业流程或者系统安排的进度计划表达方式。具有如下优点：

可以通过优化和比较计划方案的方式来选定最优计划方案；可以揭示出各项工作之间相互作用、相互依存的关系；可以让计划管理者主动掌握和控制具体的工作进程安排。

（3）斜线图

斜线图是一种将位于横道图中的水平工作进度线改成斜线，在图左侧纵向依次排列各项目工作活动所处的不同空间位置，在图右侧时间进度表中斜向画出代表各种不同活动的工作进度直线的一种与横道图含义类似的进度图。斜线图主要有下面几种优点：

可以直观的表示基于不同施工种类间的搭接状况和分段流水状况；可以直观地观察出两个相邻施工过程的流水步距。同时，施工活动的进展速率可以通过工作进度时间斜率形象地体现出来。

因此斜线图一般用于对流水施工组织方式进行进度计划安排，不足之处和甘特图类似。

3．编制施工进度计划的步骤

（1）确定施工过程

施工过程是组成进度计划的一部分。它的具体划分要结合施工方法、施工方案和施工图纸。一般情况下要根据客观需要对施工过程的详细程度进行划分，不同的情况下划分标准不一样，有的划分应该详细一些，比如对于施工性进度计划；有的则可划分的粗一些，比如对于控制性进度计划。

（2）计算工程量

工程量的计算可以利用人工计算也可以使用电脑软件计算。人工计算时首先应遵循先分部工程后分项工程的计算顺序。计算工程量时应该注意相应项目的工程内容和计量单位保持一致。当计算工程量时，通常可以直接使用施工图所预算好的数据，遇到比较特殊的工程项目时，需要进行适当的调整。当计算劳动量和材料需求量时，可直接套用定额。

（3）机械台班和劳动量定额的计算

决定好所要采用的定额是计算机械台班数与劳动量时的第一步，也是最重要的步骤。可以任选产量定额和时间定额的其中一种，在选择时要注意定额的数值易于查出，在应用时也要注意根据实际的生产水平进行适当的调整，使之更加合理。一些在现行施工定额手册中不能查出，比如使用新工艺、新技术和新材料的项目，这种情况下的定额可以参照类似项目的定额来确定。

（4）施工过程作业连续时间的确定

定额计算法、排计划法和经验估计法是确定施工过程作业连续时间的主要计算方法，其中最常用的是定额计算法。

（5）进度计划的编制

确定了工程量和进度控制目标后，根据施工单位的施工能力（劳动力、机械设备数量）编制施工进度计划。在编制施工进度计划时，为了让主要工种的施工队伍能够循序衔接进行施工，要把各个施工过程所有的施工工序考虑在内。

（七）质量、安全、环保、工期的保障措施

作为工程项目评价体系中的重要因素，工程的质量、安全、环保、工期指标同时也是建设各方共同关注的目标。因此，施工组织设计的内容还必须包括工期、环保、安全和工程质量保障措施。

六、高速公路施工组织设计编制中存在的问题

施工组织设计是保证安全、质量、进度与企业自身利益的综合性文件，但经常得不到足够的重视，编制过程中主要存在下述问题：

一是没有规范的编制标准。高速公路施工组织设计在格式、内容上，没有统一的标准，导致同一个项目不同施工单位，甚至同一个施工单位不同的专业之间所编制的施工组织设计不完全一样。

二是对施工组织设计重视不够。一些施工单位只把施工组织设计文件看成是竣工资料的组成部分，编写是一回事，是否按照执行又是另一回事。

三是缺乏针对性和重点。同一个工程中，施工单位编制的总施工组织设计和分项施工方案内容基本一样，千篇一律，没有创新，更有甚者前后矛盾。不能突出重点和针对性，大量转抄技术规范、质量标准和试验规程，使编制的施工组织设计没有指导价值。

四是重技术轻管理。从严格意义上来讲，施工组织设计是一份施工组织方面的管理文件，但是一些施工单位编制的施工组织设计文件用大量的笔墨进行技术及技术方案论述，在机构建设和组织管理方面很少提及。

五是进度计划编制深度不够。基本对总体的进度计划以横道图形式表述，对其中的重点工程没有详细论述，导致施工过程中重点工程进度控制的不够有力。

六是未进行进一步优化。一些施工单位编制的施工组织设计没有进行必要的优化，导致方案的科学性和执行的可操作性不强。

第五节　施工现场平面布置

公路工程建设项目近几年迅猛发展，每年的建设规模和建设数量都在不停地增长，人们在施工过程中不断积累施工经验。施工经验在许多时候都可以使得人们在施工过程中事半功倍，也有利于施工工作更加顺利进行，但经验也容易产生不良影响，施工现场平面布置问题就是其中的一个例子。公路工程施工现场平面布置作为施工组织设计的重要组成部分，对公路工程施工有着重要的指导作用，但在实际施工过程中往往没得到足够的重视，导致一些工程项目付出了额外的施工成本，而这在很大程度上是由于过度依赖于以往的施工经验造成的。

一、施工现场平面布置的内涵

施工平面布置主要包括施工总平面布置与单位工程施工平面布置，两者相互联系，也相互拥有不同的特点。前者以整个工程项目为对象，包含的内容更为宏观，后者以某个单位工程为对象，包含的内容更为具体和细致。

（一）施工总平面布置的含义

施工总平面布置受到工程项目所在地的地形地貌影响，囊括了项目中所有的工程实体及相关的基础设施、保证施工正常进行的加工设施、存储设施、运输设施、供水供电供热设施、临时的施工道路，以及项目施工现场必需的消防、安全、环保设施。具体包括如下几个方面的内容：

（1）将施工现场以外的交通引入项目施工现场内。

通常情况下，项目施工现场并未与外界已有的道路直接连通，充分利用外界既有道路可以大大节约运输成本。项目施工周围可能引入的道路往往不止一条，此时便需要充分考虑外购材料的来源、不同来源的材料运量、对周围环境的影响等问题，最后选择最佳的外界交通路线交接点。

（2）确定堆料场及存储仓库位置。

堆料场与存储仓库的位置设置应该以方便利用、转运方便为原则。可以设置在场外衔接道路沿线附近，或者场内材料使用地点较近位置。应该考虑与外接道路的合理衔接，同时应设置在混凝土拌和站、钢筋加工场附近的位置。

（3）确定混凝土拌和站及钢筋加工厂的位置。

公路工程项目施工一般会根据工程大小、混凝土需要量的大小与质量来确定采用外购商品混凝土或者自拌混凝土。若采用商品混凝土则不必考虑拌和站的设置，如果采用自拌混凝土且施工队伍拥有混凝土专用运输车时，则需要考虑拌和站的位置设置。当选择设置一处大型拌和站时，可采用线性规划的方法来确定；当路线较长需要设置多处小型拌和站时，应当使拌和站尽量靠近使用地点，或使得平均运距最短。

对于钢筋加工场的设置，则应当以方便施工、安全、环保、最短运输为原则，在此基础上使之尽量靠近使用点，且与材料储存场地及堆放场地较近。

（4）合理确定施工现场内运输通道的位置。

根据上述设施的位置，分析各类施工材料可能的运输路径，确定场内运输道路的大致走向与分布；根据各类材料需求量的大小确定场内道路的主次关系，并尽量优化运输道路的相互位置关系，保证主要道路的路面宽度与路面质量，确保工程所需材料能够在场内道路中运输畅通，提高项目施工效率。

（5）确定生活性用地范围及位置。

生活性用地包括全项目性的行政管理用房、人员居住房、福利性场地设施等。项目管理行政用房宜设置在项目工地入口处，以便于与外界的交流与沟通，也可以设置在项目工地的中心处，以便于对施工现场的有效管理。居住房及福利性场地由于与施工人员平时生活息息相关，故应安排在施工人员较为集中的地方，且尽量远离施工现场，减少施工作业对人员的伤害。

（6）确定水电管网和其他安全设施位置。

在项目的施工现场中，水电管网是保证项目顺利进行的基本要素。事先分析施工现场各处的用水、用电情况，大致确定管线的布设范围和走向，再进一步分析各处需水量与需电量的大小情况，进而确定施工现场内的主管线和支管线。

其他安全设施主要包括消火栓、消防站以及消防通道等，其设置范围与数量主要根据工程项目的规模来确定。

（二）单位工程施工平面布置的含义

1. 单位工程施工平面布置的含义

在公路工程项目中，单位工程主要指的是路基工程、路面工程、桥涵工程、隧道工程、互通立交工程、交通安全设施等，各单位工程均可按照几公里或者合同中约定的合同段进行标段划分。单位工程施工平面布置与总平面布设有共同的内容，但也更具有针对性。

（1）确定吊车、起重机等设备的位置和数量。

吊车、起重机等机械设备主要适用于施工场地较为集中，施工作业较为集中的单位工程，因此在公路工程的单位工程中，吊车、起重机等施工设备多用于桥梁工程。这些起重设备应与混凝土拌和站、钢筋加工房等配合布设，根据项目的规模确定设备的数量，并合理规划其位置，保证吊装作业顺利进行，起重臂能够运送至各个需要吊装的部位。

（2）确定混凝土搅拌站、堆料场、钢筋加工场的位置。

混凝土搅拌站涉及的单位工程主要包括路面工程、桥梁工程和隧道工程，对于路面工程和隧道工程，可以设置在标段的一端，便于路面连续性铺筑；对于桥梁工程，则考虑现浇混凝土与预制混凝土的用量情况，选择靠近预制场或桥梁浇筑处；若这几个单位工程同时都有，则按照对混凝土的需求量布设。

堆料场和加工场的位置可以根据材料的使用地点确定。

（3）确定施工现场内材料运输道路的布设。

场内材料运输所用道路应优先考虑永久性道路，也可以利用施工中已经修建的路基工程作为场内道路。若永久性道路与路基工程均不能满足需要，再考虑铺设临时道路，确保生产和生活正常进行。另外，场内道路由于路面宽度有限，每隔一定的距离应设置回车场。

（4）确定项目管理与员工福利设施位置。

项目管理用房主要指项目工程部、合同部、资料室、会议室等，福利设施主要包括工人的住宿区与休息区、厕浴室、娱乐室、项目食堂、收发室、门卫以及文化宣传栏、管理人员责任栏等。其中员工宿舍的布设应该首先估算其面积，可以通过参考施工组织设计中劳动力曲线图计算出施工人员人数最多时的数量；开水房应布置在靠近淋浴间的位置，以便于及时为员工提供洗澡热水，其余按照便于生活、有利于提高生产效率确定。

（5）确定水电管网位置。

水电包括施工用水用电与生活用水用电，生活用水用电可以从项目周围的居民区接入。施工用水可以从项目周围的河流中获取，也可以从居民家接入，施工用电同生活用电。若项目周围水电直接接入不便需要自行布设，则应该保证在正常用水用电的基础上使得铺设总路线最短。

二、施工现场平面布置的意义及原则

（一）施工平面布置的意义

合理布设项目施工场地的主要目的，就是能够充分利用有限的场地资源、机械设备资源、材料资源和劳动力资源，使得各种资源能够得到合理的安放，从而使各项工序都能有条不紊地进行，提高工作效率。项目施工平面布置的具体意义如下：

（1）规范化施工现场布局，降低施工成本。通过场外已有道路的接入、场内运输通道的合理规划以及材料加工场的合理设置，使施工现场的施工作业更加连续流畅，避免了工序交叉影响带来的功效降低；减少了施工材料在场内的二次搬运距离，同时合理利用了材料堆放场及材料存储仓库，相当于减少了堆料场与仓库的总面积与建设投资。

（2）确保施工工期按计划进行，保证施工工期。通过各种施工设施的合理布设，使施工工人的生活与生产更加方便与顺畅，使各施工工序有序进行，同时各种福利设施与施工临时设施的合理布置，方便了作业人员的生活与生产，进一步激发其工作热情，有利于提高劳动效率，按时完成生产任务，甚至可能缩短工期。

（3）有序地组织施工生产，保证项目施工质量。适当的施工平面布设有利于使各个工序按计划进行，能够避免因平面布设导致某些交叉工序间的冲突与混乱，从而使得各项任务能够保质保量顺利完成。

（4）减少污染，有利于保护环境。项目施工现场平面的合理布设能够处理施工过程中的废水与废物，同时可以避免噪音污染的问题，从而为打造文明施工工地打下较好的基础。

（二）施工平面布置的原则与依据

为了实现项目施工现场平面布设的诸多意义，所有的平面布设工作均需要遵循一些共同的原则，具体如下：

（1）在确保项目施工能够顺利进行的前提下，尽量多利用施工现场环境周围已有的建筑物、构筑物和其他永久性设施，尽量减少重新搭设临时设施，尽量减少不必要的施工建设成本。

（2）在必须自行布设临时设施时，应当遵循尽量少占施工用地，且工作区与休息区尽量分开布设，一来为正常的施工作业留出足够的作业面，使得各项施工工作互相不干扰；二来保证施工作业人员能够安全施工，且合理休息。

（3）生产所需的各种材料与设备尽量靠近使用地点，尽量减少施工材料在场内的二次搬运距离与费用。

（4）项目施工现场平面布置还应该符合施工安全、消防、保护环境、文明工地、劳动保护等要求。

（5）临时设施的布设应该遵循易于安装和拆卸的原则，同时根据施工进度的发展进行动态的调整和再次规划，使得平面布设与施工重点作业要求相一致。

基于上述施工平面布设的原则，按照一定的依据进行项目施工现场平面布置，依据主要包括以下几个方面：

（1）依据招标单位发布的项目招标文件，以及项目所在地政府部门颁发的有关法律法规。

（2）依据项目有关的原始资料。包括由建设单位提供的项目建设要求资料，由勘察单位提供的项目所在地的水文资料、地质勘查资料，由设计单位提供的项目路线平面图、道路纵断面图、道路横断面图以及各结构物的细部构造图等。从这些资料中获取拟建项目周围的环境情况，特别是周围既有道路情况，以及拟建项目沿线的其他建筑信息，均是布设施工平面的依据。

（3）依据项目的施工总成本计划、施工总进度计划、施工总质量计划、劳动力资源计划、施工材料资源计划、施工机械设备计划等。

（4）依据拟建项目的施工方案和总体部署方案。

（5）依据安全文明施工要求、消防标准要求、环境保护要求等。

三、施工现场平面布置存在的问题与不足

虽然施工现场平面布置对于整个工程项目的顺利实施有着重大的意义和作用，但在实际施工过程中也存在着一些问题和不足，具体体现在如下几个方面：

（1）施工现场平面的布设不规范，容易与实际施工脱节。现目前，国内还缺乏相关的标准与规范，在实际的布置中往往只参照上述传统的原则，依据经验而定。在经验中，往往以某些重要工序为主，而忽略了其他较为次要的工序，这就导致制定的平面布置方案不能完全符合施工现场的实际情况。

（2）平面布设方案利用不充分。凭经验处理现场问题是施工项目上的常用手段，施工平面图作为施工组织设计的一小部分，常被施工人员所忽略，而由于施工布设时采用的方法不够科学合理，制定的方案与实际情况差别太大，导致施工与管理人员无法按图操作，施工现场平面图往往就成了摆设。这也促使了许多平面布设方案只是为了走完相应程序，根本无法起到指导施工建设的作用。

（3）临时设施布设混乱。实际施工中，施工人员根据现场实际情况随意安拆临时设施也是常用的事。这一方面导致了频繁安装与拆除临时设施产生的额外资金投入，另一方面也使得各种临时设施的摆放更加混乱，容易加剧施工作业之间的矛盾与冲突。

（4）场内道路布设的不合理。由于场内道路铺设混乱，导致道路堵塞，严重影响施工效率，从而可能影响整个项目的施工工期。另外临时道路的布设可能会对拟建的永久性道路建设造成影响，如果临时道路布设合理，可以节约拟建项目的造价费用。

（5）其他问题。施工现场平面布置的合理与否还会影响正常的施工工艺流程，可能会导致施工人员与施工设备或者施工材料的项目干扰，致使项目实施的困难。

第六节　施工方案的选择

一、概述

1．施工方案选择的目的与要求

施工方案的选择是施工组织设计中最重要的环节之一，是决定整个工程全局的关键。因为施工方案一经决定，则整个工程施工的进程、人力与机械的需要和布置、施工安全、工程成本、现场组织管理等就随之被确定下来。施工组织的各个方面无不因与施工方案发生联系而受到影响。所以，施工方案的优劣，在很大程度上决定了施工组织设计质量的好坏和施工任务能否圆满完成。

选择和确定施工方案，首先要考虑是否可行；其次要做到技术先进、经济合理、施工安全。所谓可行是指施工方案能从实际出发，符合当前实际情况，有实现的可能性；技术先进是指能有效地采用新技术、新方法、新工艺、新材料，从而能提高上效，缩短下期，保证质量；经济合理是指能尽可能采用降低施工费用的一切正当和有效的措施，挖掘施工潜力，使施工费用降至最低限度；施工安全则是指施工方案符合安全规程，有保证安全施工的技术措施。

2．施工方案选择的内容

施工方案所包括的内容很多，概括起来主要有四个方面：

（1）施工方法的确定；

（2）施工机械的选配；

（3）施工作业顺序的安排；

（4）施工作业的组织方法。

二、施工方法的确定

施工方法是施工方案的核心内容，它对工程的实施具有决定性的作用。由于在施工过程中，可采用的施工方法多种多样，而每种方法都有其各自的优点和缺点，为此，选择适合于工程的最先进、最合理、最经济的施工方法，就成为一个首要的任务。

确定施工方法主要是针对工程的主导施工过程而言。对采用新技术、新工艺和对工程施工质量起关键作用的项目，或技术复杂，工人操作不够熟练的工序，都要具体而详细地拟订出施工方法、技术措施和质量要求。而对于常规方法施工和工人熟练的项目，则可以适当简化，仅提出这些项目的中的一些特殊要求即可。

确定施工方法应考虑工程特点、工期要求、施工条件等要求，因为各种不同类型工程的施工方法有很大差异。即使对同一类型的工程，其施工方法也有很多种。例如：沥青表面处置路面施工，可采用层铺法和拌和法两种；T型梁安装可采用扒杆、导梁、跨墩龙门架、架桥机等多种施工方法。但究竟采用哪种方法，就要结合现场自然条件、施工单位的经验和设备等综合考虑。

三、施工机械的选配

在确定施工方案的同时，必然要考虑进行施工机械选配。随着现代化施工程度的提高，用于公路工程施工的机械品种、规格、型号越来越多。从众多的机械设备中选择适合于工程的施工机械种类、型号、数量，是制订施工方案时需要解决的又一个重要问题。在选配施工机械时，应注意以下几点：

（1）只能在现有的或可能获得的机械中进行选择。尽管某种机械在各方面都是适合的，但如不可能得到，就不能作为一个供选择的方案。

（2）选择的机械类型要与施工条件相符合。施工条件是指地形、地质、工程量大小和施工进度等，特别是工程量和施工进度，是合理选择施工机械的重要依据。一般来说，为了保证施工进度和提高经济效益，工程量大应采用大型机械，工程量小应采用中、小型机械，但也不是绝对的。如一项大型土方工程，由于施工地区偏僻，道路、桥梁狭窄或载重量限制了大型机械的通过，如果只是为了它的运输问题而修路搭桥，显然是不经济的。

（3）要考虑机械设备的合理组合，充分发挥主机的作用。施工机械的合理组合，是使施工机械发挥尽可能大的效能的关键。合理组合是指主机与辅助机械在数量和生产能力上的相互适应以及作业线上各种机械的配套组合。如在土方工程施工中，用自卸汽车运输配合单斗挖掘机挖运土时，自卸汽车的数量必须保证挖掘机能连续不断地工作而不至于等车停歇，同时，自卸汽车的容量也必须与挖掘机斗容量相匹配，以保证充分发挥挖掘机的效力。

（4）从全局出发，统筹考虑选择施工机械。就是不仅考虑工程，而且要考虑所承担的同一现场上的其他工程。也就是说，从局部考虑所选择的机械可能不合理，但从全局考虑则是合理的。如几个工程需要的混凝土量大，而又相距不太远，采用集中混凝土搅拌站比各工程分别采用多台搅拌机要经济得多。

四、施工顺序的安排

施工顺序是多种多样的，但它也有一定的规律可循，其中有些施工顺序是由工程结构本身或施工工艺所决定的。例如，钻孔灌注桩施工必须按筑岛或设钻孔平台、安装钻机钻孔、下设钢筋笼、灌注水下混凝土等顺序进行。但还有些施工顺序则不受固定顺序的限制。如路面施工是从一端向另一端推进，还是由两端向中间推进等等。总之，原则上要做到：

（1）必须符合工艺要求。公路工程项目各施工过程之间存在一定的工艺顺序关系，例如钻孔后必须尽快灌注水下混凝土，否则就会塌孔，所以两道工序必须紧密衔接。

（2）必须使施工顺序与施工方法、施工机具协调一致。例如，现浇钢筋混凝土桥梁上部构造的施工顺序与采用架桥机进行装配化施工顺序显然不相同。因此，施工方法不同，所采用的机具设备也不同，其施工顺序就不会相同。

（3）必须考虑施工质量的要求。在安排施工顺序时，要以确保施工质量为前提条件，如影响工程质量，则要重新确定施工顺序或采用必要的技术措施。

（4）必须考虑水文、地质、气候的影响。安排施工顺序时，应充分考虑到洪水、雨季、冬季、不良地质区域等因素的影响。有的因素对施工顺序的安排起着决定作用，如桥梁基础工程一般应安排在汛前或汛后完成。

（5）必须考虑影响全局的关键工程的合理施工顺序。如路线工程中某大桥、某隧道、某深路堑，若不在前期完工，将导致其他工程不能如期施工（如无法运输材料、机具或工期太长等），此时应集中力量攻克关键工程。

（6）必须遵循合理组织施工过程的基本原则。即符合施工过程的连续性、协调性、均衡性和经济性。尽量安排流水或部分流水作业，以便充分发挥劳动力和机具的效率；尽量减少工人和机械的停歇时间，以加快进度；尽量减少或避免各作业之间的相互干扰，以保证施工作业的顺利进行。

第四章　公路工程监理

公路工程项目建设本身是一个高投入、周期长、涉及面广、环节多、程序性很强的产品实现过程，尤其是高等级公路工程量大、投资高，因而对其影响因素很多，管理起来也比较难。如何在国家有限的人力、物力和建设资金的投入下，合理控制好工程造价，确保工程进度和质量，成了公路工程项目建设各方所共同关注的问题。作为工程参建方之一的监理单位，其在建设过程中所发挥的监控、督导、评价等重要职能变得越发必要和关键。所以有必要通过对国外工程项目监理模式和配套运行机制与国内工程项目监理的比较，分析我国现行公路工程监理制中存在的主要问题，正确认识和努力解决这些问题和矛盾，推动我国公路工程项目监理事业健康有序地发展。

第一节　工程监理概述

一、工程项目监理的基本概述

"监理"这个名词是从日本引入的，在我国译成英文 supervision，它的具体含义可以表述为：一个执行机构或执行者，依据某一项准则，对某一行为的有关主体进行督察、监控和评价，守"理"者不问，违"理"者必究。同时，这个执行机构或执行者还要采取组织、协调、疏导等措施，协助有关人员更准确、更完整、更合理地达到预期目标。

在我国，工程项目监理指的是监理单位受项目法人的委托，依据有关文件、法律、法规和工程建设监理合同及其他建设合同，对工程项目实施的监督管理。这项制度把原来工程项目管理由业主和承包商承担的体制，转变为由业主、监理工程师、承包商三方共同承担的新管理体制。在一个工程项目上，投资的使用和建设的重大问题实行项目法人制，监理单位实行总监理工程师负责制，工程项目实行项目经理责任制。监理企业作为市场主体之一，对规范建筑市场的交易行为、充分发挥投资效益、发挥建筑业的生产能力等都具有不可忽视的重要作用。

（一）工程项目监理的主要内容

建设部和原国家计委联合颁布的《工程建设监理规定》中指出，工程项目监理的主要内容是控制工程建设的投资、建设工期和工程质量，进行工程建设合同管理和信息管理，协调有关单位之间的工作关系。因此，工程项目监理的主要内容可以归纳为"三控、两管、一协调"。

1．质量控制

对工程质量控制贯穿工程项目建设的可行性研究、设计、施工、竣工、使用到用后维修的全过程，主要包括择优选择设计单位，严把图纸审核关，控制设计变更；在施工前通过审查承包商资质，检查施工所用原材料、配件、设备质量和审查施工组织设计等，实施质量预控；在施工中通过重要技术复核、工序操作和工序成果检查、监督标准、规范的贯彻，以及阶段验收和竣工验收，把好质量关。

2．进度控制

工程进度控制包括计划、实施、检查、调整四个小过程。

计划是指根据施工项目的具体情况，合理编制符合工期要求的最优计划；实施是指进度计划的落实与执行；检查是指在进度计划的落实与执行过程中，跟踪检查实际进度，并与计划进度对比分析，确定两者之间的关系；调整是指根据检查对比的结果，分析实际进度与计划进度之间的偏差对工期的影响，采取切合实际的调整措施，使计划进度符合新的实际情况，在新的起点上进行下一轮控制循环，如此循环进行下去，直到完成施工任务。通过进度计划控制，可以有效地保证进度计划的落实与执行，减少各单位和部门之间的相互干扰，确保施工项目工期目标以及质量、成本目标的实现。

3．费用控制

工程费用是任何形式的工程合同中，涉及合同双方利益的最终体现。对于任何形式的合同，合同双方的行为本质都是一种商业行为，工程费用监理的目的就是在确保工程进度、质量的目标前提下，以科学、公正的原则协调和处理合同双方的收支行为。

4．合同管理

合同管理是进行费用控制、进度控制和质量控制的手段。

合同既是监理单位站在公正的立场上，采取各种控制、协调与监督措施，履行纠纷调解职责的依据，也是实施三大目标控制的出发点和归宿。

5．信息管理

信息管理，是指以工程项目作为目标系统的管理信息系统。

它通过对工程项目建设监理过程中信息的采集、加工和处理，也即通过统计分析、对比分析、趋势预测等处理过程，为监理工程师的决策提供依据，对工程的费用、进度、质量进行控制；同时它也为确定索赔内容、索赔金额及反索赔提供确凿的事实依据。因此，信息管理是管理工作的一项重要内容。

6．组织协调

组织协调是指监理单位在监理过程中，对相关单位的协作关系进行协调，使相互之间加强合作、减少矛盾、避免纠纷，共同完成项目目标。所谓相关单位主要包括建设单位、设计单位、施工单位、供应单位，此外，还有政府部门、金融单位等。

（二）工程项目监理的性质

工程项目监理的性质可以概括为：

1．服务性

监理单位通过建设活动进行组织、协调、监督、控制，保证建设合同的顺利实施，主动为业主提供服务。监理单位除了坚持按合同严格监管外，还要向业主提供合同之外的帮助和指导。

2．公正性和中立性

监理单位在工程建设监理中具有组织有关各方协作、配合的职能，同时是合同管理的主要承担者，具有调解有关各方之间权益矛盾，维护合同双方合法权益的职能。为使这些职能得以实现，它必须坚持其公正性，而为了保护其公正性，又必须在人事上和经济上保持中立，以中立性为公正性的前提。

3．科学性

这是监理单位区别于其他一般性服务机构的重要特征，也是其赖以生存的重要条件。社会监理单位的科学性来源于其监理人员的高素质。

监理工程师必须具有相当的学历，有从事工程工作的丰富经验，通晓相关的技术、经济、管理和法律，经权威机构考核合格并在政府建设主管部门登记注册、发给证书，才能取得从事监理业务的合法资格。

二、我国工程项目建设监理制的发展历程

我国工程监理制的形成与发展主要经历了以下四个阶段：

（一）准备阶段（1984～1988年）

改革开放，建立社会主义市场经济体制为工程建设监理的产生和发展奠定了理论和思想基础。1984年10月《中共中央关于经济体制改革的决定》明确指出：为了发展商品经济，建立统一市场，必须改变政府职能，实行政企职能分开原则，并简政放权。国务院也多次指出，政府要把对微观管理的行政干预转到"规划、协调、监督、服务"上来，为改革工程建设管理体制指明了方向。1984年12月，全国基本建设管理体制改革会议对我国的传统管理体制进行了深刻分析，并明确指出必须进行改革，同时指出了改革的方向，为我国实施工程建设监理进行了思想和理论准备。

（二）试点阶段（1988～1993年）

1988年7月25日建设部发出《关于开展建设监理工作的通知》，首先在八省二市开始试点，并逐步扩展到全国28个省市进行试点，同时制定了一系列监理法规，如"建设

监理暂行规定" "工程建设监理单位资质管理试行办法" "监理工程师资格考试和注册试行办法"。与此同时选择了一些具备培养监理工程师资格的院校，从理论上进行监理工程师培训。经过五年试点，据有关资料统计，所受监理项目在质量、投资和工期方面都得到有效控制，因此受到建设单位、施工单位和社会各界的赞誉。

（三）推广阶段（1994 ~ 1996 年）

在五年试点的基础上，1994年工程建设监理制在全国正式推广。全国范围内成立了"中国建设监理协会"，并在第一次年会上总结和交流了全国建设监理工作取得的成就以及经验教训，为我国工程建设监理发展方向提出了建议。1994 年 8 月全国工程建设监理工程师培训工作会议在青岛召开，提出了培养工程建设监理工程师的方向。全国很多省市针对各地区的不同情况，制定了一系列地方工程建设监理细则，工程建设监理从中央到地方受到普遍重视，我国的工程建设监理正在稳步发展。

（四）立法阶段（1997 年以后）

1997年11月1日第八届全国人大常委会第28次会议通过了《中华人民共和国建筑法》，明确规定国家推行建设工程监理制度，并授权国务院可以规定实行强制监理的范围。这标志着我国工程监理已进入法制化健康发展的轨道。近几年的国内重点项目，如青藏铁路、西气东输、南水北调、奥运工程、西部大开发等项目都必须实行监理。

第二节　我国现行公路工程监理主要内容

公路工程监理制度是一项全新的管理模式，其强大的生命力在于它的产生和发展均符合了客观发展规律，经过了实践检验，得到了世界大多数建设行业的普遍认同和采用。其主要特点是：①工程建设中，监理工程师的监理权受到了法律保护，确保了监理权的充分行使；②监理工程师对工程管理实行的是全过程、全方位和全天候的全面质量管理；③强调事前监理和主动监理；④质量与支付挂钩，质量好坏直接关系到承包商的经济利益。与原有体制相比，公路工程监理制优越性非常明显，主要体现在对工程的管理是"全过程"的全面质量管理，而不是抽查；强调事前监理，而不是单纯的事后验收；质量与经济利益挂钩，而不是质量好坏一个样。本节从质量监理、进度监理、费用监理、合同管理、信息管理等几个方面对我国现行公路工程监理进行阐述。

一、工程质量监理

工程项目的质量是指通过工程建设过程所形成的工程符合有关规范、标准、法规的程度和满足业主要求的程度。工程项目质量的内涵包括工程项目的质量与功能、使用价值的质量和工作质量三个方面。

在公路工程建设中，质量是工程建设的关键，任何一个环节、任何一个部位出现问题，都会给工程的整体质量带来严重的后果，直接影响到公路的使用效益，甚至返工重建造成巨大的经济损失。质量监理的任务是通过建立健全有效的质量监督工作体系，认真贯彻检查各项规章制度的执行，随时检查质量目标与实际目标的一致性，确保项目质量达到预期规定的标准和等级要求。

（一）工程质量体系的建立

工程质量体系由业主方的项目监控系统和承包方的项目保证体系构成。在实行监理制的工程项目上，业主方的质量监控系统主要指以监理工程师为中心的质量监控系统；在项目总承包模式下，承包方的质量保证体系主要指总承包商的质量保证体系。工程质量体系的核心是承包方的项目质量保证体系。

工程质量体系的建立主要包括以下五个方面的内容：

（1）明确工程项目的质量目标

无论是业主方的项目质量控制系统，还是承包方的项目质量保证体系，都必须有明确的质量目标并符合一个总目标的统一要求。因此，建立监理工程质量体系的第一步，就是制定项目质量目标，业主、承包人等参建各方均按照质量目标的要求实施计划。

（2）编制工程项目建设的质量计划

无论是业主方的项目质量控制系统，还是承包方的项目质量保证体系都应有可行的质量计划。质量计划应根据企业的质量手册和项目目标来编制，要注意计划的科学性和可行性。

（3）编制质量保证程序

工程项目质量保证程序是指承包人针对各项目特点而建立的具体工作程序，包括按项目质量体系要素制定某类活动的质量体系，也包括详细的、可独立操作的活动程序，如作业指导书等。工程项目质量保证程序是工程项目质量体系文件的核心内容，由承包人编制，业主和监理工程师评价认可。

（4）编制质量控制点明细表

一个工程项目建设工序复杂，几乎每一道工序都需进行质量检查和控制。然而如果胡子眉毛一把抓，不分主次，只能出现事倍功半的结果。根据重要性设置ABC三级质量控制点，采用分级控制的办法则可收到事半功倍的效果。

设置分级质量控制点按重要程度分别设为A，B，C三级。一般是将对工程质量有重大影响，需业主方质量工程师检查的关键工序定为A级；将对工程质量有较大影响，需业主方质量检查员或总承包商质量工程师检查的工序定为B级；将一般工序定为C级，由施工单位自行检查。据调查统计：A级质量控制点数量占质量控制点的比例为5%～19%，B级质量控制点占45%～57%，C级质量控制点占28%～44%。

（5）准备工程项目质量记录表格

质量记录作为提供质量满足要求程度的客观依据，在工程项目建设质量体系实施中非常重要。为使质量体系更有效地运行，应当在监理工程项目建立质量体系时就完备好各种专业、工序、环节和部位检验的质量记录表格。这些表格要与企业（公司）的质量记录表衔接，还要与质量控制点明细表相配套。

（二）工程质量控制的实施

质量实施就是工程质量形成的过程，也是质量标准执行的过程。这一过程是保证质量的关键，没有过多的技巧和捷径可寻，只有靠严格认真地执行质量标准、质量计划、工作程序和操作规程。

1．工程项目质量的特点

（1）影响因素多

工程项目质量受到多种因素的影响，如决策、设计、材料、机具设备、施工方法、施工工艺、技术措施、人员素质、工期、工程造价等。

（2）容易产生质量波动

由于公路工程项目以露天作业为主，受气候和地质条件的影响较大，加之工程本身的复杂性、一次性，因而更容易产生质量波动。

（3）容易产生系统因素的变异

由于影响因素多，任一因素出现质量问题，都会引起系统的质量变异，造成质量事故。

（4）容易产生第二判断错误

工程项目建设过程中，由于各道工序需要交接，或隐蔽工程部位后道工序将覆盖前道工序的成果，若不及时进行工序交接间的检查，往往会由于后道工序的覆盖，将前道工序的不合格误认为合格，即容易产生第二判断错误。

（5）质量检查时不能拆卸解体

由于工程项目的位置固定和结构上的建造特点，对于建成的产品不可能拆卸检查其内部质量。

正是由于以上这些工程项目质量的特点，决定了工程质量监理是监理工程师对工程实行全过程、全方位和全天候的全面质量管理。它特别强调事先监理和主动监理，监理的重点放在施工前的准备阶段，即对原材料、施工机械和施工技术方案的检查和审查，以及施工过程中各环节的质量监理，以便及早发现问题，防患于未然。工程质量监理与工程计量支付挂钩，质量好坏直接关系到承包人的经济效益。

2．工程质量监理程序

工程施工质量监理与单纯的工程质量验收不一样，不仅仅是最后的检验，而是对施工全过程的监理。这就要求监理工程师从承包人提出开工申请到"中间交工证书"的签发，都应严格执行监理程序。

为了保证工程质量，监理工程师在工程施工监理过程中应做到四不准：人力、材料、机械设备准备不足不准开工；未经检查认可的材料不准使用；施工工艺未经批准，施工中不准采用；前道工序未检验，后道工序不准进行。

分项工程验收前，承包人必须进行工程自检，同时填写验收申请报告并交监理工程师审查，对于不合格的分项工程一律要求承包单位进行修补或返工，直到达到规范标准后监理工程师方予以签认。

分部工程验收程序同样如此，对合格的工程，监理工程师签发"中间交工证书"，进入中间计量。

3．工程质量监理的主要方法

工程质量监理的主要方法有：

（1）旁站

是指监理人员在施工现场对某一具体的工序、工艺或部位施工全过程进行的监理，是监理人员的一种主要的现场质量监理方法。在公路工程施工过程中，监理人员应对试验工程、重要隐蔽工程的完工后无法检测其质量或返工会造成较大损失的工程进行旁站。旁站监理人员应重点对旁站项目的工艺过程进行实地监督，对发现的问题应责令承包人立即改正；当可能危及工程质量、安全或环境时，应予以制止并及时向上级监理机构报告。

（2）巡视

是指在工程施工过程中监理人员对施工现场进行的经常性巡回检查活动。监理人员应重点巡视承包人正在施工的分项、分部工程是否已经批准开工；质量检测、安全管理人员是否按规定到岗；特种作业人员是否持证上岗；现场使用的原材料或混合料、外购产品、施工机械设备及采用的施工方法与工艺是否与批准的一致；质量、安全及环保措施是否实施到位；试验检测仪器、设备是否按规定进行了校准；是否按规定进行了施工自检和工序交接等。

（3）测量

是利用测量仪器、仪表和工具，对规定的检测点进行测量，是监理人员在质量监理中对承包人的施工放线、结构物几何尺寸控制和检查的重要手段。测量取得的实际测量数据应与规定的质量标准或规范的要求相对照，以确定施工质量是否符合要求。

（4）试验

是监理工程师确认各种材料和工程部位质量的主要手段和方法。公路工程施工过程中的每道工序，包括材料的性能、各种混合料的配比、成品的强度等都要有试验数据，没有试验数据的工程一律不予验收。

（5）指令文件

是监理的一种方法。监理过程中，监理工程师的各种指令都要有文字记载，并作为主要技术资料存档，使各项事件处理有根有据。这是按照FIDIC条款进行质量监理的一个特点，也是监理人员对工程施工过程实施控制和管理不可缺少的手段。如质量问题通知单、工作指令、工程变更令等，用以指出施工中的各种问题，提请承包人注意，以达到质量控制的目的。

（6）抽查

是指工程项目的高层监理机构为了支付已完工程的费用，对工程质量进行复核的一种方式。通常情况下，工程项目总监办为保证重点工程和关键工程的质量，根据对各种报表、申请等分析结果，决定抽查密度。

（7）工序控制

工程项目的施工过程，就是完成一道一道工序的过程，所以施工过程的质量监理主要就是工序的质量控制，而工序的质量控制又表现为施工现场的质量控制，这也是施工阶段质量监理的重点。因此，工序控制是监理工程师对施工质量进行有效控制的重要手段之一，必须按"质量控制程序"和前述的质量控制的"四不准"原则进行严格控制，以确保工程质量达到合同要求。

4．工程质量监理的主要内容

（1）施工准备阶段质量监理主要内容

核审签发施工必须遵循的设计文件，技术标准，规程规范等质量文件和工程图纸，并组织设计交底；核审承包单位的质量保证和质量管理体系，审查施工人员持证情况；审查批准施工承包单位提交的施工方案、施工组织设计及保证施工质量的技术措施；组织向施工承包单位现场移交有关测量网点，审查施工承包单位提交的测量复测报告；检查施工承包单位的试验室或委托试验室的资格和计量认证文件；审查施工承包单位报送的《材料/构配件进场报验单》，检查随同报验的砂石骨料、水泥、止水材料、钢筋、掺合料与外加剂的试验报告、合格证、准用证、复试报告等，并核审拟使用各标号硅配合比试验报告；审查施工承包进场的机械设备的型号、配套和数量，是否满足工程需要；检查施工前的其他准备工作是否完备，尽量避免可能影响施工质量问题的发生。

（2）施工过程中质量监理主要内容

按监理规划的规定，对施工全过程进行全面监控，及时纠正违规操作，消除质量隐患，跟踪质量问题，验证纠正效果；检查督促施工承包单位严格按照审批的施工组织设计提出的施工方法和施工工艺进行施工；严把砼拌制关，砂石骨料、水泥、外加剂必须满足规范要求，严格按批准的配合比施工，拌和设备计量要准确；检查核实承包人的施工原始记录，以及与质量有关的检测记录，对有怀疑部位进行复查检验；做好监理日志，随时记录施工中有关质量方面的问题，并对发生质量问题的现场及时拍照或录像；发现问题，及时向违规承包人发出违规《警告通知》，对于严重问题，报经业主同意后，发布《工程暂停施工通知》和工程返工《监理通知》，只有在事故或问题已经处理、预防产生事故或问题的措施已经落实的情况下，监理单位才可发布复工令；组织并主持定期或不定期的质量分析会，通报施工质量情况，协调有关单位间的施工活动以清除影响质量的各种外部干扰因素。

（3）工程竣（交）工验收后质量监理主要内容

审查施工承包单位提交的竣工报告及附件，全面系统地查阅有关质量方面的测量资料、质检报表和抽检成果，对有怀疑部位进行复检或补检；审查施工单位的施工质量自检成果，手续是否齐全，标准是否统一，数据是否有误，以及审查质量等级评定结果是否符合规定；项目的竣（交）工验收，由业主单位组织和主持，监理单位协助工作；提交合同项目的竣工验收报告以及重要阶段验收报告；检查督促施工承包单位整理保存签证验收项目的质量文件；对验收工程项目按规定标准做出质量评定；编写竣工工程质量控制分析报告。

（三）工程质量调节

质量调节是针对质量偏差、偏差原因和偏差趋势，确定本质量控制循环的质量问题的处理意见、纠偏方案和下一个质量控制循环的改进措施。

1. 质量缺陷、质量隐患的现场处理

由于各种因素的干扰，在施工过程中，质量缺陷、质量隐患的出现是难以避免的，但却是可以尽可能减少的。因此，在各项工程的施工过程中或完工以后，现场监理人员如发现存在着技术规范所不允许的质量缺陷、质量隐患时，应根据质量缺陷、质量隐患的性质和严重程度，按如下方式处理：

（1）当发生因施工而引起的质量缺陷、质量隐患时，监理工程师应立即向承包人发出暂停施工的指令（先口头后书面），并要求承包人立即书面报告质量缺陷、质量隐患发生的时间、部位、原因及已采取的措施和进一步处理方案；待承包人采取了能足以保证施工质量的有效措施后，监理工程师应对处理方案的实施进行监理并予以验收，处理合格、隐患消除的可以书面通知承包人恢复施工。

（2）当质量缺陷发生在某项工序或单项工程完工以后，而且质量缺陷的存在将对下道工序或分项工程质量产生影响时，监理工程师应对质量缺陷的原因及责任做出了判断并确定了补救方案后，再进行质量缺陷的处理或下道工序或分项的施工。

（3）在交工使用后的缺陷责任期内发现施工质量缺陷时，监理工程师应及时指令承包人进行修补、加固或返工处理。

对因施工原因而产生的质量缺陷的修补与加固，应先由承包人提出修补方案及方法，经监理工程师批准后方可进行；对因设计原因而产生的质量缺陷，应通过业主提出处理方案及方法，由承包人进行修补，修补措施及方法要保证质量控制指标和验收标准，并应是技术规范允许的或是行业公认的良好工程技术。

2. 质量事故的处理

当某项工程在施工期间（包括缺陷责任期内）由于承包人的责任过失而使工程遭受损毁或产生不可弥补的本质缺陷，因构造物倒塌造成人身伤亡或财产损失以及需加固、补强、返工处理的，应视为工程质量事故，可按如下程序处理：

（1）监理工程师立即指令承包人暂停该项工程的施工并采取有效的安全措施，保护事故现场，抢救人员和财产，防止事故扩大，做好相应记录。

（2）要求承包人尽快提出质量事故报告并报告业主，质量事故报告应翔实反映该项工程名称、部位、事故原因、处理方案以及损失的费用等。

（3）监理工程师应组织有关人员对质量事故现场进行审查，在分析、诊断、测试、验算的基础上，对承包人提出的处理方案予以审查、修正、批准，并指令恢复该项工程施工。

（4）监理工程师应对承包人提出的有争议的质量事故责任予以判定，判定时应全面审查有关施工记录、设计资料及水文地质现状，必要时还应实际检验测试。在分析技术责任时，应明确事故处理的费用数额、承担比例及支付方式。

二、工程进度监理

工程进度是工程承包合同规定工期中施工活动的时间安排，因此进度监理是履行工程承包合同的重要内容，工程进度涉及业主和承包人的重大利益，是合同能否顺利执行的关键。为此，在工程进度监理中，一定要把计划进度与实际进度之间的差距作为进度控制的关键环节；除满足工期要求外，还应满足合同规定的工程质量及费用要求，从而达到高效、经济的工程施工的目的。

（一）工程进度监理的作用

实行工程进度监理的作用主要有：合理控制工期、质量和费用，使项目管理达到综合优化；通过审查施工进度计划及控制实际进度与计划进度差异情况，从而完善施工进度计划管理；除充分考虑时间控制问题外，同时还考虑劳动力、材料、施工机具设备等所必需的施工资源问题，使其最有效、合理、经济地配置与利用；通过计划、组织、协调、检查与调整等手段，调动施工活动中的一切积极因素，努力实现施工过程中各个阶段的进度目标，以确保工程施工全过程的总工期目标的实现。

（二）工程进度监理的程序

工程进度监理程序，可简单地归结为周期地将实际进度与计划进度进行比较，发现偏差，及时调整，所以工程进度控制又可称作循环控制。

（三）进度监理的工作内容

公路工程进度监理主要包括以下工作内容：

1.审批承包人编制的工程进度计划。

监理工程师审查进度计划的内容包括：

（1）工期和时间安排的合理性

承包人提交的工程总进度计划的总工期必须符合工程项目的合同工期，即计划总工期应少于或等于合同工期；各施工阶段或单位工程（包括分部、分项工程）的施工顺序和时间安排与材料和设备的进场计划相协调；施工的开始时间和结束时间应合理，尽可能使施工对资源的要求趋于平衡。

（2）施工准备的可靠性

所需主要材料和设备的运送日期是否已有保证；主要骨干人员及施工队伍的进场日期是否已经落实；施工测量、材料检查及标准试验的工作是否已经安排；驻地建设、进场道路及供电、供水等是否已经解决或已有可靠的解决方案。

（3）计划目标与施工能力的适应性

各阶段或单位工程计划完成的工程量及投资额应与承包人的设备和人力实际状况相适应；各项施工方案和施工方法应与承包人的施工经验和技术水平相适应；关键线路上的施工力量安排应与非关键线路上的施工力量安排相适应。

2. 确定工程开工时间（总体开工、单位及分项工程开工）和竣工时间。

3. 检查落实进度计划的执行情况，督促承包人修改调整计划、以确保合同工期。

4. 处理工程延期及确定最终竣工时间。

5. 处置工期延误（加快进度、指定分包、终止合同）。

（四）进度监理的常用方法

工程进度监理常用的方法有横道图法、S曲线法、网络计划图法。

1. 横道图法

横道图又称甘特图，它具有形象、直观等优点，因而长期以来被广泛应用于工程项目进度控制中。用横道图表示进度计划，必须包括两个基本部分，即左侧的工作划分与基本数据部分和右侧的横道线部分，计划执行者可以从中直观地了解到项目的工作划分数目，各项工作的先后顺序，相互间搭接关系，各项工作的开始和结束时间，完成各项工作所需时间，本工程项目开始和结束时间以及总工期。

2. S曲线法

S曲线即工程进度曲线，又称现金流动曲线，因其曲线形状大致呈S形故而得名。相对于利用横道图法控制工程进度，其计划进度与实际进度的比较只能在各个分项工程或工序之间进行，无法对整个工程进度的情况进行全局性的管理，S曲线则较好地克服了这一不足。S曲线以工期为横轴，以累计完成的工程费用的百分比或累计完成的工程量的百分比为纵轴的图表化曲线。

3. 网络计划图法

所谓网络图是指"由箭线和节点组成的，用来表示工作流程的有向、有序网状图形"，而网络计划是指"用网络图表达任务构成、工作顺序，并加注工作时间参数的进度计划"。与横道图计划相比，网络计划具有以下主要特点：

（1）网络计划能够明确表达各项工作之间的逻辑关系，对于分析各项工作之间的相互影响及处理它们之间的协作关系具有非常重要的意义，同时也是网络计划优于横道图计划的主要特征。

（2）能进行各种时间参数的计算。

（3）在名目繁多、错综复杂的计划中找出决定工程进度的关键工作，便于计划管理者集中力量抓主要矛盾，确保工期，避免盲目施工。

（4）能够从许多可行的方案中，选出最优方案。

（5）在计划的执行过程中，某一工作由于某种原因推迟或者提前完成时，可以预见到它对整个计划的影响程序，而且能够根据变化的情况，迅速进行调整，保证自始至终对计划进行有效的控制与监督。

（6）利用网络计划中反映出的各项工作的时间储备，可以更好地调配人力、物力，以达到降低成本的目的。

（7）更重要的是，它的出现与发展使现代化的计算工具—计算机在建筑施工计划管理中得以广泛应用。可以利用计算机进行网络计划的时间参数计算和优化、调整。

正由于网络计划具有以上的诸多优点，所以它在工程进度监理中经常为监理工程师所使用。

三、工程费用监理

工程费用监理是监理工程师按合同条件，依据工程实际情况对工程费用的计算与支付实行监督管理，其主要内容是工程计量和工程费用支付两个方面，两者高度统一，共为一体，构成了费用监理的核心部分。

（一）工程费用的影响因素

1. 工程量清单

工程设计文件产生的工程量在投标文件中列为"工程量清单"，即招标单位按照一定的原则将招标的工程进行合理分解，以明确工程的内容和范围，并将这些内容数量化的一套工程项目表。其中的各项"清单工程量"，是施工活动的直接依据，是进一步产生实际值的基础。公路工程支付虽然按工程量清单进行，但由于影响公路工程施工的因素较多，可能导致清单工程量的变化。

2. 合同因素

合同因素包括单价、付款方式、付款时间、罚则、风险责任等条款规定的内容。

公路工程的合同单价，总的来讲比定额低，在一些地方投标时，中标单价低到不能承受任何风险、甚至仅够成本的地步。其根本的原因是公路工程量大，总造价高的吸引力。这种吸引力往往超过了对不可预见风险、利润等的理性分析。公路工程投资大，利润高，通常造成大小单位一起上、先拿到项目再说的恶性竞争，这样并不利于保证工程质量。

业主招标工程时，应强调要求投标人在报出单价的同时，分析费用的构成，即分析有关工序的组成，对各工序基本内容、要求以及成本等费用因素予以明确，这是中间计量的依据之一。如果某些施工环节发生问题，可根据工序内容，提出费用管理的处理意见。

业主与承包商签订的工程合同，难免有含糊、漏洞之处。监理工程师在检查其条款时，对不明确、不细致的内容，需要事先向业主和承包人进一步明确，达成一致，避免工程量无法准确计量，费用无法准确估价和支付。发生合同争议时，一般通过协商、调解解决。对于重大、不可调和的争议，可进一步申请仲裁，诉讼，争议解决的方式、地点，应在合同中予以规定。

3．施工因素

施工成本的高低直接关系到工程费用、关系到利润。采用高效有力的管理，科学先进的技术、方法，合理协调的工序，并预料和避让风险，可以保证良好的施工效果。说到底，施工因素就是对施工当地条件和工程对象的管理经验，以最小的成本，获得合格的质量和最大的利润。

4．业主管理因素

业主的管理水平，表现在对整体工程的把握和对工程的协调安排等方面，这往往影响到工程费用。通常有以下情况：应由业主解决的条件没有解决，将导致误工和补偿乃至索赔要求，从而增加工程成本；设计图纸变化又没有及时提供；最适宜工期延误；道路等不具备施工条件；工程量较大变化；施工方式改变；启动经费不足；进度款拖欠等。

5．监理因素

监理应该作为业主和承包人之间公正的第三方，行使自己的权利和义务。但事实上，监理不是生活在真空中，监理单位由业主招标，监理经费由业主支付，工作条件由业主提供，这些都造成业主对监理工作的一定程度的控制。同时，监理与承包人更多的工作生活在一起，接触较多，又会受到承包人的影响。来自哪一方面的影响，都会使监理的工作缺乏公正性，导致对工程计量和费用的增加等不良现象的出现。

6．社会因素和自然因素

这包括物价因素、法规因素、汇率因素、社会风气以及战争、动乱等。

（二）工程费用监理的原则

1．依法办事原则

费用监理是一项政策性、法律性、经济性和技术性很强的工作，必须首先根据国家的方针政策办事，严格遵守国家的法律和有关制度，正确处理国家整体利益、业主利益和施工企业利益的关系，同时还必须严格遵守工程项目本身内在规律的要求，处理好进度、质量与费用三者之间的辩证关系。

2．恪守合同原则

工程承包合同一方面综合体现了国家的经济政策和基本建设管理制度及法规，另一方面也全面概括了工程设计意图和要求，并综合考虑了施工中各种因素，是有关工程施工的综合性文件。监理工程师在进行工程费用监理时，必须在国家法规政策的范围内，以合同为依据，按合同要求和合同的基本精神处理好各类工程费用的签认与支付。

3．公正公平原则

监理工程师是作为独立的中介人参与工程管理的，工程费用的支付签认权力，直接涉及业主和承包人的利益。因此，监理工程师必须恪守公正的原则来进行费用监理。

4．责、权、利相结合的原则

要搞好工程费用监理的各项工作，同样必须贯彻责、权、利相结合的原则。"责"是要完成费用监理任务的责任；"权"是指监理工程师为了完成费用监理任务，对于必须采取的措施所应有的权限，即实施费用监理的权力，确切地说是监理工程师必须拥有工程计量与工程费用签认的权力。否则，计量支付监理工程师无法对工程费用进行计量；"利"是根据费用监理任务完成的好坏给予计量支付监理工程师的奖惩。

（三）工程费用监理的方法

费用监理的方法很多，从不同角度可以进行不同的分类和总结。从监理措施采取的时间上来看，可以分为事后监理（反馈监理）、事前监理（前馈监理）和跟踪监理（过程监理）三类。

1．事后监理

事后监理是指监理工程师将计量证书和支付证书，以及各种相关的调节信息输送出去后又把作用结果的信号返送回来，并对信息的再输出发生影响，以起到费用监理的作用。在费用监理中，为了对施工中的各种耗费进行有效的监理，要求把实际耗费同合同价进行比较，并把发生偏差的信息反馈给各方，以便及时进行调节，保证费用监理目标的实现。

2．事前监理

事前监理又叫主动监理，是指在发生目标偏差以前，即在实际工程费用超过合同价之前，根据预测的信息，采取相应的措施予以调节，使工程费用不偏离或尽量少偏离合同价。比如对工程量清单中的分项工程（工程细目）做出单价分析表，了解承包人的报价水平，对各单价（计日工单价）做出分析，以便掌握在出现工程意外时采用的措施。

3．跟踪监理

跟踪监理是指监理工程师跟踪施工过程，并对其进行监理，是监理工程师在施工现场进行监理，如旁站监理即是一种典型的跟踪监理。跟踪监理同事前监理的区别是，前者在工程费用发生的当时就在现场进行监理，而后者则是通过制定措施，明确合同价款等来进行监理；后者还有可能对现有施工条件进行改变，可从较远的时间和较好的施工条件出发来加以考虑，而跟踪监理就没有这些条件。

跟踪监理同事后监理的区别是，跟踪监理的反馈时间很短，几乎是瞬时反馈，采取的措施必须当机立断，没有过多的时间来全盘考虑；而事后监理则不同，它可以把实际的工程费用与工程费用的目标值与合同价进行比较，把差异原因搞清楚，把差异责任查明白，并提出全面的处理措施和意见，作为下一步工作的依据，而跟踪监理就无此可能。

因此，费用监理事实上存在三种方法，只有将三者有机地结合起来，才能搞好费用监理，片面或单纯采用某一方法都无法有效地搞好费用监理工作。

（四）工程计量

1. 工程计量的必要性

虽然由招标文件提供的工程量清单中已经给出了每一细目的工程内容和相应的工程数量，而且承包人投标时也是依据工程量清单中的工程量填报单价的，但是在施工过程中还是必须进行工程计量这一环节，这是因为：

（1）准确的实际工程量只有通过计量才能获得

工程量同工程费用一样，也有预算工程量与实际工程量之分。工程清单的工程量仅是估算工程量，不能作为承包人应予完成的实际和确切的工程量，实际工程量必须在施工过程中实测才能获得。这是因为工程量清单中的工程量是在制定招标文件时，在图纸和技术规范的基础上估算出来的。无论在设计中考虑得多么仔细，要在工程实施之前十分准确地计算完成该工程的工程量是绝对不可能的，更何况很多时候设计深度达不到要求。招标时的工程量只是对完成该工程所需工程量的一种准确性较高的估计，其主要目的不在于今后实施中是否完全一致，而是为投标人提供一个计算标价的共同基础。

（2）确保监理工作顺利开展的需要

毫无疑问，计量是监理工程师控制质量与进度的重要手段。首先，对于质量不合格的工程项目和工作内容，监理工程师可以拒绝计量。这既为质量监理提供了有力的保障，也迫使承包人必须严格按合同要求施工，否则，他所完成的工作将得不到监理工程师的认可，得不到认可就等于白干。其次，监理工程师通过按时计量，可以及时掌握承包人工作的进展情况和工程的进度，当发现所完成的工程量严重少于计划应该完成的工作量时，他有权要求承包人采取措施加快进度，在极端严重的情况下，他甚至可以向业主提交驱逐承包人的报告。此外，由于监理工程师对各种附加和意外工作也拥有计量权，所以他可以指令承包人去完成一些暂定的工作（如附加工作和各种意外工作）。

（3）费用支付的需要

费用支付是需要进行工程计量的最关键原因。在单价合同中，计量是支付的基础，也就是说单价合同的付款额是通过将监理认可的实际工程量，与承包人投标报价时对该工程细目所填报的单价相乘后所得到的。由于单价已在承包合同中固定下来，工程量成为影响付款金额的唯一参数，所以进行准确的工程计量是确保业主与承包人双方实现公平交易的关键。

2. 工程计量的依据

工程计量的依据主要有质量合格证书、工程量清单前言、技术规范中的"计量支付"条款以及设计图纸等几个方面。

（1）质量合格证书

计量的基本条件和前提是质量合格，质量不合格部分不予计量。因此，计量工程师在进行计量时，一定要同质量监理工程师密切配合，只有被质量监理工程师签发了质量合格证书的工程内容，才能进行计量。

（2）工程量清单前言和技术规范

由于工程量清单前言和技术规范中的"计量支付条款"规定了清单中每一项工程的计量方法，同时还明确了按规定的计量方法确定的单价所包括的工作内容和范围，所以它们是计量十分重要的依据。例如，关于沥青面层的计量，计量条款中规定：面层的计量单位为，该项目应按图纸上所示的路面层顶面的平面面积计量，并包括该层断面内所有的材料和工作。

（3）设计图纸

在工程量清单前言中规定，对于某些工程项目，计量的集合尺寸应当以设计图纸为准，而不能按工程实际施工尺寸，如就地灌注桩的长度、钢筋的数量、混凝土的体积等。这是在计量过程中必须遵守的，而且往往要求将清单前言同设计图一起阅读。

3．工程计量的方法

根据技术规范、工程量清单和合同条款的有关规定，公路工程施工监理一般采用以下方法进行计量：

（1）断面法

主要用于计算取土坑和路堤土方的计量。在土方施工前每 50m 测出一个地形断面，然后将路堤设计断面画在地形断面上，每次计量时测出完成的路堤顶高程，据此，在断面图上计算完成的工程数量。

（2）图纸法

《公路工程国内范本》2003 版某些章节中的计量支付条款规定，一些工程的数量应根据图纸法进行计量，例如混凝土的体积、钢筋的长度、钻孔灌注桩的桩长等都应该按图纸法计量。

值得指出的是，对于采用图纸法计量的项目，必须进行现场量测，量测的目的在于检查结构物几何尺寸的偏差是否在技术规范允许的误差范围内。达到规范标准的项目或部位才予以计量。

（3）钻孔取样法

钻孔取样法主要用于道路面层结构的计量。根据技术规范有关条款规定，路面结构层的计量按平方米计，但必须保证结构层的设计厚度，因此采用钻孔取样法确定结构层的厚度。

（4）分项计量法

所谓分项计量法，就是根据工序或部位将一个项目分成几个子项，对完成的各子项进行计量支付。子项计量支付的金额，根据估算的子项占总项的比例而定，但各子项合计的支付金额应等于项目规定的金额。

（5）均摊法

所谓均摊法，就是对清单中合同价按合同工期每月平均计量。它适用于临时道路、桥梁的修建和养护，办公室的维修以及测量设备的保养等清单项目。这些项目的特点是在合同工期内每月都有发生，因此可以采用均摊法。

（6）凭证法

所谓凭证法就是根据合同中要求承包人提供的票据进行计量支付。例如，工程险和第三者责任险的保险费，以承包人每次实际交付费用的凭证或单据进行计量支付。

（7）估价法

所谓估价法，就是按合同文件的规定，根据监理工程师估算的已完成的工程价值支付。如为监理工程师提供办公和生活设施、用车以及测量、天气记录和通信设备等项目。这类清单项目往往要购买几种仪器设备，当承包人对于某一清单项目规定购买的仪器设备不能一次购进时，则采用估价法进行计量支付。

在《公路工程国内招标文件范本》技术规范的细目当中，有的细目包括的工作内容既有每月发生的费用，又有购进仪器、设备的费用。有的细目虽然只有每月发生的费用，但是每月发生的费用很不平衡，因此必须采用综合法予以计量，即采用均摊法和估价法进行综合计量。计量时首先确定购置费用与每月发生维修费用的比例，将清单项目中的金额分成购置费和维修费两部分，然后对购置费按估价法进行计量支付，每月发生的费用按均摊法计量支付。对于每月发生费用不平衡的项目，确定特殊月份发生费用的比例。除特殊月份按比例计量外，其他月份按均摊法计量。

（五）工程费用支付

1. 支付的依据

（1）以工程计量为依据

工程量是影响清单支付项目工程款的唯一参数，承包人所得付款是以工程量为基础，因而准确的计量就成为支付的前提。

（2）以技术规范为依据

技术规范详细说明了各个工程细目的工作内容以及要求，对哪些内容应如何进行计量和支付都做了具体的规定，并且对每一工程项目的支付项目进行了划分。因此，技术规范是监理工程师支付费用的指导文件和依据。

（3）以投标报价为依据

投标报价单是费用支付时的单价依据。报价单中单价包含了完成该产品所必需的生产条件和设施，如有关临时工程及必需的施工准备活动和其他必需的一些生产环节等。因此，支付工程费用时，必须将投标报价与技术规范联系在一起，以便准确支付。

（4）以日常记录和合同条款为依据

一个工程项目的支付，往往有许多工程量清单以外的细目需另外支付，这类支付通常是招标时无法准确估计或根本无法预计的。因此，对于工程量清单中无法列明或根本无法列入的这类工程细目的费用支付，必须以日常详细的记录资料和合同条件为依据。

2．支付的基本程序

首先，由承包人提交各类报表和有关的结账单，即由承包人提出支付申请；其次，监理工程师审查并确认支付报表和结账单，根据合同规定，监理工程师有权对支付报表和结账单中的错误和不实指出并进行修改指正，然后向业主签发支付证书；最后，业主根据监理工程师签发的支付证书，按合同规定时间向承包人支付款项。

3．支付种类及方法

（1）工程进度款的支付

国际惯例 FIDIC 管理模式规定，工程进度款根据工程完成量按月支付。因此，监理工程师在接到承包人月报后，应立即审查并核实，在合同规定时间内向业主证明到期应付给承包人的具体金额，业主在合同规定的时间内向承包人付款。如果承包人应得款额小于投标书附件中规定的每月最小付款金额，则监理工程师不应向业主签发支付证书，该月承包人应得款额移到下个月支付。

（2）动员预付款的支付和扣回

动员预付款是业主提供给承包人用作开办费用的一笔无息款额。动员预付款的额度由承包人根据自己的财产提出不同的百分比，国际上规定范围是 0% ~ 20%，我国公路工程项目一般为 10%。提供这项资金的目的在于减轻承包人资金周转的压力。

① 动员预付款的支付规定

根据通用条件的规定，在承包人完成下述工作后的 14 天内，监理工程师应按投标书附件中规定的额度向业主提交动员预付款证书（副本交承包人）；签订合同协议书；提交了履约的银行保单；提交了动员预付款保单。业主应在收到该付款证书后 14 天内核批，并采用中期付款证书的形式支付给承包人，支付的货币种类和比例按投标书附件的规定办理。

② 动员预付款的担保承包人应向业主提交由国内银行或外国银行通过其中国的银行，或承包人指定的、为业主所接受的外国银行出具的不得撤销的、无条件的银行保函。银行保函的正本由业主保存，该保函在业主将动员预付款全部扣回之前一直有效，但其担保的金额将随动员预付款的逐次扣回而减少。执行上述要求所需费用由承包人承担。

③ 动员预付款的扣回。动员预付款从中期支付证书中扣回，扣回方法常见的有两种：

第一种方法是按时间，即规定在一定的时间内予以扣回。扣回时间开始于工程中期支付证书中工程量清单累计金额超过合同价值 20% 的当月，止于合同规定竣工日期前三个月的当月。在此期间，从中期支付证书中逐月按等值扣回。扣回的货币种类和比例与付款的货币种类和比例相一致。

计算公式为：

$$G = \frac{F}{E - (D-1) - 3}$$

式中，G——月扣除动员预付款数额（元）；

F——已付动员预付款（元）；

D——中期支付证书中工程量清单累计支付达到合同金额 20% 的时间（月）；

E——合同工期（月）。

第二种方法是按金额，即在一定的工程支付金额范围内予以扣回。按照 FIDIC 合同条件规定，扣回时间的开始时间为中期支付证书中工程量清单累计金额超过合同价值 20% 的当月，止于支付金额达到合同价值 80% 的当月。在此期间，按中期支付证书当期完成的工程款占合同价值 60% 的比例予以扣回。扣回的货币种类和比例与付款的货币种类和比例相一致。

计算公式为：$G = M \times B / （合同价 \times 60\%）$

式中，G——中期支付证书扣回预付款数额（元）；

M——中期支付证书当期完成的工程量清单金额（元）；

B——已付动员预付款占合同价的比例（%）；

第一种方法每月的扣回额是不变的，与每期支付的工程款多少没有关系，因而简单易掌握。但当工程进度缓慢或因其他原因工程款支付不多的情况下，会出现扣回额大于或接近工程款支付额，而使中期支付证书出现负值或接近为零。第二种方法是按金额予以扣回，这种方法与每期支付的工程款有直接关系，因此，每次扣回额均随每次的工程支付额不同而改变，每次均需要计算，比较麻烦，但相对按月等值扣除的方法要合理些，即工程完成额多就多扣，反之亦然。

（3）材料预付款的支付和扣回

材料预付款是业主按规定支付给承包人一定比例的款项，以供其购进将用于和安装在永久工程中的各种材料、设备之用，并且不计利息。监理工程师在确认承包人所购将用于永久工程中的材料的质量及储存方式符合合同要求后，按合同规定将所购材料款额的某一百分比计入下次工程进度款证书中，业主根据监理工程师的证明向承包人付款。

监理工程师应随时了解材料使用情况，当材料已用于永久工程，材料预付款应在以后的工程进度款支付证书中，按合同规定逐月扣回。

（4）工程变更费用的支付

由于多种不可预见的因素，任何工程项目在施工过程中都会遇到变更问题，监理工程师应根据合同文件和工程实际情况，妥善处理。工程变更费用的支付依据是工程变更令和工程变更清单，支付方式采用列入中期支付证书的形式进行支付。监理工程师应对变更项目的审批制订严格的管理程序，有些合同还在专用条件中对监理工程师进行工程变更的权力作了某种限制，要求变更超过一定限度后，必须由业主授权。

（5）保留金的支付

所谓保留金就是监理工程师根据合同条件的规定，从支付给承包人的付款中替业主暂时扣留的一种款项。设置保留金的目的在于使承包人能完全履行合同，如果承包人未能履行合同规定应承担的责任，则扣除额就成为业主的财产，显然，这是对业主的一种保护措施。另外，只对永久性工程扣留保留金。

按合同规定，保留金分两次支付（退回）给承包人。当工程移交证书签发后支付全部保留金的一半，缺陷责任终止证书签发后支付另一半。从各种款项的支付中可以看出，每笔费用的支付必须有监理工程师的证明和签认，而费用支付又涉及业主和承包人的利益。这就要求监理工程师必须严格按照合同规定，公正、准确地进行计量与支付，以体现公平交易的原则。

四、合同管理

工程项目合同管理，是指对工程项目建设有关的各类合同，从合同条件的拟定、协商，合同的订立、履行和合同纠纷处理情况的检查和分析等环节进行的科学管理工作，以期通过合同管理实现工程项目的"三控制"目标，维护合同当事人双方的合法权益。合同管理的过程是一个动态过程，是随着工程项目管理的实施而实施的。

（一）合同管理的分类

1. 根据合同管理的主体划分

（1）业主的合同管理；

（2）承包商的合同管理。

2. 根据项目实施的阶段划分

（1）合同订立前的管理

合同签订意味着合同生效和全面履行，所以必须采取谨慎、严肃、认真的态度，作好签订前的准备工作，具体内容包括：市场预测、资信调查和决策，以及订立合同前行为的管理。

（2）合同订立时的管理

合同订立阶段，意味着当事人双方经过工程招标投标活动，充分酝酿、协商一致，从而建立起建设工程合同法律关系。订立合同是一种法律行为，双方应当认真、严肃拟定合同条款，做到合同合法、公平、有效。

（3）合同履行中的管理

合同依法订立后，当事人应认真做好履行过程中组织和管理工作，严格按照合同条款，享有权利和承担义务。在合同履行中，当事人之间有可能发生纠纷，当争议纠纷出现时，有关双方首先应从整体、全局利益的目标出发，作好有关的合同管理工作，合同资料是重要的、有效的法定证据，以利纠纷的解决。

（二）合同管理的内容

1．工程合同的总体策划

在工程项目的开始阶段，业主必须对与工程相关的合同进行总体策划。首先应确定带根本性和方向性的，对整个工程、整个合同的签订和实施有重大影响的问题。合同总体策划的目标是通过合同保证项目目标的实现。它必须反映建筑工程项目战略和企业战略，反映企业的经营指导方针和根本利益。它主要确定：如何将项目分解成几个独立的合同？每个合同有多大的工程范围？采用什么样的委托方式和承包方式？采用什么样的合同种类、形式及条件？合同中一些重要条款的确定；合同签订和实施过程中一些重大问题的决策；工程项目相关各个合同在内容上、时间上、组织上、技术上的协调等；工程合同总体策划包括业主的合同总体策划和承包商的合同总体策划。

2．工程合同的订立

一般情况下，工程合同都是通过招标投标方式选择承包商来订立的。

3．工程合同的履行

随着建筑工程项目的实施，业主和承包商都必须有专业的合同管理小组负责合同的履行。

五、信息管理

工程监理的信息管理，是指以工程项目作为目标系统的管理信息系统。它通过对工程项目建设监理过程中信息的采集、加工和处理，也即通过统计分析、对比分析、趋势预测等处理过程，为监理工程师的决策提供依据，对工程的费用、进度、质量进行控制；同时它也为确定索赔内容、索赔金额及反索赔提供确凿的事实依据。因此，信息管理是监理工作的一项重要内容。

（一）信息管理的任务与类型

1．任务

信息管理包括信息的收集、传递与处理、存储、发布等方面，特别是公路工程款额巨大、建设期长、质量要求高、各种合同多、使用机械、设备、材料数量大的特点，信息管理采取人工决策和计算机辅助管理相结合的手段，特别是利用计算机准确及时地收集、处理、传递和存储大量数据，并进行工程进度、质量、费用的动态分析，达到工程监理的高效、迅速、准确。

2．监理信息的类型

为了使信息能够更好地发挥控制作用，按监理的目标划分信息更能适应需要，即将信息划分为：工程费用控制信息、质量控制信息、进度控制信息和合同管理信息。

（二）信息管理的程序

信息管理的基本方法是建立信息的编码系统，明确信息流程，指定相应的信息采集制度，利用高效的信息处理手段处理信息，为监理工程师的决定提供有力依据。

1. 信息的处理

公路工程监理的信息处理一般采用人工决策加以计算机辅助管理的方法。其主要工作包括有：

（1）确定计算机辅助管理系统的流程模式

计算机辅助管理系统与监理组织机械相对应，其主要内容包括工程施工的进度管理、质量管理、合同管理及行政管理，分别拥有各自相应的子系统。

（2）计算机中央处理系统对信息的分析处理

质量控制子程序推行全员质量管理，提供各主要分项工程和施工工序的质量控制子程序，包括路基工程、路面工程、桥涵工程等各子程序通过对各专业监理工程师的材料、检测数据及工程质量检测数据的分析，最终判断各主要分项工程施工质量是否合格。以图纸形式输出承包人各工序的施工质量是否合格，最终判断各主要分项工程质量是否合格，给监理工程师提供准确的判断依据。

进度控制子程序系统可按工程合同段或分项工作两种情况进行分块，以实现工程计量与具体支付的计算机管理。程序包括价格的调整和费用索赔工程最终结算的业务子程序。可对人工、材料价格调整进行计算，变更设计及额外工程对合同价格调整的计算，并打印相应的结论表格。

合同管理子程序系统既可编制整个合同项目的计量支付款报表，也可以用于承包人编制各分项单位的支付申请表，可以对全线工程量进行分割计算。

2. 信息的发布与存储

施工监理的信息存储采用文档管理和计算机存储管理两种方式。文档管理信息有效地保证了原始资料的可靠性，而计算机存储则可发挥计算机存储量大、信息处理快的机器特征。信息的发布按照一定的工作程序进行。一般来说，经过计算机辅助管理和监理工程师决策处理的各项信息结论，由驻地监理组下达给各承包人和专业监理工程师，上报项目监理部，反馈给业主及相关部门，并保证其及时性和准确性。

施工过程中的各种工地会议及各种形式的监理通讯均是监理信息发布的主要途径。

第三节　我国公路工程监理现存的问题及原因

公路工程监理制在我国全面推行十多年来，成绩斐然。通过实施项目监理，我国成功地建设了如京津塘高速公路、沈大高速公路等一批国家重点建设项目，在保证工程质量、提高投资效益方面发挥了重要作用，为我国工程项目监理制建设积累了丰富的经验，以致受到了社会的广泛关注和普遍认可。

但不容回避的是，在我国公路工程监理行业，无论是工程监理的理论体系，还是工程监理的实践，都仍然存在着不少问题，如：监理市场管理的不规范、监理企业为承揽业务而故意压价造成恶性竞争、监理人员职业道德的匮乏、监理企业产权的不明晰、监理人才储备的严重不足、以建设单位为首的社会各界对监理单位的信任度不足等等问题造成了监理企业发展的方向性、规范性不强，也同时造成了监理市场的混乱。需要指出的是，这些问题的产生往往和国家的行业体制交织在一起，原因十分复杂。如果这些问题得不到很好的解决，将阻碍监理行业的进一步健康发展。本节从以下几个方面对目前我国公路工程监理行业存在的突出问题进行分析和归纳，找出问题的成因。

一、监理体制

从总体上看，当前公路工程监理体制中的主要弊端是政企不分、机构重叠、职能交叉、效率低下，缺乏活力和竞争机制。随着经济体制改革的深化，其弊端日益暴露，具体表现在：

1．没有真正实现社会化监理

在中国，产权不明晰是许多国有企事业单位的通病，而在工程监理行业中，产权不明晰的现象同样存在。现阶段，绝大部分监理企业皆为各级设计研究院或大专院校的下属（附属）分支部门。名义上独立于各级设计院和大专院校之外，但监理企业的高层的聘用、任命皆由上级院所或院校专管领导决定，各项重大的组织变革也严格的受到上级专管领导的控制和监管，监理企业的自主权被严重剥夺。而监理企业和设计院或大专院校在管理和组织构架方面有很大的不同，上级设计院所或大专院校的过多干预和控制，严重制约了监理企业的变革和创新，也严重阻挠了员工的工作积极性，使监理企业的自主发展之路严重受阻。

2．监理市场行为不规范

在监理业务的承揽方式上，存在着转包监理业务、挂靠监理证照，业主私招乱雇，系统内搞同体（或连体）监理的现象，致使工程监理的作用在相当多的项目上还没有充分发挥出来。有些监理单位还不是真正独立的法人实体，既不独立核算，更不自负盈亏；有的挂着监理企业的牌子，有监理任务时就临时拼凑人员，没有监理任务时，这些人就解散或转移，严重影响监理人员从事监理工作的事业心、责任心和积极性。

3．监理人员一兼多职

由于监理机构不具有独立性或只是相对独立，监理人员仍受原单位管辖。在这种情况下，他们势必还要负责原单位的工作，甚至于在原单位分管的业务量要大于监理业务量，而且由于人事制度方面的原因，他们在工作中不能不听命于原单位，所以他们不可能全身心地投入到本职的监理工作中去。监理人员在其位而不能很好地谋其政，所承担的监理工作就有可能出现漏洞，甚至会给工程带来损失或隐患。

4．监理机构良莠不齐

公路建设进入市场经济后，公路工程建设项目必须对承包商公开招标，也必须对监理机构公开招标。为了能参与项目竞争，打入公路建设市场，社会上其他非公路建设行业也纷纷组建公路工程监理机构。但它们只顾及到了行业特征而忽视了专业区别，有些地方成立的监理机构基本属于仓促拼凑，根本就不具备应有的公路工程监理能力。

二、监理范围

我国目前对公路工程项目实施监理基本上停留在项目的施工阶段，仅极少部分涉足设计阶段。而所谓的工程项目全程管理在我国的公路工程监理行业，基本没有。监理企业的业务范围的单一，容易造成人才的需求渠道相对狭窄，不利于人才的吸收与培养；也容易造成利润来源的相对单一，抵御市场风险的能力也明显减弱，这些都严重制约着中国的监理企业发展和壮大。

随着工程建设法律体系的完善、施工队伍自身素质的不断提高，监理的重点必须要转移到项目决策和设计阶段。据统计资料分析表明，随着工程项目建设的进展，影响投资的程度逐步减少，项目投资控制的关键在于施工之前的投资决策阶段和设计阶段，并且投资决策确定以后，设计质量对项目投资影响起着决定性作用。设计质量的高低，设计进度的快慢也直接影响项目建设进度和水平。目前仅有极少量的工程项目实行了设计监理，从监理的成效来看是比较成功的。国内外实践已表明，工程设计监理大有可为，不失为提高投资效益，确保工程质量的重要举措之一。

三、监理取费

我国现行工程监理取费费率标准过低，导致监理公司资本积累缓慢，监理工程师待遇偏低，影响企业和行业的发展。在公路工程建设行业，国内的监理服务取费标准远远赶不上按 FIDIC 土木工程施工合同条件进行工程管理的国家或地区，在那些地区监理人员的个人收入是同等设计及其他技术人员的 1.52 倍，而我国还不足同级技术人员的二分之一。国内监理服务的取费标准也远远低于勘察设计的取费标准：现在国家规定公路工程监理服务的取费费率是工程造价的 1.6% 左右，勘察设计的取费费率在工程造价的 2.5% ~ 3% 左右。然而监理的服务期限是设计的 3 倍左右，投入的技术人员是设计的 2 倍左右。

四、监理队伍

工程项目监理属于咨询业类，在国际上被称为高智能人才，要胜任监理工作的需要，监理工程师首先应当具有较高的学历和学识水平。在国外，监理工程师都具有大专院校学历，而且大都具有硕士甚至是博士学位。如美国的兰德公司，在547名咨询人员中有200名博士，178名硕士，具有博士、硕士学位的人员占总人数的近70%，而且基本都是复合型人才；而德国克瞄伯康采恩系统工程公司，100名监理人员中，50%具有博士学位。

　　对比国内情况：目前从事公路工程监理的企业大多由退休技术人员组成。处于隶属状态下的监理企业，往往缺乏工作的自主权，资格审查时填报的技术人员很多不能派出从事监理工作。许多公路工程建设项目从事监理的人员是由大量刚毕业、没有什么实际工作经验的学生从事监理工作，抑或聘请一些退休的老同志担任实际监理工作，使我们现阶段的监理队伍形成老少两极分化的现象。而工程监理工作是十分注重实际工作经验的一个职业：不仅要求从事实际操作的监理人员要有良好的技术水平，能够处理和解决承包商在施工过程中遇到的一些紧急的技术问题，为他们提供适当的技术咨询和支持，还要求监理工程师懂得相关的工程管理方面的知识，相应地监理工程师应该有足够的体力来适应高强度的施工现场监理工作。在某种意义上来说，一名合格的监理工程师应该是一个体力要求相对较高的技术加管理的复合体。而现阶段，刚毕业的学生显然是无法满足上面的要求，退休老同志的身体条件又无法满足施工现场高强度作业的需要，监理工作的不到位就可想而知了。

　　加上出于成本的考虑，绝大多数监理企业并没有把人才培训列入公司的发展战略的高度，仅仅靠社会和政府组织的监理培训远远不能满足现阶段公路建设市场对监理需求的增长。还有就是监理行业的整体收入低于其他行业，一定程度上影响了优秀的人才投身到监理事业中来。

第五章　公路工程施工现场管理

施工现场管理是公路工程管理的重要组成部分，是公路施工企业以工程项目为对象组成施工组织机构，实行项目经理负责制，以企业内部承包合同为纽带，对工程项目施工现场进行高效率计划、组织和控制的活动。它是和工程项目现场施工密切相关的各项管理工作的总称。

第一节　施工现场管理概述

一、施工现场管理的特征

公路工程施工现场管理有以下特征：

（1）施工现场管理的对象是施工项目，施工项目是一次性的，而不是工厂式的重复生产，施工企业应当以施工项目为对象组织生产。

（2）施工现场管理的组织机构是临时性的，随着施工项目的完成而撤销。管理组织机构的设置，要求最大限度地使企业各生产要素在施工现场上得到最佳的动态组合。

（3）项目经理是管理的核心，企业要建立以项目经理部或承包班子为主要组织管理形式的施工管理系统，实行项目经理负责制。

（4）企业要建立以施工项目为对象的经济核算体系，以体现施工项目的责、权、利关系。

（5）为适应施工管理的需要，企业要建立多功能相对稳定的劳务管理后方基地，发展多种经营，以便转移、安置富余人员。

为适应施工管理的要求，企业应当建立内部市场机制，把社会市场的公平竞争、买卖关系、经济杠杆、优胜劣汰等机制引进内部管理中，为进一步推行施工管理创造条件。

综合以上所述，施工现场管理要求做到：一是施工生产人员不拖家带口到现场；二是动态投入生产要素；三是按管理与劳务两个层次组织施工。

二、施工现场管理职能

公路工程项目施工现场管理主要具有四个职能：

（1）计划职能。在实施施工管理的全过程中，应将全部目标和全部经营活动统统纳入计划的轨道，用一个动态的计划来协调控制整个施工项目，使项目协调有序地达到预期目标。

（2）组织职能。通过职权划分、授权、合同的签订与执行和运用各种规章制度等方式，建立统一高效的组织体系，以确保项目目标的实现。

（3）协调职能。项目施工需要在不同阶段、不同部门、不同层次间进行协调与沟通。

（4）控制职能。项目施工主要通过计划、决策、实施、反馈、调整来对项目实行有效的控制，其控制的中心内容是质量控制、工期控制、成本控制和安全控制。

三、施工现场管理目标和任务

公路工程施工现场管理的目标是在确保承包合同规定的工期和质量要求的前提下，降低工程成本。然而，质量、工期、成本三者不是彼此孤立的，施工现场管理的基本任务就在于求得上述三大目标的和谐统一。据此，施工现场管理的基本任务即在于：合理组织项目的施工过程，充分利用人力、物力，有效使用时间和空间，保证综合协调施工，按期、保质并以较低的工程成本完成工程任务。

四、施工现场管理的工作内容

施工现场管理是指从施工项目合同签订直至工程竣工所进行的各项管理工作的总称。按阶段划分，可分为施工准备阶段管理和施工阶段管理。施工准备阶段管理是指为了工程项目施工的顺利进行而开展的技术准备、施工力量组织及各项基础工作。施工阶段管理是指为了使工程项目施工顺利完成而进行的各项调度和控制工作。

第二节 施工准备阶段管理

一、施工准备阶段的工作内容

施工准备阶段是工程项目施工生产的首要环节，其基本任务是为工程的正式展开和顺利施工创造必须的条件。其主要工作有：

1. 建立施工的技术条件

主要包括：

（1）研究和熟悉设计文件并进行现场核对；

（2）补充调查资料；

（3）设计交桩和设计技术交底；

（4）建立工地实验室；

（5）编制施工组织设计；

（6）编制施工预期。

2．建立施工的物资条件

主要包括：

（1）组织材料订货、加工、运输和进场；

（2）施工机械设备的进场、安装和调试；

（3）设置施工临时设施。

3．组织施工力量

主要包括：

（1）组建施工队伍，成立项目管理机构；

（2）组织特殊工种、新技术工种的技术培训；

（3）落实协作配合条件，组织专业施工班组，签订专业分包合同；

（4）对临时工的教育和培训。

4．做好项目管理的基础工作

主要包括：

（1）建立以责任制为核心的规章制度。包括：

① 岗位责任制。如：人人有基本职责；有明确的考核标准；有明确的办事细则。

② 经济管理规章制度。如内外合同制度、考勤制度、奖惩制度、领用料制度、仓库保管制度、内部计价及核算制度、财务制度等。

（2）标准化工作。包括技术标准、技术规程和管理标准的制定、执行和管理工作。

（3）制定各类技术经济定额。根据项目管理的实际情况，制定出反映项目水平的消耗定额、状态定额和效率定额。

（4）计划工作。包括计量核定、测试、化验分析等方面的计量技术和计量手段的管理工作。

5．建立施工的现场准备

根据施工组织设计及施工平面图布局的要求，进行施工：场地准备及工作面的准备工作。

工程施工对象的性质、规模不同，施工准备工作的内容和组成也不尽相同。然而施工准备工作的基本内容主要有两个方面：一是抓规划，编制施工组织设计；二是在施工组织设计指导下，抓施工条件的落实。

二、技术准备

1. 研究和熟悉设计文件并进行现场核对

组织有关人员学习设计文件，是为了对设计文件、图纸及资料进行了解和研究，使施工人员明确设计者的设计意图，熟悉设计图纸的细节，掌握设计人员收集的各种原始资料，对设计文件和图纸进行现场核对。其主要内容是：

（1）各项计划的布置、安排是否符合国家有关方针政策和规定；

（2）设计文件所依据的水文、气象、土壤等资料是否准确、可靠、齐全；

（3）对水土流失、环境影响的处理措施；

（4）路基平、纵、横断面，构造物总体布置和桥涵结构物形式等是否合理，相互之间是否有错误和矛盾；

（5）核对路线中线、主要控制点、水准点、三角点、基线等是否准确无误，主要构造物的位置、尺寸大小、孔径等是否恰当，能否采用更先进的技术或使用新型材料；

（6）路线或构造物与农田、水利、航道、公路、铁路、电讯、管线及其他建筑物的互相干扰情况及其解决办法是否恰当，干扰可否避免；

（7）对地质不良地段采取的处理措施；

（8）主要材料、劳动力、机械台班等计算（含运距）是否准确；

（9）施工方法、料场分布，运输工具、道路条件等是否符合实际情况；

（10）临时便桥、便道、房屋布设是否合理，电力、电讯设备、桥梁吊装方案、设备、临时供水、场地布置等是否恰当；

（11）各项协议文件是否齐备、完善；

（12）工程验算以及采用的定额是否合理。如现场核对时发现设计不合理或错误之处，应作好详细记录并拟定修改意见，待设计技术交底时提交。

2．补充调查

现场补充调查的目的是为编制施工组织设计进行资料准备。这与投标前的事前调查在大的范围上是基本一致的，但是深度不同。因为编制施工规划和编制施工组织设计要求掌握的资料更为具体和详细。调查的主要内容有：

（1）施工地区的自然条件，如气象、水文、地质、地形情况等。

（2）地方材料市场及供应情况，如灰、砂、石等地方材料的生产、质量、价格、供应条件等。同时必须了解材料供应季节性的特点和要求。

（3）施工地区的交通运输条件，如现有交通运输设施条件及可能为施工服务的能力等。

（4）施工地区可供施工使用的施工机械设备情况，包括数量、规格、能力等。

（5）施工现场情况，如有无障碍物和待拆迁的设施、可供施工利用的原有建筑物及设施、可作为施工临时用地的面积大小等。

（6）当地市政、公用服务设施情况，如当地供水、供电、通讯、生活、医疗等方面的条件，可为施工服务的能力等。

（7）施工地区的其他建筑安装企业、建筑制品或构件工厂的可能协作配合条件，以及当地可作为临时工的劳动力情况等。

（8）施工地区对环境保护、防治施工公害方面的要求及技术标准等。

3．设计交桩和设计技术交底

工程在正式施工之前，应由勘测设计单位向施工单位进行交桩和设计技术交底。交桩应在现场进行，设计单位将路线测设时所设置的导线控制点和水准点及其他重要点位的标志逐一移交给施工单位。施工单位在接受这些控制点后，要采取必要措施妥善加固保护。

设计技术交底一般由建设单位主持，设计、监理和施工单位参加。交底时设计单位应说明工程的设计依据、设计意图和功能要求，并对某些特殊结构、新材料、新技术以及施工中的难点和需注意的方面详细说明，提出设计要求。施工单位则将在研究设计文件中发现的问题及有关修改设计的意见提出，由设计单位对有关问题进行澄清和解释，对于合理的修改意见，经讨论认为确有必要，可在统一认识的基础上，对所讨论的结果逐一记录，并形成纪要，由建设单位正式行文，参加单位共同会签，作为与设计文件同时使用的技术文件和指导施工的依据，以及进行工程结算的依据。

4．建立工地试验室

公路工程施工过程中，必须进行各种材料试验，以便选用合适的材料及材料性能参数，才能保证公路工程结构物的强度和耐久性，并有利于掌握各种材料的施工质量指标，保证结构物的施工质量。

工地试验室是为施工现场提供直接服务的试验室，主要任务是配合路基、路面施工，对工地所用的各种原材料、加工材料及结构性材料的物理力学性能，以及施工结构的几何尺寸等技术参数进行检测。

一个比较正规的工地试验室，应配备 3～6 个基本试验人员。其中，试验室主任或负责人 1 人，试验员 2～5 名。至少应有 100m2 的试验用房，才能布置好不同项目所需要的使用仪器（具）设备和办公、保管用房。试验室除了配备加热设备、测温仪器、计量衡器、计时仪表等一些通用的仪具外，还应按施工过程中需进行的试验和检查测试项目配备相应的专用试验仪具。

5．编制施工组织设计

公路施工组织设计是指导公路施工的基本技术经济文件，也是对施工实行科学管理的重要手段。编制施工组织设计的目的在于全面、合理、有计划地组织施工，从而具体实现设计意图，按质、按量、按期完成施工任务。实践证明，一个工程如果施工组织设计编制得好，能正确地反映客观实际，并能得到认真地执行，施工就可以有条不紊地进行，否则就会出现盲目施工的混乱局面，造成不必要的损失。

6．编制施工预算

施工预算是在施工图预算的基础上，根据施工图纸、施工组织设计或施工方案、施工定额等文件进行编制的，是企业内部控制各项成本支出、考核用工、签发施工任务单、限额领料和进行经济核算的依据。

三、物资准备

物资准备的主要内容包括：

（1）路基、路面工程所需的砂石料、石灰、水泥、工业废渣、沥青等材料的准备。

（2）沿线结构物所需的钢材、木材、砂石料和水泥等材料的准备。

（3）施工工艺设备的准备。

（4）其他各种小型生产工具、小型配件等的准备。

物资准备是一项非常重要的工作，应与施工组织设计及作业计划进行相应内容的准备，不要因为准备不足而造成工程窝工，也不要因为准备过剩而造成材料的积压、变质和机械台班的闲置。

四、施工管理组织的组建

施工企业通过投标方式获得工程施工任务后，应根据签订的施工合同要求，迅速组建符合本工程实际的施工管理机构，组织施工队伍进场施工。施工管理的组织机构是指为了实现项目的总目标，对所需一切资源进行合理配置而建立以项目经理为项目实施的最高领导者、组织者和责任者，以分工协作、责权利一致、命令统一、精干高效等为原则的一次性临时组织机构。

（一）施工管理组织机构的类型

工程项目施工管理组织机构有多种类型，分别适应于规模、地域、工艺技术等各不相同的工程项目。根据我国具体情况及以往的公路施工经验，比较合理的组织机构类型有以下三种：

1. 部门控制式

它是在不打乱企业现行建制的条件下，把项目委托给企业内部某一工程处或施工队，由其组织项目实施的项目管理组织形式。一般适用于小型简单项目和单一专业型项目，不需涉及众多部门，职责明确，职能专一，关系简单，便于协调。但这种形式不适应大型复杂项目或涉及多个部门的项目，局限性较大。

2. 混合工程队式

这是完全按照对象原则组建的项目管理组织机构，适用于大型项目和工期要求紧迫的项目，或者要求多工种、多部门密切配合的项目。项目管理组织成员来自公司内不同部门和单位。首先聘任项目经理，从有关部门抽调管理人员组成项目班子，然后抽调队伍归其指挥，建立一个项目工程队，组成新的项目管理经济实体。项目完成后，工程队成员仍回原单位。

混合工程队项目管理组织的优点：

（1）可以培养一专多能人才；

（2）减少矛盾，能及时解决问题；

（3）权力集中，决策及时，工作效率高；

（4）减少管理界面和行政干预，便于协调。

缺点是人员来自不同部门，缺乏共同语言；职工长期离开原单位，容易影响积极性的发挥；人员分散，培训困难。

这种形式也有它的局限性，因此，当人才紧缺时，有多个项目需要完成，或对人工效率要求很高时，不宜采用。

3. 矩阵式

这是现代大型项目管理中应用最为广泛的新型组织形式，我国已有为数不少的施工企业开始采用这种形式。当企业同时承担多个项目，对专业技术和管理人才需求量很大，而施工企业人才资源又有一定限度，且大型复杂项目又要求多部门、多工种配合实施，对人工利用率要求很高时最适用。在矩阵组织中，永久性专业职能部门和一次性项目管理组织同时交互起作用。

矩阵式管理组织的具体做法是公司设置综合性的具有弹性的管理科室，科室负责人根据不同项目的需要和忙闲程度，将本部门的专业人员在项目之间进行增减调配；项目经理部则视项目管理需要，在项目经理之下设经营经理、施工经理、生活经理等，这样便使得项目管理中既有职能系统的竖向联系，又有以项目为中心的横向联系。纵向上表现出施工生产上的决断，横向上表现出现场动作协调、平衡。对劳务作业力量实行切块分包任务，根据项目网络计划的需要确定进场时间，完成任务后自行撤离现场，从而为项目提供了一支灵活机动、弹性多变的施工力量。一个项目由多个工程队承担，一个工程队同时用于多个项目，利用各项目施工高潮的错落起伏统筹安排、穿插交错、多点使用，使人力、财力、物力得到最大限度的利用。

矩阵式项目组织形式的好处是有利于充分利用人力，特别是技术力量，用较少的人力完成较多的项目。同时项目中各项专业管理可以由精通专业、经验丰富的人员担任，有利于各项专业管理的加强。其局限性是纵、横双重领导的体制容易发生纵、横向需求矛盾而使当事人无所适从，管理要求高，协调难度大，而且矩阵式项目组织一般不形成经济实体，容易发生责、权、利脱节现象，不能很好地起到约束项目组织成员行为的作用，对管理人员责任心的要求较高。

（二）项目管理组织类型的选择

选择什么样的项目管理组织形式，要根据企业和项目的具体条件因地制宜地选择，一般说来，应考虑的因素有企业人员素质、管理基础的情况以及项目本身的规模、技术复杂程度、专业多寡和项目经理的素质与能力。

项目组织类型选择组合如表 5-2-1 所示。

5-2 项目组织类型选择组合表

项目组织形式	适用项目特点	适用施工企业类型及企业资质状况
部门控制式	小型项目 简单项目 只涉及个别少数部门的项目	任何施工企业均可适用 企业人员构成较为单一,力量较为薄弱 企业总体水平虽不甚高,但其中某个部门或某个下属单位较强,可以承担项目管理,少数人员素质较高,可以实施项目管理
混合工程队式	大型项目 复杂项目 工期至关重要的项目 远离企业总部的单独项目	大型综合施工企业和有得力的项目经理的企业 管理人才济济,人员专多能,可以组织若干高水平的项目班子和项目组织 管理水平较高,基础工作较强,管理经验丰富,且欲较快培养项目管理后备人才
矩阵式	多工种、多部门、多技术配合的项目 人工效率要求很高的项目 企业总部附近的项目或虽远离总部但有多个互相来往较为方便的项目	大型综合施工企业 经营范围很宽、实力很强的施工企业 文化及管理素质、技术素质很高,但人才紧缺的施工企业;管理水平较高,管理渠道畅通,信息沟通灵敏,管理经验丰富的施工企业

五、建立健全各项管理制度

为了保证工程按设计要求的质量、计划规定的进度和低于合同总价的成本,安全、顺利地完成施工任务,应针对施工管理工作复杂、困难的特点,建立一整套完善的施工管理制度,采用科学的管理方法,进行切实有效地工作,才能达到预期的目的。

1.施工计划管理制度

施工计划管理是施工管理工作的中心环节,一切其他管理工作都要围绕计划管理来开展。计划管理包括编制计划、实施计划、检查和调整计划等环节。由于公路施工受自然条件的影响大,其他客观情况的变化也难于准确预测,这就要求施工计划必须经过充分调查研究后制订,同时在执行过程中应随时检查,发现问题及时采取措施解决,必要时还应对计划进行调整修改,使之符合新的客观情况,保证计划的实现。

2.工程技术管理制度

施工技术管理是对施工技术进行一系列组织、指挥、调节和控制等活动的总称。其主要内容包括:施工工艺管理、工程质量管理、施工技术措施计划、技术革新和技术改造、安全生产技术措施、技术文件管理等。要搞好各项技术管理工作,关键是建立并严格执行各种技术管理制度。有了健全的技术管理制度,又能认真执行,才能很好地发挥技术管理作用,圆满地完成技术管理的任务。

（1）技术责任制

技术责任制就是在一个施工单位的技术工作系统，对各级技术人员规定明确的职责范围，使其各负其责，各司其事，把整个施工技术活动和谐地、有节奏地组织起来。它对调动各级技术人员的积极性和创造性，促进施工技术的发展和保证工程质量，都有极其重要的作用。

根据施工单位的组织机构情况，制订分级技术责任制。上级技术负责人应履行向下级技术负责人进行技术交底和技术指导的职责，监督下级按施工图纸、施工规范和操作规程进行施工，处理下级请示的技术问题等责任。下级技术负责人应该接受上级技术负责人的技术指导和监督，执行自己所在岗位上的任务。各级技术负责人应负的责任，应根据组织机构和施工任务情况，明确规定在技术责任制中。

（2）技术交底制度

工程开工前，为了使参与施工的人员及工人了解所承担的工程任务的技术特点、施工方法、施工程序、质量标准、安全措施等，必须实施技术交底制度，认真做好交底工作。

技术交底不仅要针对技术干部，而且要把它交给所有从事施工操作的工人，从而提高他们自觉研究技术问题的积极性和主动性，为更好地完成施工任务和提高技术水平创造条件。

技术交底按技术责任制的分工，分级进行。施工单位的技术总负责人，应将公路施工质量标准、施工方法、施工程序、进度要求、安全措施，各分部工程施工组织的分工和配合，主要施工机具的安排和调配等，连同整个工程的施工计划，向所属工程队长及全体技术人员进行交底。

工程队技术负责人应将本队承担的工程项目，向所属班组长及全体技术人员进行交底。班级技术负责人，应将本班组承担工程项目的施工方法、劳动组合、机具配备等，对全组工人进行交底。班组技术交底是技术交底制度最重要的环节，班组工人应在接受交底后进行讨论，目的是要使参加施工实际操作的所有人员，充分了解自己施工中应掌握的正确方法和应尽的具体责任，并对改进施工劳动组织和操作方法，以及提高工程质量和保证施工安全等方面提出合理化建议。因为工人是对施工操作最熟悉、经验最丰富的实践者，他们的意见和建议往往能切中要害，能提出和解决工程师考虑不到的问题，对完善施工计划能起到良好的促进作用。分级交底时，都应做好记录，作为检查施工技术执行情况和检查技术责任制的一项依据。

3．工程成本管理制度

工程成本管理是施工企业为降低工程成本而进行的各项管理工作的总称。

4．施工安全管理责任制

加强施工安全、劳动保护对公路工程的质量、成本和工期有着重要的意义，也是企业管理的一项基本原则。其基本任务是：正确贯彻执行"安全为了生产，生产必须安全"和"预防为主"的方针。建立安全施工责任制，加强安全检查，开展安全教育，在保证安全施工的条件下，创优质工程。

（1）施工安全责任制

施工工地应设安全工程师，班组应设不脱产或半脱产的安全检查员。各安全检查员应该负责本班组或单位工程施工的安全工作，督促和帮助操作人员遵守操作规程和各项安全施工制度。组织班前和班后的安全检查，一旦发现事故苗头应及时向工程管理人员报告，采取预防措施，防止事故的发生。

（2）安全教育、检查及事故处理

安全教育是提高施工人员安全施工知识和预防作业时发生事故的一重要手段。安全检查是预防各种事故发生的重要措施。发生伤亡事故时应立即采取紧急措施，组织力量抢救，并将情况向有关方面报告。

（3）加强安全技术工作

安全施工是一项技术性很强的工作，应根据公路工程作业的各种特点来制定安全规范、作业章程。

六、施工的现场准备

现场准备的主要内容包括：

（1）恢复定线测量。包括公路中线、边桩的恢复测量，桥梁、涵洞的定位测量等。

（2）建造临时设施。包括工地行政办公用房、宿舍、文化福利用房及作业棚、仓库等。

（3）进行"三通一平"。包括临时交通便道、便桥，施工、生活及消防用水、用电，场地平整等工作。

（4）设置安全设施。包括仓库的消防措施、用电安全设施、爆破作业的安全设施以及消防车道的设置等。

施工现场的准备与其他准备工作一样重要，具体工作方法及要求详见《测量学》《公路勘测设计》《公路工程施工安全规程》的相关内容。

第三节　施工计划管理

一、施工计划的管理

公路施工企业的计划管理的内容是安排施工进度、编制施工计划，管理下属施工单位的年度计划和施工班组的作业计划。计划管理是通过计划来组织和调节企业生产、技术和经营活动的一项管理制度，有长远计划、年度计划和生产作业计划。公路施工的计划管理主要是生产作业计划的管理。公路生产作业计划即施工计划，又分为年度计划、季度计划、月份计划和旬施工任务单。

（一）施工计划的种类和指标体系

1．施工计划的种类

按照不同的施工对象、计划用途和要求，有不同类型的计划：

（1）工程项目总体计划它是针对施工企业所承担的工程项目而编制的计划，是施工组织设计的重要组成部分，是施工总体方案在时间序列上的反应，可用以合理确定各单位工程施工的先后顺序、施工期限、开工和竣工日期，以及各单位工程之间搭接关系和搭接时间，综合平衡各施工阶段的工作量、不同时期的资源量以及投资分配。它是工程从开工一直到竣工为止，各个主要环节的进度安排，起着控制构成工程总体的各个单位工程或各个施工阶段工期的作用。项目总体施工计划的内容有：建筑安装工程计划、劳动工资计划、材料供应计划、技术组织措施计划、降低成本计划、财务计划及辅助生产计划等。

（2）单位工程施工进度计划是指一个公路工程项目中具体某一单位工程，如一座桥梁、隧道工程的进度计划。它的任务是确定单位工程中各工序的施工内容、作业顺序和时间，并使工序任务及其要求的作业时间，与完成任务所需的主要资源（人力、设备和物资等）联系起来，以指导和控制单位工程在规定时间内有条不紊的完成。单位工程进度必须服从工程的总进度计划。

（3）年度、季度、月份（旬）施工计划在总进度计划和单位工程进度计划编制完成后，可根据需要编制年度、季度、月份和旬施工进度计划。年度、季度、月份和旬施工进度计划要以总进度计划和单位工程进度计划为依据，即年度、季度、月份和旬施工进度计划受总进度计划和单位工程进度计划的控制。年度施工计划应反应本年度施工的各单位工程的形象进度控制指标，同时也应突出组织顺序上的关系，即各工程项目的施工工序。

季度、月份（旬）施工计划在于确定季、月、旬施工任务，以及它们包括那些施工内容，预计要完成的什么部位，工作量和工程量多少，由谁完成，项目间如何配合等。这些内容确定后可以具体地指导施工作业，即相关的施工队伍（班组）如何实现流水作业，以及施工顺序如何等。

2．技术经济指标

在施工计划中，对完成的任务、耗费的资源，以及相关因素（如时间、安全等）应有定性、定量的明确要求，即期望通过努力达到的目标和水平，称为经济技术指标。它是生产经营活动的规模、技术水平和经济效果等多方面管理目标的具体体现，它在企业生产经营活动过程中发挥着约束、监督和促进的作用。一般而言，它用各自独立而又相互联系的一系列具体量化指标来综合反映企业的生产经营状况，这就构成了企业的计划指标体系。经济指标按其性质可分为两类：

（1）数量指标

它是计划期内企业生产经营应达到的数量目标，通常用绝对值表示，例如：工程项目及数量、建筑安装工作量、劳动工资总额、固定资产总额、流动资金总量、物资设备数量、降低成本额等指标。

（2）质量指标

它是计划期内企业生产经营应达到的效率指标，通常用相对值表示，例如：工程项目合格率、劳动生产率、机械利用率、成本降低率和利润等指标。

（二）施工计划的重要性与任务

公路工程施工，特别是高速公路和一级公路的施工，是一项复杂的工程，在施工过程中常常会遇到各种各样的问题。施工企业承接和完成公路工程施工项目，必须努力满足以下两个方面的要求，才能得以生存和发展。一是企业本身，为了适应社会主义市场经济条件下市场竞争的要求，应不断提高企业的经营素质和竞争能力；二是满足建设方（业主）对工程项目提出的有关工期、质量和费用等要求。施工计划是施工管理的主要内容。为了充分发挥施工计划的作用，每一具体计划都应认真制订、实施和调整。施工企业计划管理的任务是：从企业经营管理的基本目标出发，根据施工承包合同中的有关具体要求，结合施工企业具体条件，应用系统设计知识和工程管理经验，经过科学的预测，反复进行综合平衡，采用最合理、最有效的措施，充分挖掘内部人力、财力、物力的潜力，制订和贯彻各种先进合理的技术经济指标，组织有节奏的、均衡的施工，并在施工过程中依据实际的反馈信息，进行即时的调整和控制，以保证施工企业高速、优质、低耗地完成施工任务。

（三）计划管理的特点和基本方针

1. 计划管理的特点

在接到工程项目之后，施工之前，要有针对性的制订一个计划，用以指导、调整和检验具体的行动，从而保证施工任务高效完成。由于公路工程施工管理的特殊性，计划管理呈现以下几方面特点：

（1）计划的多变性

当施工单位按承包合同组织进场施工后，由于施工条件的变化、设计的修改、工程变更以及业主、监理对工程工期的要求等不可预见因素较多，这就造成施工企业的施工计划的多变性。因此，编制施工计划除了要积极可靠和留有余地外，还要迅速收集和分析变化的信息，及时调整计划，以便适应随时变化的新情况。

（2）计划的可检验性

施工完成后，只有达到了工程计划所规定的目标，计划工作才是有效的。工程管理目标包括时间、费用、质量、信誉四个方面，施工企业往往以时间和费用作为主要控制对象，而时间和费用计划包括许多作业和费用估算，是可定量评价和权衡的。因而，所编制的计划应具有可操作性和易检验性，这样才能发挥计划的指导和控制作用。即把每一项具体施工生产和经营活动与最终目标紧密联系起来，通过了解和分析施工全过程中的每一步骤、每一环节挡土墙实施情况，就可推断整个工程最终的完成结果。

2．计划管理的基本方针

计划管理的主体是人，计划管理的过程就是管理者意志的体现，因而，计划管理的效果在很大程度上取决于管理活动参与者的思想认识。为此，施工企业计划管理必须遵循以下基本方针：

（1）计划管理的科学性。

（2）计划管理的严肃性。

（四）施工计划的编制原则、程序和方法

计划的编制原则、程序和方法是编制者必须注重的三个方面。编制原则贯穿于编制程序和方法中，它是编制计划的指导思想；而编制程序就是编制步骤在一般情况下应遵守的先后顺序。在编制过程中，积极应用合理有效的编制方法和技巧，可以优质、高效、快速地完成计划编制工作，制定可靠、实用的能有效指导施工活动的施工计划。

1．施工计划的编制原则

施工计划的编制，通常应紧密围绕四个方面的问题来进行：计划应达到的目标、计划由谁实施、计划在什么时候执行、采用什么方法进行。为了使编制的计划高效、实用，一般应遵循以下原则：

（1）施工计划要以工程承包合同为依据，以提高经营效益和社会信誉为目标，提出相应的指标作为计划执行的检验标准。

（2）施工计划要与各项工程的施工组织设计中的有关内容相衔接，如施工顺序、进度安排、工期要求等。

（3）安排施工计划应合理，努力实现施工的连续性和均衡性。施工准备工作的内容应列入计划，以便得到监督和保证；施工顺序、计划持续时间和间隔时间的确定要符合客观生产规律的要求。

（4）坚持实事求是的态度，在认真调查研究，摸清内部、外部情况的基础上，通过不断地调整，搞好综合平衡。综合平衡是计划管理的核心，也是计划工作的基本方法。

（5）为了在施工计划执行过程中，对工程进度进行适时检查、调整、优化与控制，应使用电子计算机，采用网络计划技术来编制实施性的作业计划。

2．计划的编制步骤

多数情况下，较为完善的计划分为五个步骤来制订。

（1）确定目标主要包括应完成施工项目的名称及其工程量、施工进度、竣工日期限、承包费用、质量要求等。

（2）计划准备就是为编制计划摸清情况和准备资料。例如收集各种定额，分析设计、资源、加工、运输等方面的情况，并掌握有关的信息。

（3）计划草案各项计划往往存在多个可行方案，有的是表面化的，有的是非表面化的。为了使计划有可比性和选择性，应由计划专职人员根据承包合同，实施性施工组分别编制

出具有一定可行性的计划草案，交部门领导或单位领导，以供择优。

（4）计划评价对各个计划草案分别加以分析和评价，指出各个草案的优点、缺点、现实性和相关经济指标。

（5）计划定案在各计划草案经过分析评价之后，即可通过决策，最后选择和确定一个方案，作为正式计划，付诸实施。

二、施工进度计划与控制

（一）进度计划制定

公路工程施工企业根据项目自身的特点，为保证施工计划的准确性，首先按照招标文件要求，施工图设计文件等，复合计算公路工程项目的分部分项工程量。公路工程施工企业必须做出如下工作：

1. 划分施工项目——分解施工项目后列出施工工序。

2. 按施工图和相关标准计算工程数量，按分项工程、分部计算项目的实际工程量。

3. 按交通行业现行的预算定额和劳动定额计算劳动量。确定施工顺序和每项工序的开竣工时间和相互搭接关系主要考虑六个方面：

（1）某一时期内开工的分项工程较多，就会使人力、物力、资金、设备过于集中在这一时期内。尽量做到使主要工程材料、施工设备、劳动力、资金的供应在整个项目工期范围内均衡供应。

（2）路基排水施工对雨季路基施工非常重要，所以要尽量提前建设可供使用的永久性工程（例如排水工程，利用已完工的排水管线，在雨季施工时可使路基内的水及时排出）以节省措施费用。

（3）急需和关键工程（污水、雨水工程、挡土墙工程）的施工要优先开工，确保工程项目按合同工期完工。对于施工困难较多的桥梁、涵洞等工程，由于施工时间长，技术复杂，应安排提前开工，才能保证合同工期顺利实现。

（4）施工顺序必须与主要系统投入使用的先后次序相一致，配套的附属工程也要及时完工，确保已完工程在投入使用时发挥最大的效用。

（5）冬、雨季节施工时，为了不影响工程质量，确保合同工期顺利实现，必须制定冬、雨季施工方案。

（6）注意主要工序和主要施工机械的连续施工。以上工作完成以后，我们就可以绘制进度计划网络图。

（二）项目进度控制

公路工程项目的施工过程是一个动态的实施过程，进度控制也应该是一个动态的管理过程。公路工程项目进度控制，是指在公路工程项目在执行项目进度计划的施工过程中，经常检查实际进度情况，并将其和计划进度之间作比较，若出现偏差，便于分析产生的原因和对总工期的影响程度，找到必要的调整措施，修改原施工计划，不断的如此循环反复，直至所施工的工程竣工验收。从而确保实现公路工程项目的既定目标，从而使在不增加实际费用支出的情况下，确保公路工程施工质量时，适当缩短工期。为了保证项目的实施进度，项目进度控制检查系统是非常必要的，从公司的总经理到项目经理再到作业班组都需要设置专门的人员或者职能部门来负责汇报和检查，统计和整理实际施工过程中的进度资料，并且将其与计划进度进行分析、比较，如存在偏差，分析原因并做出及时的调整。由不同级别的人员负不同的施工进度控制责任，项目部全体人员分工协作，组成保证公路工程项目进度计划的组织机构。

信息反馈是项目进度控制最主要环节，在现场施工时，将信息反馈到基层的施工人员手中，其在职责范围内进行加工、整理，再将信息逐层反馈到项目部进度计划控制部门，由进度计划控制部门统计和整理各方面的信息，正确及时做出决策，对计划进行调整，让其符合预期的工期目标。假若没有进行信息反馈，那么项目的计划控制调整将不能进行，所以说项目施工进度控制其实就是信息反馈及调整的过程。

（三）公路工程施工资源计划与平衡

1. 资源计划的特殊性

（1）公路工程项目实施过程中，所需资源的种类多，需求量大。

（2）资源供应过程的复杂性。

（3）资源对公路工程项目成本影响大。

（4）资源供应受外界影响大。

（5）当多项目同时使用相同的资源时，必须协调每个项目的资源投入量，投入时间，投入品种等问题，这时资源的均衡使用计划就显得非常重要。

（6）资源计划对实施工程影响大。

2. 资源计划

根据每一项公路工程的施工特点、工程数量及拆动迁情况，公路工程项目中标单位的计划工程师与采购工程师密切配合，必须制定各种资源（人员、资金、设施、设备、材料）的资源需求计划。以保证公路工程施工项目总体施工进度、工程质量、安全与费用成本等各项管理工作平稳有序进行，节约材料和能源消耗，提高工作效率，降低了工程成本，以确保项目管理目标的实现。

3. 控制措施

资源计划的调整是和进度计划的调整密不可分的，公路改扩建工程都有当地百姓要求尽快恢复通行的需求，所以公路改扩建工程的工期一般是不能变化的，这就要求施工企业要有充分的思想准备，做好拆、排迁工作滞后而导致的后期赶工现象的出现。首先，应按照项目进度的总体要求，利用网络技术优化施工进度计划，尽量使工程材料减少现场存放时间，随进场随使用，增加作业效率，杜绝浪费。其次，合理安排资金使用，避免工程赶工期时，沥青、碎石、水泥类材料短缺，造成停工待料现象，致使作业效率低下，不能完成计划进度。必要时采取预付定金的方式，将所需材料确定下来，签订随时优先供货合同。再次，所有的作业工作都得由人和机械来完成，与专业劳务分包单位和机械租赁单位签订劳动力资源和机械使用合同，这也是为抢工期时做准备。增加作业面，将单一流水施工，变为多个平行作业面的流水施工，所以同一时间内资源的消耗量都是原消耗量的两倍或三倍。

（四）公路工程施工费用计划与控制

在当前市场经济体制环境下，建筑市场格局已发生根本性改变，施工项目少，施工企业多，大多数项目的利润已经很低甚至是零利润中标。随着科技的不断进步，施工质量要求越来越高，材料费用日益降低，但流通性等辅助成本的比重却不断攀升。而我国许多工程施工企业大多脱胎于计划经济体制，主要的管理手段以降低直接材料费、直接人工费和机械购买和使用费作为费用管理的主要手段，忽略了现代科技和机械化施工对辅助性生产资料及安全防护等方面所发生的费用进行控制，对人的管理与提高经济效益、节约工程费用的认识有待加强。

1．费用计划

当前，公路工程项目的利润越来越低，某些项目甚至是零利润，即使这样施工项目的竞争也非常惨烈，要保证施工企业获取最佳利润的同时保证工程质量，增加施工人员的工资收入，必须制订项目费用计划和费用计划的控制措施，这也是解决公路工程费用问题最有效方法。对公路施工所消耗的工、料、机以及资金等资源，一定要制订科学合理的费用计划，并及时检查、调整费用计划，使各项生产费用的实际支出控制在费用计划的范围之内。

2．公路工程项目成本费用计划

在公路工程项目中标以后开工之前，需要编制公路工程项目费用计划。该计划是对施工过程进行科学管理与目标考核的依据。制订工程的费用计划，要考察供应商的资质与能力、产品数量与质量、价格等因素，择优选取合格供应商，确定优选后的施工方案，施工方法，通过科学的分析论证做出完整的符合每项公路工程特点的费用计划。费用计划由管理费用计划和成本计划组成。

（1）公路工程项目管理费用计划

项目管理费用包括项目部管理人员的办公、劳保、差旅、招待等费用还包括项目部全体人员工资、固定资产使用费等项目。编制项目费用计划时既要实事求是，又要尽可能地节约。编制切实可行的费用计划必须从项目的施工特点和企业的实际情况出发，充分利用企业自有资源，实施费用控制以降低费用开支。

（2）公路工程项目成本计划

编制公路工程成本计划是项目部为完成所承接的公路工程项目实体需要的成本计划，

它由直接工程费（工料机费用）、间接费、施工技术装备费、暂定金等构成。工、料、机（直接工程费）费用控制是公路工程成本控制的关键。工程有大有小，可是不论大小都是由材料构成的，这部分成本占公路工程总费用的 60% ~ 75%，所以控制好工程成本最重要的是控制好材料采购质量和成本，项目部要组织专业人员制定详细材料数量、质量、价格控制说明书，并且充分调查市场情况与合格的材料供应商进行谈判，采购质优价廉的工程材料。机械费占公路工程总成本的 20% 左右，要尽量利用自有机械、车辆等进行施工。采取外包部分工程时，也要考虑使用自有机械，以免发生自有机械闲置现象，造成浪费。

3. 公路工程的费用计划控制方法

在公路工程项目施工过程中，选取最优的技术方案，核算实际发生的成本及费用与预先制订的费用计划进行比较分析。比较的内容有直接费的比较和间接费的比较等内容。直接费控制包括工、料、机三个方面：

（1）控制人工费的措施

① 尽可能地降低非生产人员的数量。

② 加强技术教育和培训工作，不断提高队伍技能，使劳动力之间的配合默契，优化劳动组合，熟练操作机械，人机配合默契，杜绝窝工现象。

③ 避免工时浪费，合理组织生产，提高工作时间的工作效率，减少工作中的非生产时间，形成流水施工。

④ 提高临时用工的劳动生产率，加强对临时用工的管理。

（2）控制材料费的措施

加强在材料采购、收发、运输、保管环节的管理，科学制订符合实际情况的材料使用计划，减少各个环节的损耗。制定材料进场验收操作规程和限额领料单制度，杜绝材料浪费现象的发生；合理堆置工程物资，避免或减少二次搬运，造成材料的浪费增加费用；制定并严格执行超料浪费者惩罚和节约材料者奖励的措施，以保证项目部全体人员合理使用材料，杜绝浪费。在控制材料费时应主要控制以下四个方面的内容。

① 控制材料的数量

因为材料成本占整个公路工程施工项目成本 60% ~ 75% 左右，所以材料费的控制是公路工程成本控制中最重要的内容，公路工程施工项目需要使用大量的钢材、水泥、沙砾、碎石等材料，必须贯彻执行限额发料制度。

② 控制材料的单价

在公路工程施工项目的成本控制中，另一个重要内容是降低材料单价。必须组织项目部技术、采购、财务等人员到材料供应地进行充分的调查、谈判，货比三家，了解材料的真正单价，争取以最优惠的价格采购性价比高的工程材料。

③ 制定施工现场的材料领用操作指南

公路工程施工项目一般都是远离居民聚集区的野外施工，材料管理工作不到位，材料领用制定不落实，很容易造成公路工程材料的浪费。项目部材料管理人员依据材料领域操作指南，对一切工程材料的收、发、领、退按规定执行。工程材料的进场、领取、余料退库、不合格材料分别填写"材料入库单""限额领用单""退料单""残次料交库单"等凭证，项目部材料管理人员要定期盘点库存材料资产，保证账物相符。

④要广泛考察料源，争取采购到质优价廉的工程材料

应按照少量库存的原则，安排材料进场，随用随进，以节约资金，降低工程成本。还要及时掌握最新材料价格，密切关注市场供求信息，提前储备价格较低或在一定时间内供求紧张的工程材料。

（3）控制机械费的措施要最大限度地使工程机械的效能发挥到极致

根据施工进度计划以及现场实际调整后工期、分部分项工程开工的具体时间合理安排机械设备种类、数量需求后相继进场，避免施工设备闲置。科学合理组合机械设备，机械设备的数量要满足数量要求，且按照留有余地的原则进行配备，机械设备的选取以小型代大型，以国产代替进口是一定要在保证工程质量的前提下进行。工作间歇搞好机械设备的维修保养工作，提高机械的完好率、利用率做到连续不间断的流水施工，这样才能加快施工进度、提高工作效率、降低机械使用费。

（五）公路工程施工质量计划与控制

在项目管理中，由于公路工程项目的特点为露天作业，施工路线长，施工作业点多，施工具有不可重复性，所以施工质量一次性合格难度大。因此，要做好质量的事前控制和过程控制，事前控制的主要方法是做好质量策划与质量计划工作。

1. 制订公路工程施工质量计划

（1）施工项目部建立后工程开工前，根据每个公路工程项目的施工特点及施工企业的人员素质及管理方式，组织项目部的全体技术人员认真学习合同文件、技术规范，部门规章，制订详细的公路工程项目质量计划，明确每个施工人员的岗位职责、质量责任，以保证公路工程的施工质量。

（2）工程开工前，必须组织项目部全体成员参加岗前教育培训，全体施工人员经严格考核，持证上岗。

（3）项目部组建后工程开工前，必须组织相关人员认真进行施工前的准备工作，内容包括：原材料检查复试、机械设备性能检测、施工工艺方案检查、检测方法论证、质量通病预防措施。制定严格的质量控制程序，确保工程质量目标的实现。为便于直观了解质量计划，绘制质量保证体系框图和质量检验流程图。

2. 质量控制

公路工程的质量控制分析可以绘制因果关系图（又叫逻辑图或鱼刺图）进行分析，通过工、料、机、环、法五个方面与质量有关的因素分别进行不同层次的分析，找出质量特性与质量因素之间的关系，再将这些众多的原因、因素进行分析、分解，确定影响公路工程质量的主要原因及其子原因，最终明确问题与原因之间的关系。

（1）在材料检查中所采取的措施。公路工程的质量，与使用的工程材料有着直接的联系。工程材料性能的优劣，直接决定着工程的质量优劣和寿命长短。施工原材料的质量是保证施工质量的第一道关口。公路工程包括道路工程、桥梁工程极其附属构造物工程，他们常年暴露在大气环境下不仅要承受较大的荷载，还要经受各种复杂环境变化的影响，因此应对公路工程施工所需原材料质量进行严格控制管理。

（2）在施工过程中所采取的措施。在市场经济条件下，公路工程的质量控制当然要与经济奖罚有关，经济奖罚不是管理的真正目的，它只是作为一种管理的手段，不能本末倒置。进行质量控制的实际效果表现在施工质量管理水平的提升和公路工程各项指标优良的实际情况上。

（六）公路工程施工安全计划与控制

1. 公路工程施工的特点

安全生产是每一个工程在施工中都必须做到的，所以公路工程项目的施工更不能例外。公路工程项目施工的安全管理是施工项目管理的重要组成部分，但是与其他工程相比，公路工程具有一定的特殊性，主要表现在以下几个方面：

（1）公路工程几乎全部都是在野外工作，因此，其施工会受到天气气象的影响比较大，遇到极端天气，很容易发生安全事故。

（2）公路工程有的是高空作业，有的则是地下作业，因此，其施工的环境是多变的，且有些比较特殊，所以在施工时要多加注意。

（3）公路工程项目的完成需要多工种的相互配合，但是在实际的施工中，要想做好这些工种之间的协调是比较困难的。

（4）公路工程在施工的过程中需要用到的机械设备是比较多也比较重大的，所以对于这些设备的移动和使用也是一项极不容易的事情。

（5）公路工程建设的过程中需要用到的材料是多种多样的，并且材料的型号也是不尽相同的。正是由于公路工程项目施工的特殊性，单一性，所以没有相同的经验可以照搬，一定要充分考虑到施工中的安全隐患，做好施工的安全计划，防止安全事故的发生。

2. 公路工程施工安全控制措施

（1）严格落实安全生产责任制

首先，公路工程施工单位应建立起有效的、由项目经理任组长的安全生产组织机构，其主要职责是负责全面的施工安全管理工作，签发由项目总工编制的施工安全技术保障措施文件，严格落实安全生产监督和检查职责，调查、处理安全事故等工作。其次项目部应配备专职安全员，负责对安全生产进行现场巡查监督，并指出安全生产隐患，提出预防安全事故发生的措施。再次必须定期召开安全生产会议，强调"安全第一，预防为主"，要求项目部各级管理人员必须做到"管生产必须管安全"和"谁主管谁负责"。施工作业的进行要服从安全生产的需要，严肃考核，严格管理，落实安全生产责任制。

（2）施工企业要建立健全安全生产管理规章制度并认真执行

一是公路工程施工企业要制定相关的安全制度，并让制度约束施工人员的行为。二是在制定安全制度时对危险源要考虑全面，为了保证安全制定落到实处，在制定惩罚条款时，不仅要惩罚一般工人，更要惩罚领导。三是施工企业会同相关部门举行专门的培训班，对施工人员进行公路工程相关安全知识的培训，并掌握应急方案及事故发生后的处理措施和程序。四是公路工程开工之前，由项目安全负责人组织项目部全体人员，按照项目的特点设想将会出现的各种危险事故，然后根据事故发生的原因及后果提出相关的预防措施。五是工程施工过程中，要有专门的人员在现场进行监督，及时发现问题，并及时进行处理。六是对于进行危险性较大的专项作业，要严格进行岗前培训，由专职人员进行施工，不具备上岗资格的施工人员，严禁上岗作业。鼓励施工人员培养安全意识，做好安全技术交底工作，对于特别危险的操作，在没有进行安全技术交底的前提下，可以拒绝执行。

（3）施工企业要从思想上提高安全意识

公路工程施工事故的防范要从预防做起。只有做好预防工作，做好充足的准备，才能防患于未然。一些安全事故的发生，都是因为施工人员自身心存侥幸造成的。施工人员安全意识淡薄，做事不认真。作为工程第一负责人的项目经理，一定要有正确的安全意识，做到警钟长鸣。

在安排施工作业时，要把安全生产放在绝对重要的位置，为施工人员创造安全的施工环境，制定预防事故发生的安全防范措施。要体现以人为本的安全理念，对施工作业人员进行安全教育培训，使工人思想中牢固树立"我要安全""我想安全""我必须安全"的理念。尤其在雷击、地震、泥石流等灾害发生时，要教会施工人员进行自救和他救，尽量减少伤害的发生。

（4）检查分包单位的安全资质条件

首先，检查工程分包单位的安全资质条件是否符合所分包工程的要求，审查分包单位是否有针对所分包工程的安全技术措施和设备，还要审查分包单位是否存在确保施工安全的专门从事安全管理工作的专职安全人员。其次，明确总包方和分包方的权利义务，分包方的安全管理（特别是人工、材料、机械等）必须服从总包方安全管理的规定，分包方向总包方负责，发生安全事故时总包方承担连带责任。

（5）必须做好公路工程施工中的设备管理工作人

项目管理机构的相关人员要做好机械设备的组织调配工作，严格按照机械的操作规程精心操作，专业机械的操作手必须进行岗前培训，持证上岗。施工员要正确的指挥操作手进行工程施工，对于违反操作规程和可能引起危险事故的指挥，操作手有权拒绝执行。做好施工机械设备的维修保养工作，随时观察机械设备的动态，及时排除各种安全隐患，确保施工顺利进行。

三、施工采购计划与控制

在公路工程中施工材料费用约占整个工程费用的 60% ~ 75% 左右，更有的项目工程材料的费用占整个工程费用的 75% ~ 85% 左右，这么巨大的材料需求量，决定了公路工程项目费用的计划与控制最主要内容就是材料的采购计划与控制。

1．科学制订公路工程的材料采购计划

公路工程的施工组织方案是制定材料采购计划的前提和基础，根据优选的施工组织方案计算出材料采购数量，确定材料采购成本。如果材料采购计划编制的不科学，且材料采购人员仍然按原计划执行，就必然会影响到材料采购工作以及费用控制工作。公路工程项目费用控制最重要环节就是材料采购环节。

材料采购费用主要包括：材料购买价格、运输费用、存储和保管等费用。以下是公路工程主要材料采购成本控制要点：

第一，购买价格控制；

第二，运输费用控制。

考虑运输条件好坏、运输路线长短等因素，合理组织运输。材料采购量大时，应与材料供应商协商，将运输费用包含在材料采购费用内。

在保证质量的前提下，就近采购材料，能大大降低运输费用。

2．制定完善的材料采购管理制度

施工项目的材料采购主要是由材料采购部门的人员负责完成的，完善的材料采购管理制度能够保障材料采购管理工作的顺利进行。若是施工材料采购流程不科学，采购方案编制不合理，没有完善的材料采购制度作保障，就无法有效约束材料采购部门或人员，这些人员与项目部其他人员之间缺乏经常性沟通和联系，加上项目部材料采购部门与项目部生产、财务、合同、质检、安全等部门之间的联系不紧密，这就使得项目采购部门的采购决策缺乏其他部门的动态信息支持，这样一来材料采购环节中就极易发生问题。

3．利用信息化技术，制定先进合理的材料采购管理方法

计算机云计算技术的应用和网络信息化的普及，实现材料采购工作的信息化管理是公路工程项目科学管理的必然趋势。

可是，由于我国绝大多数的公路施工企业工程材料的采购管理工作停留在传统的手工操作的管理方式上，所以大大降低了材料采购管理的工作效率，造成采购信息不全面，材料采购不及时，材料采购费用过高，并且材料采购工作不具有根据实际情况进行动态调整的特性，在科技飞速发展的今天，非常不利于项目部对材料采购管理工作计划执行与动态控制。

四、施工的设计计划变更与控制

公路工程施工的特点是面广、线长、野外施工、露天作业，所以项目很容易发生变更且变更的影响因素比较多，变更的发生不可避免，而当公路工程项目发生变更时，或多或少必然对工程实施的各个方面都产生不同程度的影响，尤其是进度与费用方面。所以对变更的控制管理，是项目实施过程中控制工程进度、质量、安全、费用控制时都需要考虑的非常重要的一项内容。

（一）加强公路设计变更管理的必要性

公路工程变更设计必须由原设计单位对原设计内容进行修改、调整、优化及完善，并加盖变更专用章。变更内容涉及工程施工时间、顺序、施工材料、工程量、地质条件、结构形式等内容的改变。必须得到总监理工程师签发变更指令后才能进行施工。从公路工程的施工实践来看，变更设计是不可避免的，而且贯穿于施工阶段的整个过程。公路工程项目一旦发生设计变更必然涉及质量、进度、费用等多方面内容，因此做好变更设计的管理工作是确保工程施工质量，保证施工进度，控制施工费用支出的一个重要环节。

（二）公路工程施工设计变更的相关原则

1. 必须依据设计任务书和初步设计相同的审批程序审批设计变更

设计变更的提出必须符合有关技术标准和设计规范、以提高工程质量、节约工程投资、加快工程进度等。

2. 对于设计进行变更调整的条件

（1）原设计地形地貌、地质资料与实际情况不一致；

（2）因施工条件的限制，工程材料规格、数量不能满足原设计要求；

（3）存在质量隐患和不安全条件时。

3. 公路工程施工合同中必须有针对变更发生的专门条款解释

任何变更不能使合同失效。施工承包合同中已有单价的变更项目仍执行原合同单价，合同中没有的单价，应按建设部门、定额管理部门或合同规定的计算方法重新计算价格。按照条款的解释设计变更令必须由总监理工程师签发，否则驻地监理工程师可对实施变更发生的工程价款不予计量和支付。

（三）公路工程施工过程中设计变更的控制

要保证公路工程项目的设计变更工作规范有序进行必须采取如下措施：

1. 严格申报审批程序

变更申报审批程序必须严格执行，才能避免变更的随意性。经过各个审批部门的专家论证，才能较好地完善公路工程的施工图设计，达到降低工程成本，提高工程质量，加快施工进度的目的。

2．规范变更设计文件

总监理工程师签发的公路工程变更单，一般具有很强的法律性。它是施工单位变更执行，计量支付，交工、竣工验收的依据；更是政府监督检查，项目决算审计时不可缺少的文件，因此工程变更单必须是严密和公正的。

工程变更单的内容有：变更的原因和依据、内容和范围、预算价格、技术标准、变更项目工程量清单等。工程变更中的工程量清单同原合同中的工程量清单基本相同，其区别在于每个项目都需填写变更前后的单价、数量和金额，目的是便于检查该变更对原合同价格的影响。然后是经原设计单位签字盖章的设计图纸及其他有关文件及证明材料。

第六章 公路工程成本管理

公路施工企业为了在工程项目投标活动一举中标，必须向业主让利，同时又必须对市场经济条件下各种原材料、人工费用、机械费用及其他直接费用的价格波动。如何生存，如何确保一定的利润，如何能获得可持续发展的动力，是每个公路施工企业必须面临的重要课题。因此，公路施工企业必须搞好工程项目的管理工作，特别是项目成本管理和控制。

第一节 概　述

一、成本的概念及其作用

（一）成本的概念

对于成本，不同学术机构给出了不同的概念。我国的企业财务通则第二十六条规定："企业为生产经营商品和提供劳务等发生的各项直接支出，包括直接工资、直接材料、商品进价以及其他直接支出，直接计入生产经营成本。企业为生产经营商品和提供劳务而发生的各项间接费用，分配计入生产经营成本。"美国会计学会（AAA）认为："成本是指为达到特定目的而发生的或应发生的价值牺牲，它可以用货币单位加以衡量。"这两个成本概念并没有本质区别，只是我国的成本概念较为具体，而美国会计学会的成本概念更具有普遍性。

在市场经济环境下，成本属于价值范畴，是商品价值的重要组成部分。根据马克思主义政治经济学原理可知，商品价值可以用以下式表述：

$W = C + V + M$

其中：C ＝商品中的物化劳动的价值

V ＝劳动者为自己的劳动所创造的价值

M ＝劳动者为社会劳动所创造的价值

（$C + V$）＝生产成本

上式表明了商品价值与成本之间的关系。成本是商品价值的重要组成部分，是为了获得某种产品，在生产经营中所发生的人力、物力和财力的耗费。其实质是以货币表现的、

135

为生产产品所消耗的、物化劳动的转移价值和活劳动的转移价值之和。成本的价值构成又包括以下三个方面：

（1）制造产品所耗费的物化劳动的转移价值，包括已消耗的原材料、燃料等劳动对象的价值；

（2）劳动者活劳动的转移价值，包括支付给职工的工资、福利费、奖金、津贴、补贴等；

（3）劳动者活劳动创造的价值，包括上缴给国家的税金和企业形成的利润等。

（二）成本的作用

成本是补偿生产耗费的尺度，是确认资源消耗和补偿水平的依据。为了保证再生产的不断进行，企业在生产过程中消耗的各种费用必须计入成本，这些资源消耗必须得到补偿。企业只有使收入大于成本才能有盈利，而企业盈利则是保证满足整个社会需要和扩大再生产的主要源泉。因此，成本作为补偿尺度的作用对经济发展具有重要的影响，成本的具体作用如下：

1．成本是企业经营管理水平的综合反映

当前，我国的公路施工企业面临着非常激烈的市场竞争，能否在市场竞争中立于不败之地，关键在于企业能否为社会提供质量高、工期短、造价低的建筑产品；而作为公路施工企业，能否获得较大的经济效益，关键在于有没有低廉的成本。因此，公路施工企业在项目实施中，要以较少的物质消耗和活劳动消耗来创造较大的价值，通过获取工程款，以收抵支并有所盈利。可见，成本是衡量企业经营管理水平的一个综合性指标。

2．成本是制定产品价格的重要依据

企业生产的产品，只有通过制定合理而有竞争性的价格，才能使得成本得到补偿并取得盈利，制定产品价格，要综合考虑各方面的因素，在社会主义市场经济条件下，产品价格的制定，应体现价值规律的要求，还要遵守国家的价格政策。由于目前产品价值还难以直接精确计算，可以通过计算产品成本来间接地、相对地反映产品价值。因此，成本是制定产品价格的重要依据。

3．成本是企业进行经营决策实行经济核算的重要手段

公路施工企业在生产经营过程中，对于重大问题的决策，必须全面地进行技术经济分析，其中决策方案的经济效果是技术经济分析的重点，而产品成本是考察和分析决策方案的经济效果的重要指标。企业各方面活动的经济效果，如资金周转的快慢、原材料消耗的多少等，都能由成本直接反映出来，所以，成本是经济核算的基本内容。

二、项目成本管理

（一）项目

项目是在一定时间，一定的预算范围内，达到预定质量的一项一次性任务。尽管项目

千变万化，但归纳起来它具有如下基本特征：

1. 一次性

项目有明确的开始和结束时间，无先例可搬，将来也不会有完全的重复。这是项目与常规任务的最大区别。

2. 独特性

在大部分情况下，项目是从零开始的开创性工作，并且到某个具体的终点结束。项目自身有具体的时间期限、费用和性能质量等方面的要求。因此，项目的过程具有自身的独特性。

3. 组织的临时性和开放性

项目开始时要组建项目班子，项目执行过程中班子的成员和职能都在不断地变化，项目结束时项目班子要解散。

参与项目的组织往往有多个，它们通过合同、协议以及其他的社会联系组合在一起。项目组织没有严格的边界。

4. 后果的不可挽回性

项目不像其他事情可以试做，或失败了可以重来。这种属性决定了项目具有较大的不确定性，它的过程是渐进的，潜伏着各种风险。项目要求有精心的设计、精心的运作和精心的控制，以达到预期的目的。

（二）项目管理

项目管理是在一个确定的时间范围内，为了一个既定的目标，通过项目经理和项目组织进行有效的计划、组织、领导与控制，充分利用既定有限资源的一种系统管理方法。

1. 项目管理是一种管理方法体系

项目管理不是一次任意的管理项目的实践过程，而是在长期实践和研究的基础上总结成的理论方法。项目管理理论不断地发展成为一种被公认的专业知识。

2. 项目管理的对象、目的

项目管理的对象是项目，目的是通过运用科学的项目管理技术实现项目的预定目标。

3. 项目管理的任务和职能

项目管理的任务和职能是对组织的资源进行计划、组织、指挥、协调和控制。

4. 项目管理职能主要是项目经理执行的项目

经理是项目的全权委托代理人，是协调各方面关系、使之相互紧密协作配合的桥梁和纽带，是项目的责任者、决策者和组织者。因此，项目管理的职能主要是由项目经理执行的。

（三）项目管理中的成本控制理论

项目的成本管理，就是在规定的时间内，为保证实现项目的既定目标，对项目所发生的费用支出所采取的各种措施，也就是在工程项目实施过程中对所发生的成本支出有组织有系统地进行预测、计划、控制、核算、考核、分析等一系列的科学管理工作，其主要内容如下：

1．资源计划编制

确定完成项目各种活动所需的资源（人、财、物等）的种类，以及每种资源的需要量。同时在组织上落实成本目标的控制者，明确工程项目的管理者对项目成本的职能分工。

2．成本估算与预算

编制一个为完成项目各种活动所需的资源成本的近似估算，将总成本估算分配到各单项工作上。同时在组织上落实成本目标的控制者，明确工程项目的管理者对项目成本的职能分工。

3．成本控制

编制成本控制计划，以施工预算和项目预算成本同实际成本进行比较分析，使实际成本控制在预算成本之内。采取技术措施控制项目成本，主要从确定施工方案、采取技术措施、提高交付使用率等方面着手进行。

4．实行计划与资金的动态管理

随时了解和掌握实际成本和计划之间的动态关系，适时调整计划，调整决策，使资金使用更加合理，更有效率。

5．认真审核组成工程成本的每一笔款项的支付

审核其内容是否为支付范围、数额是否计算正确、是否留有余地，支付时间是否合适、支付对象是否为合同当事方等。

6．尽量杜绝或减少赔偿事件的发生

尽量减少指挥和决策的失误，将设计图中的问题提前发现并在施工前解决，平时多积累相关的原始资料，如往来文件、指令、施工日志、气象资料、质量隐患记录、整改通知、政府的有关文件和法规等，作为赔偿事件纠纷时的依据。

7．纵览全局，全方位控制

合理组织施工、提高施工质量、加快工期、减少质量事故的发生、减少返工、安全生产、文明施工等均可从另一个侧面相对地降低项目成本。以上这些过程之间彼此独立、相互间有明确界面，但在实践中，它们仍然会交叉重叠，相互影响，相互作用，所以要加强协调工作以确保项目成本得到有效控制。

三、公路工程项目成本分类

公路工程项目成本的划分有不同的标准，在项目成本管理中，通常根据成本管理需要的不同来划分。较常见的有按照时间、按照性质、按照费用目标三种。

按成本产生的时间不同，施工项目成本可分为三类：预算成本、计划成本和实际成本。预算成本是建筑施工企业按照预算期的生产和经营情况所编制的预定成本，项目完成后项目经理部参照预算成本计算和考核实际成本管理的效果。计划成本表达的是项目成本在某一段时期内期望或者计划达到的水平，由施工项目经理部在项目施工前计算得出。实际成本是公路工程施工期间实际发生的成本总和。

根据成本计算方式的不同，施工项目成本可划分为直接成本和间接成本。直接成本包括材料费、人工费、分包费、机械设备使用费等直接耗用于工程对象的费用，这一部分费用可以计入工程对象成本。间接成本以现场经费的形式体现，指非直接用于，但工程施工所必须发生的费用，通常无法计入工程对象。

根据费用目标来划分，施工项目成本还可分为工期成本、生产成本、质量成本和不可预见成本。

四、公路工程项目成本的构成及影响因素

（一）公路工程项目成本的构成

根据公路工程项目成本管理的需要，我们可以从不同角度进行考察，将工程施工项目成本划分为不同的类别。

按成本发生的时间来划分，施工项目成本可分为预算成本、计划成本和实际成本。预算成本是反映建筑施工企业的平均成本水平，是确定工程造价的基础，是编制计划成本和评价实际成本的依据。计划成本是施工项目经理部根据计划期的有关资料，在实际成本发生前预先计算的成本，是考虑成本降低措施后的成本计划数，是反映计划期内应达到的成本水平。实际成本是工程施工项目在计划期内实际发生的各项成本费用的总和。把实际成本与计划成本比较，可反映成本的节约与超支情况，把实际成本与预算成本相比较，可以反映工程施工项目的盈亏情况。

按成本的性质来划分，施工项目成本可分为直接成本和间接成本。直接成本指直接耗用于工程施工并能直接计入工程对象的费用，包括人工费、材料费、机械设备使用费、分包费以及其他直接费等组成。间接成本是指非直接用于也无法直接计入生产对象，但为进行工程施工所必须发生的费用，通常是按照直接成本的比例计算。即项目经理部为施工准备、组织和管理施工生产所发生的全部施工间接费支出。按照现行的《公路工程施工预算编制办法》，间接成本是以现场经费的形式体现。

按施工项目成本费用目标来划分，施工项目成本还可分为生产成本、质量成本、工期成本和不可预见成本。

按照现行的《公路工程基本建设项目概预算编制办法》的规定，施工项目成本的构成包括以下具体内容：

直接工程费，包括人工费、材料费、施工机械使用费。

其他工程费，包括冬季施工增加费、雨季施工增加费、夜间施工增加费、特殊地区施工增加费、行车干扰工程施工增加费、安全及文明施工措施费、临时设施费、施工辅助费、

工地转移费等。

规费，包括养老保险费、失业保险费、医疗保险费、住房公积金、工伤保险费等。

企业管理费，包括基本费用、主副食运费补贴、职工探亲路费、职工取暖补贴、财务费用等项。

（二）公路工程项目成本的影响因素

影响公路工程项目成本因素很多，主要有以下几方面：

1．招投标对成本的影响

对于施工企业和施工项目部来讲，合理的标价是企业和项目得以生存和发展的首要条件。由于公路建设规模大，周期长，建设资金都相对紧张，不能满足按正常建设概预算编制所需的资金需求，所以建设单位（或业主）在公路工程项目招标过程中多采用最低价中标的评标办法，工程最终中标价都远低于正常预算价。由于市场竞争的愈加激烈，在招投标过程中，各投标单位为了能够中标，竞相压低报价，使得工程造价也不断降低。这对于建设项目单位（或业主）来讲是比较有利的，可以尽可能地节约建设资金的消耗；但对于施工企业和施工项目来讲，若低于成本价中标，则是非常的不利。不仅会给企业和项目带来严重亏损的风险，还会影响工程质量，甚至使施工企业的信誉受损。

因此，在招投标的过程中，施工企业必须充分考虑企业自身的技术和经济实力、管理水平、市场价格等各因素，以合理的标价中标。只有这样，企业和项目才有管理的立足点，才能从管理中要效益，成本管理也才能发挥其效果。

2．施工组织方案对成本的影响

施工组织方案，主要是指企业为完成项目施工目标，如何进行工、料、机及资金等资源配置，采取何种施工方法（特别是冬季和雨季施工以及技术复杂的特殊施工方法）、施工程序（施工顺序及工序之间的衔接），决定采用哪些的新技术、新工艺、新材料和新设备，实施哪些技术保证措施、质量保证措施、工期和安全保证措施等项内容的计划方案。

工程项目中标后，施工单位必须结合施工现场的实际情况来制定技术上先进可行、经济上合理和施工安全有保证的施工组织方案。由于施工组织方案涉及内容较为广泛，并且涵盖了项目施工的整个过程，其中任何一项内容不合理，都会对施工项目成本有所影响。同时，在项目施工的过程中，对于出现的新情况和新问题要及时分析其原因，并对施工组织方案进行修正和调整，从而实现项目管理和成本管理的目标。

3．施工进度对成本的影响

一个工程项目能否在预定的时间内交付使用，直接关系到投资效益的发挥。因此，对工程项目施工进度进行有效的控制，使其顺利达到预定的目标，是施工项目管理实施过程中的一个必不可少的重要环节。

进度控制的最终目的是确保项目施工进度目标的实现，工程项目施工进度控制的总目标是建设工期。合理制订施工进度目标并确保其实现，往往对项目的经济效益产生很大的影响。进度加快，要比原计划加大人力、物力、财力等资源的投入，增加直接成本，但间接成本则可能降低；但是若为了减少资源的投入，一些工程施工的直接成本降低，但容易造成施工进度延缓，则有可能会影响项目的交付使用，即总工期延长了，同时可能造成其他成本费用的增加而得不偿失。所以施工进度与项目施工成本必须同时兼顾，在项目实施的各个地区阶段分别制订进度计划并付诸实施，对出现的偏差及时进行分析和调整，同时也要将因此而发生的变动成本控制在最小的范围之内，从而达到施工项目的既定目标。

4. 工程质量对成本的影响

"百年大计，质量第一"是人们对建设工程质量重要性的高度概括。工程质量是基本建设效益得以实现的基本保证。尽管工程项目施工的质量问题已越来越受到重视，但每年由于质量问题而造成的施工项目停工、返工，甚至出现重大事故的反面事例仍然层出不穷。究其原因，主要可以归结为施工企业对工程质量与成本的关系认识不足，片面追求项目施工成本的最低化而忽视工程质量所造成的。这种质量成本不仅给企业甚至国家都造成了人力、物力、财力上巨大浪费，而且给企业在市场竞争和生存的能力带来了巨大影响。

从整体和长远来看，提高工程质量与降低工程成本是统一的。没有质量就没有效益。施工项目必须建立健全质量保证体系、质量管理制度等，强化全员质量意识，积极推行全面质量管理方法，规范质量管理工作；要加强质量成本控制，坚持"预防为主"的原则，适当增加预防费用和检验费用，将质量隐患消灭在萌芽状态，以减少或避免因工程质量不合格而造成的内部返工损失和外部索赔损失。

5. 资金状况对成本的影响

由于建设单位（或业主）工程款支付不到位或者施工单位的资金垫付能力差而投入不足，都会造成施工项目经理部的资金短缺。出现这种情况，往往会使项目所需的原材料和机械设备供应发生问题，从而影响工程进度，延长了工期，造成施工成本的增加。另一方面，即使项目靠赊账或欠款暂时保证了物料供应和费用支付，也会增加资金的时间成本，因为各种成本费用不按期支付的代价会高于现期支付的代价，造成施工成本的增加。

6. 施工安全对成本的影响

施工安全涉及施工现场所有的人、物和环境。凡是与生产有关的人、材料、机械设备、设施工具等所有因素都与安全生产有关，安全管理工作贯穿于工程项目施工生产的全过程，存在于每个分部分项工程、每道工序中。施工安全管理做的是否到位，安全管理活动是否发挥了作用，对施工项目的各项经营管理活动诸如施工进度、施工质量、施工成本以及施工项目的最终效益都有很大的影响。所以通过对生产要素具体的状态控制，使生产要素的安全隐患的减少或消除，避免引发事故，尤其是引发使人受到伤害的事故，不仅可以减少不必要的资源消耗、降低成本，也会使施工项目效益目标的实现得到充分保证。

7. 变更与索赔对成本的影响

变更指的是合同变更，它包括工程设计变更、施工方法变更、工程量的增减等。对于公路施工项目实施过程来说，变更是客观存在的。特别是当工程量变化超出招标时工程量清单的 20% 以上时，可能会导致项目经理部的施工现场人员不足，需增加人工的投入；也可能会导致项目经理部的施工机械设备失调，工程量的增加，往往要求项目经理部增加机械设备数量等。人工和机械设备的需求增加则会引起项目部额外的支出，这样就会扩大工程成本。反之，如果工程项目被取消或工程量大减，又势必会引起项目经理部原有人工和机械设备的窝工和闲置，造成资源浪费，导致项目的亏损。

索赔是施工项目成本管理中非常重要的组成部分，是指承包商在履行合同中，对于并非由于自己过错而是由对方承担责任的情况下，造成的实际损失向对方提出的经济补偿的要求。公路建设工程往往具有工期长、规模大、技术复杂等特点，在施工过程中，由于受到征地拆迁滞后，基础施工地基条件的不确定性、气候条件复杂多变及市场波动等与设计文件和工程承包合同不相符的因素的影响，会造成工程量的增加、工程进度延缓以及临时停工或施工中断，从而导致成本费用的增加。

随着工程建设管理的规范化，搞好变更索赔管理越来越成为体现施工项目成本控制水平高低的重要内容。工程变更索赔形成于施工的全过程、全方位，是施工项目挽回成本损失增加企业效益的重要手段。因此要使施工项目产生经济效益，必须重视变更索赔工作。

8．物价变动对成本的影响

在愈加激烈的市场竞争中，公路施工企业要想立于不败之地，必须充分掌握市场动态，广泛组织经营活动，以尽可能少的资源消耗完成满足要求的建设工程项目。而价格是市场中最活跃的因素，它能够灵敏地反映市场供求状况和动向。施工项目经理部要在约定工期内完成工程项目的施工，必须投入大量的人力、物力和财力，而市场价格的变动则会直接影响到施工项目的成本费用。

9．环境因素对成本的影响

公路工程建设势必造成一定的环境资源损失。为了保护公路周遍的自然生态环境，维持和恢复自然生态平衡，公路施工企业应该节约合理的利用土地资源，增强环境保护意识，在施工过程中采取有效的环保措施，注意科学管理规范施工，努力避免因破坏环境造成施工成本增加。比如，有些施工企业不按设计，乱采乱挖取土场，乱弃工程垃圾和废料，阻塞河道，污染水源、土壤等行为，势必会增加环境恢复的费用，造成成本增加。

10．企业管理水平对成本的影响

施工企业作为市场的主体，处在日益激烈的竞争中，其生存与否，完全取决于对市场的适应能力，所以施工企业的经营管理水平必须满足市场竞争的需要。一个企业如果没有先进的管理理念、没有科学的管理方法，没有有效的管理制度，要想获得经济效益是不可能性的。而成本管理作为企业经营管理系统的一个部分，其效果的好坏，直接反映出企业经营管理水平的高低。由于公路建设项目具有一次性的特点，管理活动贯穿于施工过程的始终，任何一个环节的纰漏，都可能会造成工程项目成本的增加。因此，要降低成本，提高项目的经济效益，必须重视企业管理者素质和整体管理水平的提高。

五、公路工程项目成本管理的基本原则

公路工程项目成本管理原则是企业成本管理的基础和核心，施工项目经理部在施工过程中进行成本控制时，必须遵循以下基本原则。

（一）成本最低化原则

施工项目成本控制的根本目的，在于通过成本管理的各种手段，促进不断降低施工项目成本，以达到可能实现最低的目标成本的要求。在实行成本最低化原则时，应注意降低成本的可能性和合理的成本最低化。一方面挖掘各种降低成本的能力，使可能性变为现实；另一方面要从实际出发，制定通过主观努力可能达到合理的最低成本水平。

（二）全面成本管理原则

全面成本管理是全企业、全员和全过程的管理，亦称为"三全"管理。项目成本的全员控制有一个系统的实质性内容，包括各部门、各单位的责任网络和班组经济核算等等，应防止成本控制人人有责、人人不管。项目成本的全过程控制要求成本控制工作要随着项目施工进展的各个阶段连续进行，既不能疏漏，又不能时紧时松，应使施工项目成本自始至终置于有效的控制之下。

（三）动态控制原则

施工项目是一次性的，成本控制应强调项目的中间控制，即动态控制，因为施工准备阶段的成本控制只是根据施工组织设计的具体内容确定成本目标、编制成本计划、制订成本控制的方案，为今后的成本控制做好准备；而竣工阶段的成本控制，由于成本盈亏已基本定局，即使发生了误差，也已来不及纠正。

（四）开源与节流相结合的原则

成本控制的目的是提高企业的经济效益，其途径包括降低成本支出和增加预算收入两个方面。这就需要在成本形成过程中，一方面以收入确定支出，定期进行成本核算和分析，以便及时发现成本节超的原因；另一方面，加强合同管理，加大工程变更索赔的工作力度，及时办理合同外价款收入的结算，以提高施工项目成本管理的水平。

（五）目标管理原则

目标管理的内容包括：目标的设定和分解，目标的责任到位和执行，检查目标的执行结果，评价目标和修正目标，形成目标管理的计划、实施、检查、处理循环，即PDCA循环。

（六）责、权、利相结合的原则

在公路工程项目施工过程中，项目经理部各部门、各施工班组在肩负成本控制责任的

同时，也享有成本控制的权力。项目经理部要对各部门、各班组在成本控制中的绩效进行定期的检查和考评，与奖惩制度挂钩，实行奖优罚劣，促进和调动所有员工参与成本管理的积极性。只有真正做好责、权、利相结合，才能真正发挥成本管理的作用。

第二节 成本管理的组织结构

一、公路工程项目部组织结构

公路施工项目的成本控制，不仅仅是专业成本员的责任，所有的项目管理人员，特别是项目经理，都要按照自己的业务分工各负其责。所以要如此强调成本控制，一方面，是因为成本控制的重要性，是企业赢得市场竞争力的必要指标之一；另一方面，还在于成本指标的综合性和群众性，既要依靠各部门、各单位的共同努力，又要由各部门、各单位共享低成本的成果。为了保证项目成本控制工作的顺利进行，需要把所有参加项目建设的人员组织起来，并按照各自的分工开展工作。建立以项目经理为核心的项目成本组织结构是现代项目管理的特征之一，实行项目经理负责制，就是要求项目经理对项目建设的进度、质量、成本、安全和现场管理标准化等全面负责，特别要把成本控制放在首位，因为成本失控，必然影响项目的经济效益，难以完成预期的成本目标。

（一）公路项目的工作分解结构和成本编码

工作分解结构和成本编码是进行成本管理各项活动及管理信息沟通的基础，它们可以为系统的综合和控制提供有效手段。

1. 工作分解结构

工作分解结构，简称为 WBS（Work Breakdown Structure），它是一种将项目层层细分，不疏漏任何工作内容的技术。WBS 用于成本计划时，就是把整个工程项目逐层分解为内容单一、便于进行成本区间估算的子项或工作。它以施工图设计为基础，以公路施工企业做出的项目施工组织设计及技术方案为依据。从项目成本预测和计划开始，WBS 就应该得到很好的应用，因为成本预测的基础是人们对项目内容的准确认识，只有不遗漏任何工作，才能谈及成本预测的精确性的高低。不使用 WBS 或其应用不正确都可能会导致成本计划和控制的缺陷，而有着很好的 WBS，就可以进行相应的成本编码，方便计算机进行数据处理，并能够系统地进行成本控制。

2. 成本编码

为了使成本管理规范化、标准化，成本对象的划分也应标准化，这种标准化包括许多内容，其中成本编码是一种主要手段。特别是在利用计算机进行数据处理的过程中，对不同角度的成本项目采取不同的编码，更有利于提高管理工作的效率。成本编码是在 WBS

的基础上设计的，它必须要与 WBS 保持一致，以便于施工过程中成本数据的收集和成本状态的识别。成本编码的编制方法具体应由成本管理有关部门制定，并作为一套统一的标准使用，它因施工单位的不同而有所不同，但成本编码的原则是要简单明了，并且具有一定的灵活性，以便用于成本条款增加的项目。成本编码可对某一工作的成本进行编码，也可具体到该工作的人工费、材料费或机械费。

（二）公路项目的成本管理责任制

项目管理人员的成本责任，不同于工作责任。有时工作责任已经完成，甚至还完成得相当出色，但成本责任却没有完成。

我们对以上公路建设项目成本部分管理责任展开分析：项目经理在公路建设项目中的工作千头万绪，如项目的质量、进度、安全、成本管理等等，然而，项目最终落脚点要创造效益，质量、进度、安全等管理要素要不应以牺牲成本为代价。项目经理应该在原有责任分工的基础上，还要进一步明确成本责任，使每一个项目管理人员都有这样的认识：在完成工作责任的同时还要为降低成本精打细算，为节约成本开支严格把关。这里所说的成本管理责任制，是指各项目管理人员在处理日常业务中对成本管理应尽的责任。项目经理应联系实际把项目的成本控制目标整理成文，层层分解，并作为一种制度加以贯彻。因此，项目经理要对工程项目成本管理全权负责，从成本的管理点切入，来合理制定质量、进度和安全等项的施工管理计划与措施，确保项目成本管理目标的实现，使项目效益最大化。

合同预算员是公路施工项目增收节支把好第一关的责任人。在公路建设项目确定后，合同预算员应根据公路项目成本的总体目标与要求，收集工程变更资料，配合项目经理参与对外经济合同的谈判和决策，深入研究合同规定的"开口"项目。比如，要对项目管理中的工程师、材料员等人的工作责任和成本责任仔细区分，并得到相关人员的大力配合，严格控制经济合同的数量、单价和金额，切实做到"以收定支"，集合多种有利因素来努力增加工程收入。工程技术人员认真负责贯彻工程技术规范，对保证工程质量起了积极的作用，但往往强调了质量、安全第一，采用新的工艺、新的材料、新的施工方法等等，但在实施这些新技术的过程中，要对影响项目成本的主要因素展开论证和分析，不要为了质量、安全等而忽视节约，影响成本超支。

另外，质量成本和安全成本要贯穿到项目工程技术人员的全过程，没有优良的质量，就没有成本的节约；减少安全事故，就是创造了效益。所以，工程技术人员要严格执行工程技术规范和以预防为主的方针，确保工程质量；严格执行安全操作规程，减少一般安全事故，消灭重大人身伤亡事故和设备事故，为节约成本创造条件。材料员对公路工程成本的影响是显而易见的，材料要采购和构件加工、要检验核对到场的材料、及时组织材料、构件的供应、控制材料损耗、对租赁的材料进行清点和妥善保管并合理安排材料储备，减少资金占用，提高资金利用效率等。

在一些公路建设项目中，由于对材料的管理不善而造成了惊人的浪费，比如，材料采购时就远不就近，就次不就好，就高不就低，既增加了采购成本，又不利于工程质量。比如，对水泥的保管不善，导致受潮，不但影响了成本而且对工程质量、安全造成隐患。再如，对材料的防偷盗措施不严，就直接造成了经济损失。所以，减少采购（加工）过程中的管理损耗，是降低材料成本走好第一步，还要根据项目施工的计划进度，及时组织材料、构件的供应，减少时间浪费，人力浪费，材料浪费。

成本会计是公路项目成本管理的关键责任人，也是项目经理的主要助手，担负着成本开支范围、费用开支标准和有关财务制度，严格审核各项成本费用，控制成本开支的重要责任。工程项目的成本管理所有数据、管理情况反馈都要从成本会计财务收支来体现，因此，成本会计除了掌握账簿上的成本开支以外，还应深入生产第一线掌握关键成本消耗环节，形成客观、公正、准确的成本开支分析，及时向项目经理和有关项目管理人员反馈情况，提出成本出现的问题和解决问题的有关建议，以便采取针对性的措施来纠正项目成本的偏差。行政管理人员控制非生产性的开支也是公路项目成本管理的一项重要内容，如，对人员的安排、行政费用的支出，生活后勤服务等，如何做到合理又节约是行政管理人员要随时要思考的问题。

当前，公路施工项目的人员开支不断呈现出上升的趋势，从项目施工总体需要和工程的实际，参考以往其他公路项目的人员安排，在勤俭节约的前提下，满足职工群众的生活需要，节约工资性支出。

二、公路工程项目成本控制体系的构建

（一）成本控制组织机构的建立

现代企业成本控制体系从结构上可以分为三层：

1. 成本控制决策系统：负责制定成本控制战略决策；

2. 成本控制管理系统：该系统负责制定成本控制计划，是成本控制结构的中间层次；

3. 成本控制执行系统：该系统一方面由各具体控制主体根据已经制订的成本控制计划，采取一系列的措施和手段，努力完成各自的控制目标；另一方面根据各部门具体职能和特点，制订详细的二级成本控制计划。

（二）设计与投标阶段

设计阶段是公路工程项目成本控制决定阶段，为整个项目成本定下了基调。设计方案直接决定建设工期的长短和建设费用的多少。设计阶段所占的成本通常在3%～5%，但是对工程整体成本的影响可能达到75%～85%。先进的设计方案，可降低工程造价10%甚至更多。因此，项目的设计阶段对项目成本的影响不容忽视。

公路工程相关的招投标主要有施工招标和采购招标。通过招投标制度来选择供应商和施工单位，可以有效降低在材料和施工上的成本。

（三）施工现场成本控制

1. 合同的管理

合同管理是公路工程项目管理相当重要的一环。施工企业应当严格按照项目合同的要求制订施工计划。合同对于项目工期、质量等都有明确要求，严格遵守合同可以避免项目差异带来的返工。对合同中的暂定项目和存在变更的分项工程，及时申报，尽可能地增加工程收入。在合同管理方面需要注意：

（1）提高合同管理意识

重视合同管理对工程管理的重要性，深入贯彻以合同指导施工作业的准则，保证员工按照合同进行施工活动。

（2）建立合同管理机构

建立专门机构，负责合同的签订、审核，进行合同精神的传达，使合同管理覆盖到整个项目。制定必要的合同管理制度。合同签订后，要制定必要的制度来保障合同的实施。

（3）重视合同文本分析

重视合同内容进行完备性分析和合法性分析，以避免合同出现问题而导致的成本损失。合同的合法性分析主要包括当事人是否具有资质、工程项目条件是否具备、审批文件是否齐全等；合同的完备性分析主要应注意合同条款是否有纰漏、用词是否准确无异意、有无考虑到不可预测因素的影响等。

（4）重视合同变更管理

合同变更即意味着存在变更索赔的机会，所以在工程实施中必须加强对合同变更的管理。

2. 机械的管理

随着公路施工技术的发展，以及公路等级的逐渐提高，施工对于机械设备的要求越来越高，必须建立完善的管理制度，以保障机械设备的供应和维护。机械设备在施工企业固定资产中占到总额的 75% ~ 85%，对施工企业的施工进度、施工质量和工期都有着重要影响。机械设备的管理方面应注意做到：

（1）专人负责制

对于每台机械设备，除专人负责之外，都需要指定一名机长。机长对机械设备的使用状态和维护状态负责，并且工资与之挂钩。

（2）无缝交接制度

施工机械常常是换人不换机的多班作业制度。对于机械设备的交接班，必须做到无缝交接，以便分清责任，避免机械设备的管理出现漏洞。

（3）建立设备使用登记制度

对于机械设备的使用和维护，可以配备专门的登记卡簿，记录设备使用、维护的时间和执行人姓名。

（4）建立技术档案

建立包括使用设备说明书、使用参数、维护保养要求、修理技术参数、运行记录、配件消耗等资料的技术档案。

（5）加强操作人员的管理

加强设备操作人员的培训、培养和管理，实现人员管理与机械管理的有机统一。

（6）强化设备维护制度

对大型的设备，强化例行保养和预防保养相结合的保养制度，状态监测与定时维修的维修方式。

3. 物料的管理

在公路施工项目成本中，物料费用约占 60% 或更多。控制好物料费用，可以大幅降低工程总成本。做好物料成本的控制，首先要综合考虑供应价格和运输成本的因素，合理选择供货商；对于物料的存放，需要方便施工现场使用；对于物料的使用，要控制浪费，倡导节约。

（1）物料采购的招投标

招投标方式可以建立买方市场，有利于对供货商的比对、选择，可以有效降低物料采购成本。应当加强小批量物料的采购管理和地材地料的采购管理。

（2）明确划分采购权限

为了避免项目内部出现腐败现象，应当严格限制物料的采购权限。各种物料的采购权限根据项目需要分配，不允许"一把抓"的现象存在。

（3）加强物料采购计划管理

根据项目进行情况，制订物料采购计划。并确保其时效性，认真编制，精心策划，科学组织，统筹安排。

（4）加强运输管理

同等价位的情况下，就近就地选择物料供货商，以降低运输成本。选择最佳的物料运输方式以节约项目物料的运输成本。缩短装卸的等待时间，增加有效工作时间，提高车辆的运行率、装载率。

（5）控制物料使用的消耗量

作为有形的管理对象，物料的使用控制相对容易。对于物料使用严格管理，结合工程预算，制定物料使用量标准，按照定量限额发放。定期审查物料的领用情况是否符合标准。总之，只要定期对物料成本管理进行综合分析，加强物料采购管理，规范施工现场的物料使用，从来源、去向和过程上进行严格控制，降低物料成本并不难做到。

4. 工程竣工后的审查与反馈

竣工结算是工程造价成本控制的最后一关，严格把关可以及时挽回因质量缺陷或者施工过程缺陷造成的成本损失。工程验收人员应当在每个分项分部工程结束之后进行及时验收。对于不符合工程施工质量或者没有达到成本目标的，应当及时将相应问题反映至总工程师或者总会计师。对于发现的质量问题或成本差异，应当由总工程师或总会计师下达停顿整改，并进行审查，提出解决方案。

第三节　成本管理的目标

一、目标成本管理

所谓目标成本，是指企业在生产经营活动中某一时期或某一项目要求实现的产品成本额度。它是企业作为奋斗目标所要努力实现的成本，含有计划的性质。是根据生产要素的市场价格和项目实际制定的。目标成本管理的方法，一般是把企业的会计核算、业务核算、统计核算与现代管理方法（包括价值工程、数学分析和信息理论等）有机地结合起来加以运用。

目标成本的预测、决策、控制、分析和考核诸环节正是借助这些管理方法实现的，其管理形式是按照一定的程序循环往复持续地进行，它的过程包括确定目标和组织实施两大部分，这两大部分又可分为四个步骤，即：目标成本预测、目标成本决策、目标成本控制、目标成本分解与考核四个步骤。结合企业项目成本管理的现状，在实践中我们探索了一些适合公路施工项目管理特点的成本管理方法，这种方法就是目标成本管理法。它能把人为的消极因素对成本的影响降低到最低程度，能把成本管理的责、权、利有机结合起来，调动全员参与成本管理的积极性。公路项目的目标成本管理不同于工业企业的目标成本管理。工业产品的销售价格是由企业和市场来共同决定的，降低成本是取得竞争优势的手段之一，当市场价格不能保证企业的必要利润时，企业可通过各种手段进行调节甚至停止生产这种产品。对公路产品来讲，其价格完全是由市场决定的，其成本要根据成本构成要素进行分析计算，当计算的成本小于投标价格时，工程项目就有盈利的可能，当成本大于投标价格时，工程项目就会亏损。同时，项目的盈亏又受到各种主客观因素的影响，因此，必须对项目实施目标成本管理。

二、公路工程项目目标质量和目标周期

1. 公路项目的目标质量

公路工程的目标质量是公路工程完成后应达到的质量。公路工程的目标质量应是定量的，它的实现也应是可控的。公路工程目标质量的制订，为企业提供了一个关注的质量管理奋斗的方向。由于目标指出了预期的结果，从而可引导企业利用其资源达到这些结果。公路目标质量管理属于目标管理，它是采用目标管理的思想，按照目标管理的做法，促使企业的质量目标得以实现，并将该做法作为质量管理体系的一部分加以标准化和制度化。

对于公路工程项目的质量管理，企业领导应该为公路工程项目确定质量方针、制订公路目标质量；应当确保这些目标能够实现；并且应该将达到的结果与设定的目标相比较，发现问题及时予以改进。

2. 公路项目的目标周期

工程的目标周期是工程的预期周期。工程目标周期的确定，从项目的完工时间上为企业确定了一个最后的底线。项目所涉及的全体人员都要为达到这个目标而努力工作。同样，由于目标指出了预期的结果，从而有利于引导企业利用其资源达到这个结果。目标周期管理同样属于目标管理的范畴，它也是采用目标管理的思想，按照目标管理的做法，促使企业的工程进度目标得以实现。对于工程项目的工程进度管理，企业领导应该制订确保工程周期、加快工程进度的战略战策，并制定相应保证实施，通过这些措施来确保目标周期的实现。在工程实施过程中，还应及时将进度与设定的目标进度相比较，发现问题及时予以改进。

三、公路项目的目标成本的控制

目标成本的控制是按着核定的目标成本对过程进行指导、监督、调节和限制，及时纠正将要发生和已经发生的偏差，把各项成本控制在目标成本范围之内。目标成本的控制是优化成本管理的核心，目的是降低成本，提高效益。

（一）目标成本的全面控制

1. 开源节流

项目管理是一次性行为，其管理对象只有一个工程项目，且将随着项目建设的完成而结束其使命。在施工期间，项目成本能否降低，有无经济效益，得失在此一举，别无回旋余地，因此要全面控制，开源节流。全员参与并非抽象的概念，每人都关心，团队要群策群力，将施工的全过程纳入成本控制，科学管理，优化施工方案，提高劳动生产率，采取预防成本失控的技术组织措施，防止可能发生的浪费，以节约人力、物力、财力的消耗。

2. 充分做好施工准备

根据设计图纸和有关技术资料，对施工方法、施工顺序、作业组织形式、机械设备选型、技术组织措施进行研究分析，运用价值工程原理，拟定出科学先进、经济合理的施工方案。依据企业下达的目标成本，以分部分项工程实物工程量为基础，编制成本计划并按部门和班组分解，为目标成本控制做好准备。

3. 注重施工过程的控制

在施工期间，要实行并加强施工任务单和限额领料单的管理，做好每一个分部分项工程完工后的验收（包括实际工程量、工作内容和施工质量等）。以及实耗人工、实耗材料的数量核对，以保证施工任务单和限额领料单的结算资料正确，为成本控制提供真实可靠的依据。利用图表将这些数据与目标成本对比，计算分部分项工程成本的差异，分析产生差异的原因，并采取有效的纠偏措施。正确核算月度成本，分析月度目标成本与实际成本的差异。在月度成本核算的基础上，实行责任成本核算。利用会计核算资料重新按责任部门或责任者归集成本费用，并与责任成本进行对比。定期检查成本控制情况，发现成本偏高或偏低情况，责任人要分析产生差异的原因，采取相应的对策来纠正差异。

4．竣工验收阶段的管理

精心安排，干净利落地完成工程竣工收尾工作。避免拖拉以至施工机械、设备无法转移。配置合理的人力，避免人多窝工和人少将战线拉长。

（二）目标成本的控制步骤

公路工程项目目标成本控制步骤一般有以下几个方面：

1．确定成本费用的可控范围和责任人

按照成本属性，依据责任单位的控制区域和责权大小，划分和确定成本责任人。在项目部内，对施工项目成本划分为采购成本、生产成本和费用。采购成本包括项目部的材料采购、保管和供应，采购部门对所采购物资、材料的数量、质量、价格及其所承担的资金计划负责并承担责任。

生产成本包括各施工作业队、工班组、场内运输以及拌和站、预制场、修理和辅助加工等。各生产成本责任人只对其可控成本项目负责，如消耗的钢材、水泥、砂子、碎石、木材、水、电、人工费、机械使用费等。

费用包括企业内的和项目部内部的不进行生产、只提供一些专业管理服务且承担一定的费用计划指标的部门，包括质量、人力资源、财务、安全管理等耗费。按照"谁使用、谁承担"的原则，各费用责任人不能只花钱，也必须讲效益，讲效率，进行成本分析、效益分析。每季度自我对比检查各自费用计划的超支或节约情况，查找原因，提出改进措施，并做出下季度的费用开支方案。

2．确定成本责任人后要明确责、权、利

公路施工企业的目标成本控制应以工班的生产成本为基础，以项目部为基本责任主体。要根据职能简化、责任单一的原则，合理划分可控成本范围，赋予工程项目部相应的责、权、利，实行责任成本包干。

3．目标成本的分解

目标成本是施工项目在现有设计方案和施工环境下的成本控制标准，项目部要实现这个目标，还必须把它按照成本项目和经济责任的归属，进行分解归目，下达给相关责任人，层层落实。分解的目标成本中既要有人工、材料、机械台班等数量指标，也要有按照人工、材料、机械台班等的固定价格计算的价值指标。以便利于核算分析和基层操作。

目标成本可分解为标准数量和标准价格、控制价格三个方面。标准数量是设计中提供的形成工程实体的数量或各种物耗；标准价格就是制定目标成本时计算的综合价格或单项价格，分解时应考虑一定的控制量，这一控制量的大小由劳动的效率和施工环境等因素决定；控制价格是建立在本企业的先进水平基础上。

4．目标成本的执行

下达的目标成本就是各成本责任部门日常作业的成本上限，非方案变更（如地质条件变化）、不可抗力等因素的影响，各项成本不应突破，各成本责任部门必须采取提高效率、合理安排工序衔接、降低消耗等措施来力争成本目标的实现。

5．差异分析

在执行过程中，由于方案变更、地质条件的变化、不可抗力等因素的影响，某项工序或工作的目标成本可能与实际发生较大偏差，在此种情况下，通过分析原因，提供相关的资料和数据，以便对此项偏差进行调整。

6．偏差调整

通过对目标成本与实际的偏差分析并经过成本核算，可以反映施工耗费和计算工程实际成本，利用成本核算资料及其他相关资料，全面分析了解成本变动情况，系统研究影响成本升降的各种因素及其形成的原因，挖掘降低成本的潜力，正确认识和掌握成本变动的规律性。通过对标准成本的修正，可在执行过程进行有效的控制，及时发现和制止各种损失和浪费，为最终目标成本的制定、编制其他项目的目标成本提供重要依据。

（三）过程控制是目标成本控制的关键

1．采购成本控制

是对项目部的材料采购计划、采购调查、采购实施、验收保管、发放使用等进行控制的过程。

（1）材料的采购成本控制

材料的采购成本涉及材料采购部门、材料保管部门、运输部门和材料的具体使用单位。其成本构成的主要环节是：材料的市场调查—材料质量检验—订货（付款方式等）—运输—验收—存放保管—发货搬运。要降低材料的采购成本，就必须把握构成材料成本的各个环节，尤其是尽可能不通过中间商，做尽可能详细的市场对比。

（2）材料采购成本的核算

对采购结果必须进行验收，采购与验收、保管、核算人员必须分开。核算员对采购的各环节所发生费用进行归纳，及时反映采购成本是否得到控制。

（3）周转材料的核算

周转材料是指各种外购和自行加工的不进入工程实体，可重复周转使用的材料。周转材料的核算必须有明确的摊销次数和摊销比例，由于其对项目的成本有较大影响，不合理的摊销将导致成本的虚增或虚降，因此应根据该材料的使用部位和施工时对其质量的要求，对不同的材料制定不同的摊销办法。由于公路项目质量要求的需要，各企业施工用周转材料的摊销次数在不断减少。

对特殊的周转材料，比如梁、柱模板是否能重复使用，是否能再利用都要充分研究，以便确定经济合理的制作数量和摊销办法。

2．生产成本控制

生产成本按工程类型或作业内容的不同划分成若干个施工队或班组，各施工队或生产班组要建立作业台账，详细记录生产的消耗、工作量、质量及生产条件、工艺过程，进行投入产出计算，然后每月找出其中最好的和最差的，分析差异原因。

3．费用控制

费用可归纳为行政性费用、业务类费用以及其他费用。行政性费用包括临时住房、食堂、管理人员工资奖金、招待费、日常交通工具使用保养费、差旅费、行政办公用品等；业务类费用主要是质量检验、安全生产、交工验收、工程资料以及业务活动中不可预见费用等。其他费用包括环境治理、宣传费等。

（四）公路项目成本管理的目标责任制

1．注意的两个关键问题

（1）责任者责任范围的划分

工程项目项目经理部的管理人员都是成本目标责任制的责任者，但并不对施工项目的所有成本目标和总的目标成本负责，各有各的职责范围。

（2）责任者对费用的可控程度

在施工过程中，某种材料费用的控制往往由若干个责任体系共同负责，因此必须对该材料费按照其性能和控制主体来进行划分，以便分清各责任主体的控制对象和对其业绩进行考核。

2．公路项目成本目标责任制的分解

成本目标责任制就是项目经理部将公路项目的成本目标，按管理层次进行再分解为各项活动的子目标，落实到每一个职能部门和作业班组，把与公路项目成本有关的各项工作组织起来，并且与经济责任制挂钩，形成一个严密的成本管理体系。

第四节　成本的预测与计划

一、公路工程项目成本预测的方法

公路工程项目成本预测的方法有多种，对以下两种方法进行简介：

1．专家会议法

专家会议法是组织施工项目成本管理有关方面的专家，运用专业知识和经验，针对预测对象，通过直观归纳，交换意见，预测工程成本。

2．近似预测法

以近期同类施工项目的成本调查结果为参考依据，对工程建设项目的成本进行了预测，

然后根据实际情况对结构和建筑上的差异进行了修正。下式是近似预测法模型：

对象工程总成本＝参照工程单方成本 × 对象工程建筑面积 +∑ 结构或建筑上不同部分的量 ×（对象工程该部分的单位成本－参照工程该部分的单位成本）

在此公式的使用中，对于参照工程有而预测对象工程没有的部分，对象工程该部分单位成本取为 0；反之，则参照工程该部分单位成本取为 0。

二、公路工程项目成本预测体系的构建

成本预测是成本计划的基础，为编制科学、合理的成本控制目标提供依据。因此，成本预测对提高成本计划的科学性、降低成本和提高经济效益，具有重要的作用。公路项目成本预测是使用科学的方法，结合中标价并根据公路项目的施工条件、机械设备、人员素质等对成本目标进行预测。主要包括以下内容：

1．工料费用预测

（1）首先分析工程项目采用的人工费单价，再分析工人的工资水平及社会劳务的市场行情，根据工期及准备投入的人员数量分析该项工程合同价中人工费是否包含住宿。

（2）材料费占建安费的比重极大，应作为重点予以准确把握，分别对主材、辅材、其他材料费进行逐项分析，重新核定材料的供应地点、购买价、运输方式及装卸费，分析定额中规定的材料规格与实际采用的材料规格的不同，对比实际采用配合比的水泥用量与定额用量的差异，汇总分析预算中的其他材料费，在混凝土实际操作中要掺一定量的外加剂等。

（3）机械使用费：投标施工组织设计中的机械设备的型号、数量一般是采用定额中的施工方法套算出来的，与工地实际施工有一定差异，工作效率也有不同，因此需测算实际将要发生的机械使用费。同时，还需计算可能发生的机械租赁费及需新购置的机械设备费的摊销费，对主要机械重新核定台班产量定额。

2．施工方案及相关费用变化的预测

（1）施工方案费用变化的预测

工程项目中标后，必须结合施工现场的实际情况制定技术上先进可行、经济上合理的实施性施工组织设计，结合项目所在地的经济、自然地理条件、施工工艺、设备选择、工期安排的实际情况，比较实施性施工组织设计所采用的施工方法与标书编制时的不同，或与定额中施工方法的不同，以据实做出正确的预测。

（2）辅助工程费的预测

辅助工程量是指工程量清单或设计图纸中没有给定，而又是施工中不可缺少的，例如混凝土搅拌站等，也需根据实施性施工组织设计作好具体实际的预测。

（3）大型临时设施费的预测

大型临时设施费的预测应详细地调查，充分地比选论证，从而确定合理的目标值。

（4）小型临时设施费、工地转移费的预测

小型临时设施费内容包括：临时设施的搭设，需根据工期的长短和拟投入的人员、设备的多少来确定临时设施的规模和标准，按实际发生并参考以往工程施工中包干控制的历史数据确定目标值。工地转移费应根据转移距离的远近和拟转移人员、设备的多少核定预测目标值。

三、风险对工程项目的影响及预测

在施工项目各个阶段的风险进行识别后，提出明确的风险管理目标对于进一步风险管理工作尤为重要。下图简单的描述了公路施工工程主要阶段的风险管理目标。风险存在于工程项目的任何阶段、任何工序中，从风险的作用结果看，风险对工程项目的影响主要有以下几个方面。

1．进度延误

由于风险因素作用的影响，使得工程局部进度滞后；严重的结果，还会使整个项目工期拖延。

2．成本加大

由于风险的影响，使工程消耗的人工、材料、机械费和管理费等间接费加大，利润减少。

3．质量下降

由于原材料、施工组织、技术工艺和人的因素风险，造成工程质量水平下降，达不到质量目标。

4．安全不能保证

在工程施工中，造成人身伤亡和机械设备的损坏，施工返工或工程实体损失。

5．信誉下降

由于全面风险作用的影响，使得项目部在业主中的地位降低，信誉下降；严重的，还会遭到业主的处罚和承担法律责任。企业的社会信誉受到损害，在未来的投标中，影响极大。

除了对风险影响的因素分析外，还要对成本失控的风险进行预测。

（1）对工程项目技术特征的认识，如结构特征，地质特征等。

（2）对业主单位有关情况的分析，包括业主单位的信用、资金到位情况、组织协调能力等。

（3）对项目组织系统内部的分析，包括组织设计、资源配备、队伍素质等方面。

（4）对项目所在地的交通、能源、电力的分析。

（5）对气候的分析。

总之，通过对上述几种主要费用的预测，即可确定工、料、机及间接费的控制标准，也可确定必须在多长工期内完成该项目，才能完成管理费的目标控制。所以说，成本预测是成本管理的基础。

四、公路工程项目成本计划编制

公路项目成本计划就是目标成本。成本计划既是衡量公路项目管理班子施工生产经营业绩的尺度，又是通过目标分解，明确公路项目参与责任人员和作业人员对控制成本应承担责任的依据，所以编制成本计划是公路项目成本管理的重要步骤。项目成本计划编制一般按以下程序进行。

1．有关资料收集整理

公路工程项目成本计划编制要对以下资料进行收集整理：

（1）施工图预算；

（2）施工组织设计、技术措施；

（3）施工工期网络计划；

（4）施工项目组织架构及人员配备计划；

（5）施工机械配备计划及进出场时间计划；

（6）工料分析表；

（7）市场调研报告，包括材料信息价、设备架料、模板租赁信息价、劳务价格信息；

（8）水电气的需用量计划及节能措施；

（9）上级下达的降低成本的要求；

（10）上期计划成本的执行情况；

2．预测分析、计划编制及信息反馈

（1）预测分析

根据本企业或同类企业过去所实施的公路工程项目的结论指标，确定本公路工程项目的参照比例后确定成本预测数据，这种预测方法在公路施工企业中使用较为普遍，尤其是一般公路工程项目。这种以经验指标数据收集为支撑的成本预测方法，普遍有一定误差，但误差范围、幅度不大，有一定的实用性和可操作性。

（2）计划编制

在进行成本预测及成本趋势分析的基础上，优化施工组织设计和专项技术方案。在制订内部挖潜措施的基础上，编制计划成本作为对项目进行控制的依据，并签订目标成本管理合同。项目根据目标成本管理合同，在考虑内部挖潜的措施基础上，编制项目内部成本计划，并将各项目标成本进行分解落实到项目各级人员，作为项目各级人员成本控制的依据。

（3）信息反馈

通过会计核算的记录，及时反馈成本计划的执行情况。

3．计划成本偏差及调整

成本计划编制并不是一次性完成的。在实施过程中，由于内外环境的变化，工程变更的发生，在执行期内，计划及时调整是正常的现象，引起成本计划调整的原因有以下几个方面。

（1）由于建设单位原因，工期不能按原计划进行，可能造成架料、模板和机械设备不能按计划进退场，应对上述费用做出相应调整。

（2）由于发生设计变更，出现工程量的增减，应对相关费用做出相应的调整。

（3）由于材料市场、劳务市场价格发生重大变化，应对计划成本做出调整。

（4）因其他一些未预见的因素发生而对成本造成较大影响的，可对计划成本做相应调整。

（5）由于项目自身管理上的原因，对成本造成较大影响的，这种情况不应对计划成本进行调整，而应由上级派员对项目经理进行指导，以改善其经营管理能力。

第五节　成本管理的过程控制

一、公路工程项目成本管理过程控制的重要作用

施工阶段的成本控制是工程成本控制的主要阶段，其目的是通过我们的严格管理过程控制最大限度地降低工程运营成本，为企业创造最大的利润。

现阶段公路施工企业承揽到的工程一般都是通过投标而获得，因此确定的工程造价都是通过投标在竞争中形成的。通过竞争而拿到的工程造价往往都是低价的，利润空间都是很小的，而发包方所要求的条件又是很高的，发包方总是希望以最小的投资最快的速度生产出最佳使用价值的固定资产，发包方总是要求工程的工期短、质量标准高、现场的文明施工管理要好等，而工程项目管理中的质量管理、工期管理、资源管理、合同管理等各方面无不受到成本管理的制约和影响，作为我们承包商对承揽到的工程要获得利润就只能通过提高我们的管理水平、提高施工技术水平以及最合理的资源配置，最大限度地降低我们的制造成本。现在我们做的如建立成本管理内部核算体系、工程项目管理体系等一系列工作的目的都是围绕以成本和利润为中心，施工阶段的成本控制要做好几个过程控制。

首先，在施工期间，要实行并加强施工任务单和限额领料单的管理，做好每一个分部分项工程完工后的验收（包括实际工程量、工作内容和施工质量等）。以及实耗人工、实耗材料的数量核对，以保证施工任务单和限额领料单的结算资料证确，为成本控制提供真实可靠的依据。其次，利用图表将这些数据与目标成本对比，计算分部分项工程成本的差异，分析产生差异的原因，并采取有效的纠偏措施。再次，明确核算月度成本，分析月度目标成本与实际成本的差异。在月度成本核算的基础上，实行责任成本核算。利用会计核算资料重新按责任部门或责任者归集成本费用，并与责任成本进行对比。最后，定期检查

成本控制情况，发现成本偏高或偏低情况，责任人要分析产生差异的原因，采取相应的对策来纠正差异。

二、公路项目成本费用控制的一般方法

1. 以施工图预算控制项目成本支出

在施工项目的成本控制中，可按施工图预算，实行"以收定支"，这是最有效的方法之一。具体控制方法如下：

（1）人工费的控制

项目经理与施工队签订劳务合同时，应以预算定额规定的人工费单价和合同规定的人工费补偿标准两者之和为基础，在考虑施工项目实际情况的前提下，适当降低上述标准，合理确定作业队的人工费单价，这样人工费就不会超支，并且留有一定余地，以备关键工序的需要和定额外人工费的奖励。

（2）材料费的控制

根据"量价分离"方法确定工程造价的需要，对材料费控制应从两方面进行，一是材料预算价格的控制，对钢材、木材、水泥等"三材"的价格应随行就市，实行高进高出；对地方性材料应以预算价格为基础控制其采购成本；二是材料消耗数量的控制，对施工中各种材料的耗用通过"限额领料单"进行控制。

（3）周转材料使用费的控制

施工图预算的周转材料使用费＝摊销量 × 预算价格

实际支出的周转材料使用费＝使用量 × 企业内部租赁单价

由以上公式可见，施工图预算的周转材料使用费和实际支出的周转材料使用费的计量基础和计算方式均不相同，需要以周转材料预算总费用来控制实际发生的周转材料使用费。

（4）施工机械使用费的控制

在施工图预算中：

机械使用费＝工程量 × 预算定额台班单价

由于项目施工的特点，实际施工中机械的使用率往往达不到预算定额的取定水平；再加上预算定额中取定的施工机械原值和折旧率又存在较大的滞后性，因而施工图预算的机械费用常小于实际发生的费用，形成机械费超支。由于上述客观原因，就需要在洽谈合同时明确提出，取得甲方谅解后，在签订的合同中明确规定一定数额的机械费补贴，这样可用施工图预算的机械使用费加上机械费补贴来控制机械费实际支出。

（5）分包工程的控制

在签订分包合同时，必须以施工图预算控制分包工程的合同金额，绝不允许合同金额超过施工图预算，从而实现预期的成本目标。

2．以施工预算控制施工中资源的消耗

项目资源消耗数量的表现就是项目成本，因此资源消耗的减少，就是项目费用的节约。控制了资源消耗，就等于控制了成本费用。以施工预算控制资源消耗的具体实施步骤如下：

（1）项目开工前，应根据设计图纸，按照规定计划规则计算工程量，并依据施工定额编制整个工程项目施工预算，作为指导和管理施工的依据。施工预算的分部分项工程划分，必须与施工工序吻合，以便与生产班组的任务安排和签发施工任务单相一致。在施工过程中，如发生工程变更或施工方法的改变，应由项目预算员对施工预算做统一调整和补充，其他人员不得任意修改或故意不执行施工预算。

（2）项目施工中对生产班组任务安排，必须签发施工任务单和限额领料单，并向生产班组进行技术交底。施工任务单和限额领料单的内容须与施工预算相符。在施工过程中，生产班组应对实际完成的工程量和实际耗用的人工、材料做好原始记录，作为施工任务单和限额领料单结算的依据。

（3）项目施工任务完成后，根据收回的施工任务单和限额领料单进行结算，并按结算支付报酬。为了严格按照施工任务单和限额领料单进行结算，必须对其认真的检查和核查，以保证准确性和真实性。

3．建立项目资源消耗台账，实行中间控制

项目施工中资源消耗主要是人工、材料、机械设备的消耗。

（1）设置消耗台账格式

（2）填制材料消耗情况的信息反馈表

项目财务成本管理人员应在每月初根据材料消耗台账的记录，如实填写"材料消耗情况信息表"，并向项目经理和材料部门反馈。

（3）作好材料消耗的中间控制

由于材料成本在整个项目成本中占有很大比重，如果材料成本出现亏损，必然使项目成本控制陷入被动。因此项目经理必须对材料成本有足够的重视。项目经理和材料部门对收到的"材料消耗情况信息表"作好如下两方面工作：

根据本月材料消耗数，结合本月实际完成的工程量，分析材料消耗节超的原因，并制定材料节约使用措施，分别落实到有关人员和生产班组。

根据尚可使用数，结合施工的进度，从总量上控制下一步的材料消耗，而且必须保证有节约，这是实现施工项目成本目标的关键。

（4）运用成本与进度同步跟踪的方法控制分部分项工程成本

在项目实施过程中，成本与进度之间有着必然的同步关系，即施工到某个阶段，就应发生与之相对应的费用，否则就是出现了偏差，应及时分析原因并加以纠正。

三、基于挣值法的成本控制

挣值法（Earned Valuemethod），是一种综合了成本、进度计划、资源和项目绩效的方法，是通过对比建设工程实际进展情况与进度计划、实际投资完成情况与资金使用计划，确定工程进度是否符合计划要求，从而确定建设工程投资是否存在偏差的一种分析方法。

它是在某一给定的时间内，对计划完成的工作、实际赢得的收益、实际花费的成本进行比较，以确定成本与进度完成量是否按原计划进行。使用挣值管理方法，使每一个工序在完成之前就可以分析其成本偏差及趋势，为成本管理人员在后续工作中采取正确的措施提供依据。挣值法是通过货币指标来度量建设工程的进度，进而达到评估和控制风险的目的引入挣值理论的目的是为了在公路工程实施过程中，准确地表示实际公路工程所发生的进度和计划的偏差。传统的偏差分析方法往往只侧重于某个方面进行比较，但是由于进度和成本之间的相互制约，这样得出的结论可能是错误的，而引入挣值法后可以克服过去进度、费用分开的缺点，即当发现费用超支时，很难立即知道是由于费用超出预算，还是由于进度提前。相反，当发现费用低于预算时，也很难立即知道是由于费用节省，还是由于进度拖延，而引入挣值法即可定量地判断进度、费用的执行效果。因此，有必要引进挣值管理法作为一种新的衡量标准，对项目的偏差进行比较客观、全面的判断。

利用挣值管理法，所使用的三个基本参数：

（1）拟完工程计划投资——Budgeted CostFor Work Scheduled：是指根据进度计划安排在某一确定时间内，所应完成的工程内容的计划施工成本——计划值。

拟完工程计划施工成本＝拟完工程量（计划工程量）× 计划单位成本

（2）已完工程实际投资——Actual Cost of Work Performed：是指根据进度计划安排在某一确定时间内，已完工程内容的实际施工成本——实际成本。

已完工程实际施工成本＝已完工程量 × 实际单位成本

（3）已完工程计划投资——Budgeted Cost of Work Performed：是指根据进度计划安排在某一确定时间内，已完工程内容的计划施工成本——挣值。

已完工程计划施工成本＝已完工程量 × 计划单位成本＝实际完成工程的百分比 × 该项工程的预算成本。

第六节　我国公路工程项目成本管理的现状

一、公路工程项目成本管理的现状

1．目前施工项目成本管理的思路

长期以来，我国公路施工企业大多隶属交通部门，缺乏自主经营、自我约束的意识，从而在一定程度上造成其成本管理观念淡薄，与现代企业战略成本管理思想有较大差距。引入市场竞争机制以后，施工企业面临新的挑战，过去粗放的经营管理形式逐渐转向集约管理的形式，但成本管理仍然不能很好地适应多变的复杂环境，经常造成施工项目成本失控而不能达到预期的效果。在管理思路上主要表现为以下几个方面：

（1）认为成本管理是财务部门的事，和其他部门、其他人员无关。项目成本由财务部门管理，实质上仍然是粗放型的管理形式。成本费用的发生贯穿于施工的全过程，对于每个部门、每个环节、每个工作岗位来说，都是成本费用的支出者。而财务人员则不可能时时刻刻都能深入到施工环节、施工的全过程中去控制每一项费用的支出，只能从总量上去核算和控制，因而会造成成本失控的局面。

（2）认为成本管理主要是施工过程中成本费用的控制。认为成本费用的发生主要是施工过程中人工、材料、机械的消耗以及间接费用的发生，只要把这部分费用控制好，就算是达到目的了，而对于其他方面诸如因前期准备工作、后期维修等发生的成本费用则不作考虑。

（3）认为成本管理就是"先干后算"中的"后算"部分。一直以来，施工企业都存在着一种观念：公路工程建设的主要任务就是按期完成特定质量的工程项目，对于其中发生的成本费用则不去考虑，无论是发生多大的代价，只要按期完成施工任务，就算目标达到了，至于成本管理，只是注重事后算账。即工程任务完成之后再进行成本核算，而成本管理也只是收集成本费用资料进行归集计算的过程，不能有效进行施工项目成本的事先预测、事中控制调整、事后总结改进。

2．目前施工项目成本管理的内容

施工项目成本管理的内容应该是施工项目实施中发生的所有成本费用。但是，由于受到管理思路的限制，大多数施工项目成本管理只重视施工过程中直接费用（人工、材料、机械费用）和间接费用的控制和核算。当然，直接费用在整个工程成本中的比例很大，几乎占90%左右。能切实抓好直接费用的管理对项目成本管理的整体效果也是至关重要的，可在实际操作的过程中却是大打折扣。

（1）对于人工费的管理在价格控制上是比较严格的，但在用工数量上却不能很好地控制，尤其是零散用工的数量比较混乱。另外，对用工结算单上数量也不能严格把关，并没有经过认真核对，造成用工数量夸大，而人工费用却增加了很多。

（2）材料费用的控制也未必能达到预期的效果。首先，是对材料供应商的选择并不重视，没有经过货比三家的过程，材料价格偏高；其次，是对材料用量的控制，施工人员在施工过程中，没有严格按照图纸和定额来控制材料的用量，造成材料的浪费，费用的增加；另外，是材料存储费用居高不下，材料部门对于采购材料没有一个很好的计划，没有计算材料采购和存储的经济批量，而多数是凭经验去采购，这样，既给施工部门和施工人员在使用的过程中带来诸多不变，也使得材料存储费用大大地增加。

（3）机械费用的管理不到位主要表现在机械利用率上，一般情况下，机械台班费用单价是由市场来决定的，但是机械使用的台班数量是可以控制的。机械利用率过低是大多数施工项目普遍存在的现象，会同时出现个别机械设备闲置和另一种机械设备数量不足的情况，这将会造成机械费用的上升，机械成本的增加。另外，在使用过程中，不注重对机械的日常保养，因此机械的修理费用也会增加。

3．目前施工项目成本管理的方法

改革开放以后，随着市场经济体制的建立和不断完善，我国项目成本管理的方法有了很大的改进，也借鉴了一些西方先进的管理方法。但由于长期受到传统管理方法的影响，公路施工企业的成本管理方法仍然难以适应社会主义市场经济的需要、适应现代科学技术发展和管理水平提高的需要。

目前，许多施工企业施工项目成本管理的一般过程包括成本预测、成本计划、成本核算、成本分析和成本考核。但由于成本的基础管理工作不完善，无有效的项目管理台账，各种原始资料纪录、统计工作不准确，虚假成分多，不能有效进行成本的分析和控制；而成本管理核算也只是被动地记账、算账，其侧重点是对施工过程中发生的各项支出进行归集、分配，很少在成本控制方面做出必要的反映和会计监督，成本支出的随意性很大；而且，对于影响成本高低的因素，往往只注重从结果上找原因，由于公路工程施工周期长，事后的成本分析对施工的指导和控制不能起到直接作用。其次，现行的大部分工程施工项目对成本的控制也没有拓展到技术领域和流通领域，在整个生产过程中往往只重视工程量、工期、质量的完成情况，而对采购成本、工期成本、质量成本等，以及施工技术组织措施对成本的影响则很少注意。另外，在管理体系上，偏重于事后管理，忽视了事前的预测和决策，难以充分发挥成本管理的预防作用，在成本责任方面，没有形成一套责任预算、责任核算和责任分析的管理体系，没有与项目的经济责任制度密切结合。

二、公路工程项目成本管理存在的问题及原因分析

公路施工企业经过了从计划经济体制向市场经济体制的转轨，在引入市场竞争机制的过程中，在施工管理，施工技术水平等多方面得到了提升，但企业效益未能得到根本改善。

作为企业的成本中心，施工项目成本管理水平差是主要原因。以下，就我国公路工程项目成本管理中所存在的主要问题和原因进行分析。

（一）成本竞争意识薄弱

由于我国的公路施工企业长期以来，一直是靠国家指令性计划下达施工任务，企业对成本、利润不承担任何风险，只注重施工任务的完成，不管效益的好坏，整个企业都不必担心其他企业与之竞争，也不必面临难以生存和发展的危机。所以上至企业领导，下到每个职工，都没有形成竞争的观念。在市场经济的条件下，企业之间的竞争日益激烈，而企业竞争的实质就是成本的竞争，企业要想得以生存和发展，就必须对市场动态了如指掌，对竞争环境和竞争对手相对熟悉。作为公路施工企业的成本中心，施工项目部的管理人员更应加强成本竞争意识的培养。施工项目成本管理的效果直接影响着项目的经济效益，影响着施工企业的生存和发展。面对市场竞争的沉重压力，有很多施工项目没有深入调查所处的市场环境，与同类竞争对手没有比较，对项目施工所需物料的市场价格了解不够，对价格随着市场变化发生的变动没有充分的心理准备和足够的应付能力，随意选择材料供应商和劳务队伍等，结果使得施工项目成本无形中增加了许多，这些都是项目管理人员缺乏成本竞争意识的直接表现。

（二）缺乏切实可行的成本管理体制

施工项目成本管理作为一种经济管理活动，必须有一套与其相适应的管理体制，才能真正发挥其效果。成本管理体系中权利的最高执行者是项目经理，其在成本管理及项目效益方面负直接责任，各业务部门主管及管理人员都应有相应的责任及与利益分配等相配套的管理体制加以制约。现行的施工项目管理体制，有很多不能很好地将责、权、利三者结合起来。

有些施工项目的规章制度内容很全面，但是对于成本管理的规章制度却并不完善。要么简单地将项目成本管理的责任归于成本管理主管，责任分工不明确，造成各部门相互推卸责任；要么奖惩办法不得力，难以调动施工项目职工对于成本管理的积极性，不利于鼓励全员参与共同进行项目成本管理的有效实施。更有甚者，有的项目无论是领导还是职工都没有严格按照规章制度的划分来进行成本管理活动，干脆将其束之高阁。发生这种情况，究其原因无非有二：其一是整个施工项目对成本管理都不重视，认为成本管理是可有可无的，之所以还有规章制度，也许只是为了应付上级检查；其二就是这个规章制度与实际不相符，不具备操作可行性，所以只好把它束之高阁。

（三）缺乏全局性的认识和全过程的控制

由于受到传统观念的影响，一些施工企业在进行成本管理活动的时候仍然只注重施工过程的控制，成本管理的内容不够全面。施工项目成本的发生和形成是贯穿于从施工准备到工程竣工交付直至保修期满的全过程，要经历施工准备、工程施工、竣工验收、回访保修等几个阶段，每一个阶段都伴随着人力、物力的消耗及费用的支出。但是，目前仍有很多施工项目缺乏全局性的认识，对于成本的发生、形成过程和阶段没有认真系统地进行研究，没有追根溯源，尤其是经常会忽略工程项目施工准备以及竣工之后到保修期满这两个阶段中成本的发生，而对其成本费用的发生自然就不能有效的管理和控制了。

另外，在成本管理过程中，还会出现一味降低某个分部分项工程的成本，而忽略其对整个施工项目总体成本负面影响的现象。由于没有对项目整体成本进行详细的规划和研究，各施工班组缺乏相互协调与配合，致使有些时候施工班组不能从大局出发，为了追求分项工程或单位工程的个别施工效益，而将施工项目的总体成本置于脑后，仅考虑局部成本费用的控制。

（四）忽视外部环境的影响

在我国市场经济体制不断完善的过程，政治、经济的形势也在不断地发生变化，一系列有利于市场经济发展、有利于社会进步的政策相继出台，给企业甚至整个行业都带来了机遇和挑战，公路建筑市场也因此而发生了巨大的变化。在这样一个充满竞争和不断变化的环境中，施工企业和施工项目必须对整个外部环境作详尽的探讨和研究，找出并利用对企业和项目有利的各种因素，使企业和项目的社会经济效益得以提高。

但是一直以来，施工企业和施工项目对于成本的控制只是限于企业（项目）的内部，而对于外部环境因素则很少去研究和分析。例如国家对行业扶持而制定的优惠政策、国家为完成长远规划而制度的近期目标、省市地区为规范公路建设市场而制度的各种规章制度、行业的整体发展状况、公路建设市场中各竞争对手的状况以及原材料市场价格及供求的情况变化，还有国家对公路建设的环境保护的要求等等。这些外部因素都会直接或间接的影响着施工企业和施工项目成本的发生和形成，若是对其中的任何因素视而不见，都会降低施工项目成本管理的效果，以至于最终影响施工项目经济社会效益的发挥。

（五）成本动因分析不合理

当前许多施工项目在进行成本管理时，对引起成本费用发生和形成的原因都没有给予足够的重视，或者是根本不去究其原因，或者是对其原因分析不全面、不合理，从而使成本管理作用的发挥大大降低。

由于长期以来，公路施工项目在进行成本管理活动时，只重视对直接费用的管理，如对材料费、人工费、机械费等的分析和控制，而对其他成本如工期成本、质量成本、安全成本、人力资源成本、采购成本等则考虑得很少，更别说对其原因进行分析而逐步改进了。有很多施工项目在实施成本管理活动的过程中，只看重表面现象，而不去研究和分析其发生的根源，挖出影响成本的潜在因素，以至于忽略了很多隐性成本的发生，使施工项目的成本很难真正降下来。

（六）缺乏科学有效的成本管理方法

为了适应市场经济发展的需要，为了跟上社会和经济快速发展的步伐，公路施工项目在成本管理过程中必须形成自己的行之有效的成本管理方法和手段。但是就目前来看，很多施工项目并没有根据自身特点，而形成一套切实可行的成本管理方法。不仅如此，很多施工项目仍然沿用一些传统的、过时的成本管理方法和手段，许多项目的成本管理只是事后的成本核算和简单的成本分析，不能有效做到事前成本预测、事中成本控制和事后成本考核分析。当然，也有一些施工项目采用了某些现代成本管理方法如 ABC 分析法、量本利分析法、价值工程以及一些经济数学模型的应用，但也只是从表面进行分析和研究，没有进一步地推广和利用。另外，有些施工项目成本管理的操作手段相对落后，办公自动化系统不能得到广泛推广应用。这使得施工项目成本管理信息资料的收集、传递、分析和处理不及时、不准确，从而对成本管理中存在的问题和原因不能及时分析并采取相应的改进措施，难以达到及时有效管理控制的目的。

第七章　公路工程质量管理

新中国成立以来，我国公路建设工程质量经历了不断发展的过程。伴随着我国经济建设的发展，国家就公路建设程序、技术标准和技术规范、组织管理、设计、施工、监理、监督等方面出台了一些法规、办法等，使公路建设在正常的轨道上健康发展，各方面水平逐步提高，高速公路、干线公路、县乡公路的超常规、大跨度发展，使国民经济的发展插上了腾飞的翅膀，驶上快车道，同时也创造了巨大的经济效益和社会效益。但是，在公路建设快速发展的过程中，也"创造"了大量的"劣质工程"和"豆腐渣工程"。公路建设工程质量状况，不仅关系到国家建设资金或其他投资方资金的有效使用，而且关系到国民经济持续快速健康发展和广大人民群众生命和产安全，关系到公路行业的文明程度和社会形象。质量管理工作日益重要，本章正是基于这样的背景并结合工程实际工作开展了一些研究工作。

第一节　概　述

在公路工程建设中，质量是工程建设的关键，任何一个环节，任何一个部位出现问题，都会给工程整体质量带来严重的后果，直接影响到公路的使用效果，甚至返工重建造成巨大的经济损失。因此，工程质量是公路工程建设的生命。如 1998 年 10 月 25 日 5 时左右，辽宁省沈阳至四平高速公路青洋河大桥上，发生一起恶性交通事故，三台大货车相撞，当场死亡 2 人，重伤 1 人，轻伤 1 人。造成事故的直接原因是该桥桥面局部塌陷所致。后经综合分析认定，施工、监理单位应对桥面塌陷负有直接责任，并对相关责任单位，责任人进行了处理。但由此造成的生命的伤害是无法用金钱来弥补的。

一、工程质量的概念

（一）质量

根据我国国家标准（GB/T19000-2000）和国际标准（ISO9000-2000，质量的定义是"一组固有特性满足要求的程度"。固有特性的内容包括产品和服务、质量管理体系、组织和个人及生产过程四方面。对质量的要求有明确要求（满足合同、设计文件、规范标准）、隐含要求（满足公众所期望的）和必须履行的要求（国家的法律、法规）。

（二）产品质量

产品质量指产品满足人们在生产及生活中所需的使用价值及其属性。它们体现为产品的内在和外观的各种质量指标。根据质量的定义，可以从两个方面理解产品质量。第一，产品质量好坏和高低是根据产品所具备的质量特性能否满足人们需要及满足程度来衡量的。第二，产品质量具有相对性。即一方面，对有关产品所规定的要求及标准、规定等因时而异，会随着时间、条件而变化；另一方面，满足期望的程度由于用户需求程度不同，因人而异。

（三）工程项目质量

工程项目质量包括建筑工程产品实体和服务这两类特殊产品的质量。

工程实体作为一种综合加工的产品，它的质量是指建筑工程产品适合于某种规定的用途，满足人们要求其所具备的质量特性的程度。

"服务"是一种无形的产品。服务质量是指企业在推销前、销售时、售后服务过程中满足用户要求的程度。其质量特性依服务业内不同的行业而异，但一般包括：服务时间、服务能力、服务态度。

结合公路施工项目的特点，即招标投标、投资额较大、生产周期较长，因此服务质量同样是工程项目质量中的主要因素之一。公路建设行业的服务质量既可以是定量的，也可以是定性的，例如施工工期、现场的概貌、同驻现场的监理和其他施工单位之间的协作配合、工程竣工后的保修等。

（四）工作质量

工作质量是指参与工程的建设者，为了保证工程的质量所从事工作的水平和完善程度。

工作质量包括：社会工作质量、生产过程工作质量等。工程质量的好坏是公路工程的形成过程的各方面各环节工作质量的综合反映，而不是单纯靠质量检验检查出来的，要保证工程质量就要求有关部门和人员精心工作，对决定和影响工程质量的所有因素严加控制，即通过工作质量来保证和提高工程质量。多年的施工技术经验表明，要保证公路施工处于较高的工作质量水平，必须从人（Man）、材料（Material）、设备（Machine）、方法（Method）、环境（Environment）这五大要素着手，简称"4M1E"。

二、质量管理的发展

所谓质量管理，广义地说，是为了最经济地生产出适合使用者要求的高质量产品所采用的各种方法的体系。随着科学技术的发展和市场竞争的需要，质量管理已越来越为人们所重视，并逐渐发展成为一门新兴的学科。最早提出质量管理的国家是美国。日本在第二次世界大战后引进美国的一整套质量管理技术和方法，结合了本国实际，又将其向前推进，使质量管理走上了科学的道路，取得了世界瞩目的成绩，质量管理作为企业管理的有机组成部分，它的发展也是随着企业管理的发展而发展的，其产生、形成、发展和日益完善的过程大体经历以下几个阶段。

（一）质量检测阶段（20世纪20年代～40年代）

20世纪前，主要是手工业和个体生产方式，依靠生产操作者自身的手艺和经验来保证质量。进入20世纪，由于生产力的发展，机器化大生产方式与手工作业的管理制度的矛盾，阻碍生产力的发展，于是出现了管理革命。美国的泰勒研究了从工业革命以来的大工业化生产的管理实践，创立了"科学管理"的新理论。1924年，美国统计学家休哈特提出了"预防缺陷"的概念。

（二）统计质量管理阶段（20世纪40年代～50年代）

第二次世界大战初期，美国国防部请休哈特等研究制定了一套美国战时质量管理方法，强制生产企业进行。这套方法主要采用统计质量控制图，了解质量变动的先兆，进行预防，使不合格品率大为下降，对保证产品质量达到了较好的效果。这种用数理统计方法来控制生产过程影响质量的因素，把单纯的质量检验变成了过程管理，使质量管理从"事后"转到了"事中"，较单纯的质量检验进了一大步。

（三）全面质量管理阶段（60年代以后）

60年代以后，随着社会生产力的发展和科学技术的进步，经济上的竞争也日趋激烈。人们对质量控制的认识有了升华，意识到单纯靠检验手段已不能满足大规模工业化生产的要求了。质量保证除与设备、工艺、材料、环境等因素有关外，还与职工的思想意识、技术素质、企业的生产技术管理等相关。同时检验质量的标准与用户需要的质量标准之间也存在时差，必须及时地收集反馈信息，修改制定满足用户需要的质量操作，使产品具有竞争性。60年代，美国的菲根堡姆首先提出了较系统的"全面质量管理"概念。其中心意思是，数理统计方法是重要的，但不能单独依靠它，只有将它和企业管理结合起来，才能保证产品质量。这一概念通过不断完善，便形成了今天的"全面质量管理"。

全面质量管理阶段的特点是针对不同企业的生产条件、工作环境及工作状态等多方面因素的变化，把组织管理、数理统计方法以及现代科学技术、社会心理学、行为科学等综合运用于质量管理，建立适用和完善的质量工作体系，对每一个生产环节加以管理，做到全面运行和控制，通过改善和提高工作质量来保证产品质量；通过对产品的形成和使用全过程管理，全面保证产品质量；通过形成生产（服务）企业全员、全企业、全过程的质量工作系统，建立质量体系以保证产品质量始终满足用户的需要，使企业用最少的投入获取最佳的效益。

全面质量管理建立了新的质量概念——广义的质量概念，产品的质量就是其使用价值。产品的性能、寿命、可靠性、安全性、适用性、经济性等以及在建设、使用过程中及时的必要的服务都属于产品质量的范畴，工程质量的好坏是由人的工作质量决定的，要管好工程质量首先必须管好人的工作质量。

产品有产生和形成的过程，产品的质量也相应有个产生和形成的过程，这个过程中的每个阶段，每个环节都会影响产品质量的好坏。即使是一条最简单的公路工程的施工也是由很多的施工工序组成的，因此应对施工全过程都要进行管理，围绕施工的全过程，建立一套质量保证管理体系。

工程质量是在施工全过程中形成的，它涉及施工企业各部门、各环节的工作质量，要求通过工作质量来保证工程质量。施工企业的工作质量牵扯到全企业的各级领导和所有人员，每个企业中的每一个人都和工程质量有着直接或间接的关系。企业中的每一个人都应重视质量，都从自己的工作中去发现与工程质量有关的因素和特点，主动加强协作配合，互相服务，保证施工过程中的工作质量，工程质量必然会得到控制和提高。

工程质量管理的重点应从施工后的检验转移到施工前和施工中的控制和指导，贯彻"预防为主"的原则。工程质量随着客观条件的变化，是一个动态的概念，必须加强动态控制，把握住出现质量问题的因素，将其消灭在形成的过程之中。

公路是为国民经济和社会发展服务的，公路开通之后将交给社会使用，施工企业也要经受市场的检验和取台。在施工过程中，上道工序要把下道工序作为自己的用户看待，要把自己工序的成果当作是产品使之符合下道工序的需要。树立"下道工序是用户"的观点，是质量管理尤为需要宣传、教育和提倡的，这是审查保证质量的根本所在。

要严格按客观规律办事，尽量用数据说话。工程质量永远在波动，并且有随机分布的规律，质量的稳定只是相对的，起伏、波动、变化是绝对的。因此对质量的分析，控制和管理，要采用数理统计的方法，要用数据判断、鉴别和决定取舍。这样就能用数理统计的方法，要用数据判断工程质量的好坏程度，是否达到标准。把数据包含着带规律性的问题用图表形式表示出来，从"定性"的管理上升到"定量"的管理。

（四）质量管理与质量保证体系的形成

质量检验、统计质量管理和全面质量管理三个阶段的质量管理理论和实践的发展，促使世界各发达国家和企业纷纷制订出新的国家标准和企业标准，以适应全面质量管理的需要。

在总结发达国家质量工作经验基础上，70年代末，国际标准化组织着手制订国际通用的质量管理和质量保证标准。1980年5月国际标准化质量保证技术委员会在加拿大应运而生。它通过总结各国质量管理经验，于1987年3月制订和颁布了ISO9000系列质量管理经验保证标准。此后又不断对它进行补充、完善。

质量管理和质量保证概念和理论是在质量管理发展的三个阶段的基础上逐步形成的，是市场经济和社会大生产发展的产物，是与生产规模、条件相适应的质量管理工作模式。因此ISO9000系列标准的诞生，顺应了消费者的要求，为生产方提供了当代企业寻求发展的途径，有利于一个国家对于企业的规范化管理，更有利于国际贸易和生产合作。

公路工程建设具有以下特点：

（1）建设周期长，一般项目要 2 ~ 4 年，有的更长，建设过程中以及在使用过程中，要消耗大量的人力、物力和财力；

（2）属于重要的生活资料和生产资料，建成后对人民生活和社会经济发展将长期发挥重要作用；

（3）涉及面很广，协作配合、同步建设、综合平衡等问题很复杂。必须在建设过程中周密安排，环环相扣，协调好参与工程建设以及与工程建设有关方面的关系，取得各个方面的配合和协作，做到综合平衡；

（4）建设地点是固定的，因此，必须把建设地点的地质、水文、气象、社会条件等调查清楚，并应通过慎重、周密的技术经济方案论证和比较，从中选择最优的方案精心设计和施工；

（5）每项公路工程建设都有其特定的目的和用途，只能单独设计、单独施工。即使是规模相同的同类工程，由于地区条件和自然环境、建设时间等不同，也会有很大的区别。

如上所述，公路工程对国民经济的发展和人民的生活具有极其重要的作用。因此，保证公路工程的质量、交付使用的时间以及费用的合理合法就是非常重要的工作。

为了适应我国逐渐深化改革开放的需要，交通部在总结过去历史经验的基础上，根据公路建设的特点，科学地制定了公路工程的"政府监督、社会监理、企业自检"的质量保证体系。

政府监督、社会监理、企业自检是构成严密、完整、有机的质量保证体系必不可少的三个环节。根据政府监督的职能、任务和性质，显然，在由上述三个环节组成的质量保证体系中，政府监督处于龙头主导地位，强化政策监督的作用，可以使质量保证体系有序而高效的运作。

社会监理处于工程管理新体制中的核心地位，将在政府监督的管理之下，依据合同、标准和规范，利用业主授予的权力，对工程实施不间断的、全过程的、全方位的监理，其工作的优劣无疑将对工程质量有重大影响。

施工企业作为公路工程产品的直接生产者，施工企业的人员素质、管理水平无疑将决定了该企业的工作质量，从而也就决定了工程质量，因此，在质量保证的体系中，施工企业占有特别重要的地位。如果施工企业的人员素质、管理水平低，不管政府监督多么有力，制定的有关法规多么健全，工程监理多么标准、规范，监理工程师的工作多么认真细致，都根本无法保证工程建设费用、进度和质量目标的实现。因此，实行施工企业自检是实现工程建设费用、进度、质量目标的必要条件，施工企业建立完善的自检系统是形成公路工程质量保证体系的前提条件。

随着人类社会生产力的发展，对工程结构使用要求的不断提高，新结构、新技术的不断涌现，公路工程尤其是高等级公路和大型桥梁的建设，已是涉及材料、机械、电子、冶金、计算机应用等学科以及决策、预测、管理等软科学的综合学科。仅靠施工企业自检已不可能实现工程建设的费用、进度、质量的目标，必须建立相应的外部控制系统，这就是政府监督和社会监理，它们和施工企业的内部控制系统即自检系统有机地配合、协调工作，构成一个行之有效的健全完善的工程质量保证体系。

事物变化的原因是内因，外因只是促使事物变化的条件，两者缺一不可，相辅相成，但矛盾的主要方面是事物的内因。作为外部控制的社会监理受建设单位委托，拥有按照实际验收工程质量和数量签署工程款支付凭证等权力，并通过测量、试验旁站、工序控制及一些指令性文件对工程费用、进度、质量实行全面监理，这种严格的外部控制促使施工企业自行约束施工操作的随意行为，提高施工管理水平，促使施工企业内部控制体系的健全和完善。

三、公路工程质量的特性

工程质量是工程符合于业主一定需要而规定的技术条件的性能综合，即其技术性能，也可理解为是随着现代化生产技术的发展以及市场经济的形成，人们对质量意识的逐步深化，从而产生除本体质量外，还包括工程对环境、社会、经济等方面的影响，也包括了建设全过程各个方面的工作质量和管理质量。

公路工程质量是指国家和交通行业现代法律、法规、技术标准、批准的可行性研究报告、设计文件及工程合同中，对工程的安全、适用、耐久、经济、美观等特性的综合要求。它贯穿于公路建设的全过程。由于公路基础设施的公益属性，决定了公路工程质量具有特殊性、公开性和效益性。首先是特殊性，公路工程质量不仅是产品质量问题，而且关系到国计民生和人民出行的财产和生命安全，与公众利益息息相关。二是公开性，因为路是开放的，对其质量问题，人人都可以监督和评说，因此，公路工程质量是涉及行业形象的大事。三是效益性，公路设施需要高投入，优质工程会延长使用周期，带来长远的经济效益和社会效益；劣质工程要付出高额代价；勉强过得去的工程，则会增大养护成本。

四、公路工程质量管理的重要性

随着改革开放的不断深入和发展，我国的公路建设工程质量和服务质量的总体水平不断提高。多年来，我国一直来强调必须贯彻"百年大计、质量第一"的方针，这对建立发展社会主义市场经济和扩大对外开放发挥了重要作用。质量管理工作已经越来越为人们所重视，企业领导清醒地认识到了高质量的产品和服务是市场竞争的有效手段，是争取用户、占领市场和发展企业的根本保证。但是与国民经济发展水平和国际水平相比，我国的质量水平仍有很大的差距。世界著名的管理专家桑德霍姆教授说："质量是打开世界市场的金钥匙"。美国的质量专家朱兰博士对 90 年代的经济发展提出了质量改进理论。日本的质量管理专家明确阐述了质量经济的思路。这些质量管理理论都极大地推动了各国经济的发展，特别是国际标准化组织（ISO）于 1987 年发布了通用的 ISO9000《质量管理和质量保证》系列标准，并得到了国际社会和国际组织的认可和采用，已逐步成为世界各国共同遵守的工作规范。有人比喻当今世界正在进行着"第三次世界大战"。这不是一场使用枪炮的流血战争，而是一场商业竞争大战、贸易大战。而这场战争中制胜的武器就是质量。谁赢得质量，谁就有了这场战争的主动权。因此，从发展战略的高度来认识质量问题，质量已关系到国家的命运，民族的未来，质量管理的水平己关系到行业的兴隆、企业的命运。

作为公路建设工程产品的公路工程项目，投资和耗费的人工、材料、能源都相当大，投资者（业主）付出巨大的投资，要求获得理想、满足使用要求的产品，以期在额定时间内能发挥作用，为社会经济建设和物质文化生活需要做出贡献。如果工程质量差，不但不能发挥应有的效用，而且还会因质量、安全等问题影响国计民生和社会环境的安全。如云南昆禄公路，1998 年 5 月完成了沥青下面层施工后，在未加铺上面层未经验收的情况下就开放了交通，通车 18 天后，局部路段路基边坡发生了大量塌方、滑坡，累计长度 7.39km。

工程质量的优劣，直接影响国家建设的速度，工程质量差本身就是最大的浪费，低劣的质量一方面需要大幅度增加返修、加固、补强等人工、器材、能源消耗，另一方面还将给用户增加使用过程中的维修、改造费用。同时，低劣的质量必然缩短工程的使用寿命。使用户遭受经济损失。此外，质量低劣还会带来其他的间接损失，给国家和使用者造成的浪费、损失将会更大。因此质量问题直接影响着我国经济建设的速度。对公路工程施工项目经理来说，把质量管理放在头等重要的位置是刻不容缓的当务之急。

第二节　质量管理相关方及其活动

一、政府对公路建设工程质量的管理

（一）政府管理机构及其职责

1. 中央一级，国家交通部是国家公路建设行政主管部门

负责对全国公路建设工程质量实施统一的管理。

交通部管理工程质量的主要职责是：颁布并贯彻国家有关公路建设工程质量的法律、法规、政策；制定工程质量管理的有关规定和实施细则；指导全国公路建设工程质量的管理工作；组织全国公路工程质量检查及各类执法检查。

2. 省、自治区和直辖市一级，交通厅

主要职能贯彻国家有关公路建设的法律、法规和强制性规范、标准，结合本地区的实际情况，制定区域性的政策法规和地方标准。

3．地方一级即省、自治区和直辖市所属的地（市）一级的公路建设行政主管部门，交通局

主要职责是贯彻国家有关工程建设的法律法规和强制性规范、标准，以及上一级规定的政策法规和地方标准，制定本地实施细则和具体实施对本地区公路建设工程质量的管理。

（二）政府对公路建设工程质量的管理

政府对工程质量的管理主要以保证工程使用安全和环境质量为主要目的，以法律、法规和强制性标准为依据，落实质量责任，规范建设活动，使工程建设在保证质量的前提下有序地进行。

1．制定公路建设工程质量法规

市场经济是法治经济，确保工程质量，最根本的是依靠法治，通过建立健全法律法规，把工程建设纳入法制化轨道。公路建设质量法规可分为行政法规和工程技术规范两大类别。

（1）行政法规

是为公路工程质量活动提供管理基础，确保其沿着规范、高效的轨道健康发展而制定的法律、规定和规范性文件。例如，我国的《公路法》《建设工程质量管理条例》、《招投标法》及有关公路建设市场主体从业资格、工程承发包、工程质量管理监督、勘察设计管理、建设监理、施工管理等规定。根据我国行政法规的层次和立法机关原地位可以划分为法律、法规、行政规章、部门规章、地方法规及地方规章六个层次，分别由全国人民代表大会，国务院，交通部及国务院相关部门，省、自治区和直辖市人民代表大会及地方人民政府按规定的立法程序制定发布。

（2）工程技术规范

是指为了促进技术进步、保证工程质量、保障人身和财产安全及产品标准化的要求而制定的技术规范、操作工艺、验收标准等技术文件。例如，工程设计规范、工程施工及验收规范、工程质量检验评定标准等，这些技术性文件由交通部或有关专业部门组织制定和修订，由交通部统一发布实施，其中强制性标准具有法律效力。

2．建立和落实工程质量责任制

工程质量管理贯穿建设的全过程，参与建设的各方都直接或间接地从事与质量形成有关的相应活动。为了达到预期的质量目标，必须按要求履行各自的质量责任，建立健全的质量管理体系，这是工程质量的组织保证。工程质量责任制就是对参与建设的各单位、各部门和各岗位，在保证质量方面应承担的责任和义务做出规定，并进行监督的制度。质量管理的核心是质量责任，关键是建立和落实工程质量责任制。

1999 年国务院办公厅在《关于加强基础设施工程质量管理的通知》、1999 年交通部发布的《公路工程质量管理办法》和 2000 年 1 月颁布实施的《建设工程质量管理条例》中都首先强调建立和落实工程质量责任制，并进一步明确工程建设各方主体的质量责任和

义务：

（1）工程质量行政领导人的责任

对基础设施项目工程质量，实行行业主管部门、主管地区行政领导责任人制度。中央项目的工程质量，由国务院有关行业主管部门的行政领导人负责；地方项目的工程质量，按照项目所属质量事故，除追究当事单位和当事人的直接责任外，还要追究相当行政领导人在项目审批、执行建设程序、干部任用和工程建设监督管理等方面失职的领导责任。

（2）项目法定代表人的责任

针对一些工程质量出了问题，找不到直接责任人的状况，国家规定了除军事工程等特殊情况外，都要按政企分开的原则组成项目法人，实行建设项目法人责任制。项目法人代表投资者的利益，由项目法定代表人对工程质量负总责。对未经验收或验收不合格就交付使用的，要追究项目法定代表人的责任，造成重大损失的，要追究其法律责任。

（3）工程建设的各方主体及其法人代表的责任

《建设工程质量管理条例》规定，建设单位、勘察单位、设计单位、施工单位、工程监理单位和监督单位依法对建设工程质量负责；各单位的法定代表人，要按各自职责对所承建项目的工程质量负领导责任。因参建单位工作失误导致重大工程质量事故的，除追究直接责任人的责任外，还要追究参建单位法定代表人的领导责任。

（4）工程质量终身负责制

项目工程质量的行政领导责任人，项目法定代表人，勘察、设计、施工、监理和监督等单位的法定代表人，要按各自的职责对其经手的工程质量负终身责任。如发生重大工程质量事故，不管其已调到哪里工作、担任什么职务，都要追究相应的行政和法律责任。

3．公路建设活动主体资格的管理

公路建设活动不同于一般经济活动，具有较强的专业性和技术性，从业单位的条件和从业人员的水平，直接影响工程质量和安全生产。因此国家对从事建设活动的单位实行严格的从业许可证制度，对从事建设活动的专业技术人员实行严格的执业资格制度，从市场准入着手，堵住不符合要求单位和个人进入公路建设市场，参与工程建设活动，促进从业单位和人员努力提高工程技术和管理水平，从根本上保证工程勘察、设计、施工和监理的质量。

公路建设行政主管部门及有关专业部门按各自的分工，负责各类资质标准的审定、从业单位资质等级的最后认定、专业技术人员资格等级的核定注册。

（1）从业单位的资质条件和等级

资质是企业法人单位规模及生产能力的表现，由政府建设行政主管部门负责管理。

（2）从业人员的执业资格条件的等级

执业资格是从业人员个人资历、水平等从业条件的表现，由政府主管部门以执业注册的形式加以确认。从事建设活动的结构工程师、造价工程师、监理工程师等应具备一定的专业学历和资历条件。根据条件的不同，按其程度划分为若干个资格等级，经交通行政主管部门或有关专业部门考试和审核合格，依法取得相应的执业资格证书和注册证书许可的范围内从事公路建设活动。

（3）公路建设活动主体资格的动态管理

公路建设行政主管部门或有关专业部门通常对取得从事资格的单位和人员，按照公平竞争、优胜劣汰的原则，对资质等级和从业范围等实施动态管理。

对从业单位突出内在素质、用户评价的跟踪，强化对质量、安全和经营行为的考核，采取有针对性的不定期指定检查或随机抽查、建立信息反馈渠道等手段，结合资质等级年度检查或定期检查、复审，及时收集和掌握情况，对表现出色的单位，依法升级，对用欺骗手段领取资质证书、资质条件下降、越级造成重大质量或安全事故的单位，依法降低资质或吊销资质等级证书。对用欺骗手段领取执业资格证书、无证执业、出错或转让执业资格证书、以个人名义承接业务、因过错造成质量或安全事故的个人，依法取消资格或吊销执业资格证书，造成经济损失的，追究其所在单位的责任，单位可向个人追偿。

4．工程承包管理

（1）工程承发包和招标的概念

承发包是指建设单位委托（发包）从事勘察、设计或施工单位负责完成（承包）工程建设任务量形成的相互关系。确定上述承发包关系的相关制度，通称承发包制。我国自1984年开始推行工程建设招投标制，由具备招投标资格的建设单位或招标代理单位，就拟建工程编制招标文件和标底，邀请投标单位前来投标，经过对施工方案、质量实力、企业信誉、业绩等综合评价，择优确定中标单位，并与其签订承包合同，建立承发包关系。这种制度是反对垄断，保护平等竞争，减轻发包风险，有效控制质量，促进承包人不断采用先进技术，提高经营管理水平的一种国际通用方式，受国家法律约束和保护。1999年8月30日第21号中华人民共和国主席令正式发布，2000年1月1日起施行的《中华人民共和国招标投标法》，进一步规范了招标投标活动，保护了国家利益、社会公共利益和招标投标活动当事人的合法权益，有利于保证公路建设工程质量。

（2）招标发包的监督

各级公路建设行政主管部门和专业部门应对建设单位的发包活动进行监督。招标发包单位必须事先向招标投标管理机构提出招标申请书，经批准后，方可依法定程序和方式，按公开、公平、公正和择优、诚信的原则有序进行。例如由招标管理机构对招标文件和标底进行审查，然后由建设单位组织招标、开标、评标、定标，保证评价工作接受政府有关行政部门和其授权机构的监督检查。对应实行招标的工程不招标，利用发包权索贿受贿、收回扣，将工程发包给资质等级不合条件的单位承担，将单项工程设计或单位工程施工等业务肢解发包等违反规定的建设单位，政府主管部门要依法进行查处。

要监督承包企业在资质许可的范围内承担任务，根据招标文件的要求申请投标，提交资格审查资料，严禁中标单位转包或非法分包。目前各地正在逐步建立的有形建设市场，是建立"公开、公正、公平"竞争机制的基础和需要，对整顿和规范公路建设市场，确保工程质量是一种重要的探索和有力的措施。

（3）建设工程合同管理

建设单位通过发包确定承包单位。对建设工程合同管理主要是对合同签订是否损害社会公众利益进行审查，监督检查合同履行，保证工程建设的质量、工期和效益。依法处理存在的问题，查处违法行为。

5．工程项目的管理

为规范管理建设工程项目，保证工程顺利进行和工程质量的稳定，政府主要抓工程报建、施工许可、工程质量监督、工程竣工验收等主要环节的管理。

（1）工程报建管理

工程报建制度是政府了解固定资产投资和工程项目建设情况，进行调控管理的重要手段。建设工程立项文件批准后，大中型建设项目的建设单位须持有关批准文件，向工程所在地的省、自治区、直辖市公路建设行政主管部门或授权的机构办理报建手续，然后进行勘察、设计、施工任务的发包活动。报建申请书应载明工程名称、建设地点、投资规模、当年投资额、资金来源、工程规模、开竣工日期、发包条件、工程筹建情况等。

（2）施工许可管理

建设工程施工许可，是指建设行政主管部门根据建设单位的申请，依法对建设工程是否具备施工条件进行审查，准许符合条件的工程开始施工并颁发施工许可证的一种制度。设立和实施施工许可的目的，是通过对建设工程施工所应具备的基本条件的审查，以避免不具备条件的工程盲目开工而造成损失，保证工程开工后的顺利建设。

施工许可目前有施工许可证和开工报告两种形式。

二、监督单位的质量管理

（一）政府监督的演变发展和性质

改革前的30年间，在高度集中的计划经济管理下，政府主要是以资产所有者的身份，处于经济活动的组织和管理者的地位，直接对经济活动进行组织和指挥。

十一届三中全会以来，经济体制改革的目的之一就是要建立一个充满活力的社会主义市场经济，使政府从经济活动的直接组织者变为间接的宏观监督的控制者，从管理体制、管理组织、管理行为等方面实行政企完全分开是必要的。随着这一转变的实现，政府将有更多的时间和精力，对经济活动进行宏观的计划调节和对社会公共事务的监督管理，其中对工程建设活动进行监督管理就是重要的一个方面。

改革开放以来，工程建设活动发生了一系列重大的变化，这些变化使原有的高度集中的计划经济体制下的工程建设管理模式越来越不适应社会主义市场经济发展的要求。在这种转换的过程中，由于新、旧体制的并存、摩擦和碰撞，工程建设中存在着不少问题，突出一个问题就是工程质量下降，施工企业自评自检水分很大。这些都迫切需要建立和健全新的管理体制，特别是工程质量方面，在完善企业内部质量检查体系的同时，建立严格的外部监督体系。

政府监督是公路工程质量保证体系中的极其重要的质量监督环节之一，是政府部门强化对工程质量管理的具体体现。从中央到地方通过授权或认可制度，建立各级从事审核、鉴定、监督、检测工作的机构，对工程的规划、设计、施工和各类工程上使用的材料、设备等进行监督、检查、评定，实施有权威的第三方认证。

在这种形势下，1983年我国开始实行政府对工程质量监督的制度。1984年9月国务院颁发"关于改革建筑业和基本建设管理体制若干问题的暂行规定"，明确提出了建立有权威的政府工程质量监督机构。

就公路工程来说，交通部主管全国公路工程质量监督工作。按照统一规划、分级管理的原则，交通部于1987年10月设立了基本建设工程质量监督总站，并指令各省、自治区、直辖市交通部门设交通（或公路）基本建设工程质量监督站（简称省级质监站）；各省、自治区、直辖市交通主管部门根据当地工程实际情况确定是否设立地、州、市交通（或公路）基本建设工程质量监督分站（简称市级质监分站）或派出质监机构。

政府监督具有以下的性质：

（1）强制性：政府的管理行为象征着国家机器的运转，国家机构的管理职能是通过授权于法来实现的。因此，政府实旋的管理监督行为，对于被管理、被监督来说，只能是强制性的、必须接受的。

（2）执法性：政府监督主要依据国家法律、法规、方针、政策和国家及交通部颁布的技术规范、标准进行监督，并严格遵照有关规定的监督程序行使监督、检查、许可、纠正、强制执行等权力。监督人员每一个具体的监督行为都有充分的依据，带有明显的执法性，显著区别于通常的行政领导和行政指挥等一般性的行政管理行为。

（3）全面性：政府监督是针对整个工程建设活动的，就管理空间来说，覆盖了社会，就一个工程项目的建设过程来说，则贯穿于工程建设的全过程。但在我国，工程建设的决策咨询、施工监理等不同阶段的监督管理则是由我国不同的政府职能部门分别负责共同完成的。

（4）宏观性：政府监督侧重于宏观的社会效益，主要保证工程建设行为的规范性，维护社会公众的利益和工程建设各参与者的合法权益。对一项具体的工程建设来说，政府监督不同于监理工程师的直接的、连续的、不间断的监理。

（二）政府监督的依据

各级交通（或公路）基本建设工程质量监督站作为政府的职能部门，对公路工程建设实施强制性的有力的政府监督。这种政府监督是通过有关的法律、法规和规定实现的，政府监督实际上是管理性的经济法律关系。执行政府监督的各级质监站，为了维护社会秩序，要对建设单位和承建单位的行为进行管理。同时也要对监理工程师（单位）进行有关的资格认证和实施管理，这类管理性的法规是伴随着工程监理制度的产生而产生，并日臻完善的。

有关政府职能机构在制定有关法规和规定时必须慎重而全面地考虑以下几个因素：

（1）结合国情，从全局考虑。工程监理的法规体系必须服从国家法律体系及工程建设法律体系的要求，适应我国现行的立法体制及工作实际。

（2）法规和规定要构成一个完整的系统，应尽量覆盖工程监理的全部工作，使每一项工作都有法可依。

（3）多层次的相互协调。工程监理每个层次的法规、规定都要有特定的目的和调整内容，注意避免重复交叉和矛盾，下一层次的法规要服从上一层次的法规，所有的法规、规定、办法都要服从国家法律。

（4）注意借鉴国际经验，在结合国情的基础上，尽量向国际标准靠拢。

因此公路工程政府监督的依据为：

（1）国家有关公路工程建设政策、法律和法规政策是指与公路工程建设密切相关的经济发展战略、产业发展规划、固定资产投资计划等。

法律是指与公路工程建设有关的法律，特别是经济法律，如"土地管理法""城市规划法""环境保护法"以及"经济合同法"等。

法规主要包括：①国务院制定的行政法规；②省级人大及常委会制定的地方性法规；③国务院部门制定的法规、规章和办法。

（2）政府批准的建设计划、规划、设计文件是政府有关部门对工程建设进行审查、控制和结算的依据，也是一种许可，理所当然是政府监督的依据。

（3）国家和交通部等有关部委颁布有关技术规范和标准。

（三）政府监督的任务

各级公路工程质量监督部门是政府对公路工程质量进行监督管理的专职机构，依据国家有关法规和部颁的现行技术规范、规程和质量评定标准，代表政府对公路工程质量进行强制性的监督管理。建设、设计、施工、监理单位在工程实施阶段都应接受质量监督部门的监督，以保证审查批准的工程建设规模和建设目标的实现。

1．交通部基本建设工程质量监督总站的主要任务

（1）贯彻执行国家有关工程质量监督工作方针、政策和施工监理法规，制定交通系统建设工程质量监督、施工监理法规并监督实施。

（2）归口管理、检查、指导公路、水运工程质量监督和监理工作；组织质监人员和监理人员业务培训；组织对公路、水运工程质量监督站、监理单位、质监人员和监理人员的资质审批工作。

（3）统一规划建立和管理公路、水运工程质量检验测试中心。

（4）对国家和部属重点工程建设项目的工程质量和监理工作进行检查，发布工程质量动态。

（5）参与部级优秀勘察、优秀设计、优质工程的评审工作；参与国家级优秀勘察、优秀设计、优质工程的行业评审工作。

（6）组织对重大工程质量事故的调查处理，仲裁工程质量争端。

（7）掌握全行业工程质量动态，组织交流开展工程质量监督、工程施工监理的经验。

2．省、自治区、直辖市交通（或公路）基本建设工程质量监督站的主要任务

（1）贯彻执行国家和上级交通部门颁发的工程质量监督、施工监理工作方针、政策和法规，制定本地区的公路工程质量监督实施细则；

（2）规划、管理本地区公路工程质量监督和施工监理工作；负责下级质监站及其人员的考核发证工作；审核申报监理单位和监理工程师资格的报告，根据有关规定审批专项监理工程师；

（3）监督检查施工监理单位、监理工程师、施工单位工程质量保证体系及其人员的工作；

（4）主持交工工程质量鉴定，参加工程竣工验收；

（5）组织工程质量检查，定期发布工程质量动态；

（6）组织工程质量事故调查、处理、仲裁工程质量争端；监督检查重大工程（产品）质量事故的处理方案执行情况；

（7）参与本地区本行业优秀勘察、优秀设计、优质工程的评审工作，对申报省（部）、国家级"三优"工程的项目进行质量鉴定；

（8）组织交流本地区质量监督和施工监理工作经验，组织质监人员和监理人员业务培训。

市级质监分站或省派出质监机构的任务，由省级质监站根据交通部发布的"公路工程质量监督暂行规定"的精神制定。

三、建设单位的质量管理

（一）建设单位项目管理的组织形式

为了明确投资责任主体，建立投资责任约束机制，规范国有单位项目业主的行为，国家计委于 1996 年制定了《关于实行建设项目法人责任制的暂行规定》，之后又相继做出一些补充规定。规定明确要求，国有单位经营性的基本建设大中型项目和基础设施项目，在建设阶段必须组建项目法人，实行项目法人责任制。

非经营性大中型项目和小型基本建设项目可参照执行这一规定。

1．项目法人的设立

在项目建议书被批准后，应及时组建项目法人筹备组，具体负责项目法人的筹建工作。项目法人筹备组主要由项目的投资方派代表组成。项目可行性研究报告批准后，正式成立项目法人，办理公司设立登记。国家重点项目的公司章程报国家计委备案，其他项目的公司章程按项目隶属关系分别报主管部门、地方计委备案。应实行而没有实行项目法人责任制的建设项目，投资计划主管部门不予批准开工，也不予安排年度投资计划。

2．项目法人的组织形式

项目法人可按《公司法》的规定采用有限责任公司（包括国有独资公司）和股份有限公司形式。国有独资公司设立董事会，董事会由投资方负责组建。国有控股或参股的有限公司、股份有限公司设立股东会、董事会和监事会，董事会和监事会由各投资方按规定进行组建，并行使相应职权。董事会在项目建设期间应至少有一名董事常驻现场。

（二）建设单位的质量责任和义务

为规范建设单位的市场行为，国家《建设工程质量管理条例》和交通部《公路工程质量管理办法》对建设单位的质量和义务作了较详尽的规定：

（1）建设单位应根据国家和交通主管部门有关规定设立，并应当按照国家规定建立健全质量保证体系，建立质量管理制度，落实质量岗位责任制。

（2）建设单位应严格履行基本建设程序，根据公路工程特点和技术要求，确定合理标段、合理工期、合理造价，并按国务院交通主管部门规定通过项目招标选择具有相应资格的勘测设计、施工和监理单位，并应分别签订合同，实行合同管理。

公路工程的合同文件，必须有工程质量条款，明确各项工程和材料的质量标准和合同双方的质量责任。

（3）承担工程项目同一合同段的施工和监理单位不得隶属于同一管理单位，招标代理机构不得参加工程投标。

（4）建设单位应主动接受质监机构对其质量保证体系的监督检查。工程开工前，应按规定向质监机构办理工程质量监督手续；工程施工过程中，应主动接受质监机构对工程质量的监督检查；工程完工后，应由质监机构对工程质量进行鉴定。

（5）建设单位应依照有关公路工程建设的法律、法规、规章、技术标准、规范和合同文件，组织进行设计、臆工、监理。开工前应组织施工图设计审查和设计交底；施工中应对工程质量进行检查；工程完工后应及时组织交工验收，并作好竣工验收的准备工作。

（6）建设单位应加强档案管理，所有建设项目都要按照《中华人民共和国档案法》的有关规定，建立健全项目档案。从项目筹划到工程竣工验收和环节的文件资料，都要严格按照规定收集、整理、归档。

（7）建设单位必须向有关的勘察、设计、施工、工程监理等单位提供与建设工程有关的原始资料。

原始资料必须真实、准确、齐全。

（8）建设工程发包单位不得迫使承包方以低于成本的价格竞标，不得任意压缩合理工期。

建设单位不得明示或者暗示设计单位或者施工单位违反工程建设强制性标准，降低建设工程质量。

（9）实行监理的建设工程，建设单位应当委托具有相应资质等级的工程监理单位进行监理，也可以委托具有工程监理相应资质等级并与被监理的工程的施工承包单位没有隶属关系，或者其他利害关系的设计单位进行监理。

下列建设工程必须实行监理：

①国家重点建设工程；

②大中型公用事业工程；

③利用外国政府或者国际组织贷款、援助资金的工程；

④国家规定必须实行监理的其他工程。

（10）按照合同约定，由建设单位采购建筑材料、建筑构配件和设备的，建设单位应当保证建筑材料、建筑构配件和设备符合设计文件和合同要求。

建设单位不得明示或者暗示施工单位使用不合格的建筑材料、建筑构配件和设备。

（三）建设单位对项目质量的管理和控制

建设单位要对建设项目全过程的质量负责，对工程质量进行检查和监督，或者委托监理单位对工程项目实行有效的管理，重点是勘察、设计和施工质量的管理和控制。

1. 勘察设计阶段项目质量的管理和控制

（1）委托勘察设计任务

建设单位应根据主管部门审批的或在有关部门备案的投资项目可行性研究报告等文件，办理设计委托与确定的勘察设计单位签订合同，建设单位根据设计单位提出的勘察资料要求，即勘察任务书，委托勘察单位并签订合同，明确双方职责。勘察设计任务的委托，可以一次性办理，也可分阶段进行。建设监理单位协助选择勘察设计单位。商管勘察、设计合同并组织实施。

（2）搜集和提供设计基础资料

设计基础资料是设计的重要依据之一，它必须满足工程设计的要求，按合同规定的时间及时、准确地向设计单位提供设计的要求和设计基础资料。

（3）建设过程中勘察设计工作的组织与控制

建设单位在建设过程中要同勘察设计单位保持经常的联系，做好工程勘察设计的管理与调控。一般包括：组织协调勘察与设计单位之间、勘察设计单位与科研机构之间，以及勘察设计单位与物资供应、施工、监理等单位之间的工作配合；主持研究、讨论、评选和确认重大设计方案；督促勘察单位按合同规定日期交付勘察资料，以满足设计需要；督促设计单位按合同规定的进度交付设计文件，满足建设准备和施工的需要，若发生问题和矛盾，应及时组织协商解决；组织、审查和上报设计文件（如初步设计等），按照规定程序报请有关部门审查批准；组织设计、施工单位进行设计交底，会审施工图纸，重点审查各专业设计之间是否衔接，图面是否统一，图纸是否齐全，审查中发现的问题，由原设计单位负责解释或按一定程序进行修改；配合和协助设计单位处理好施工中的设计问题，包括方案更改、施工图设计修改、合理化建议和材料代用等，并要保证建设进度和施工的不间断进行；认真做好工作勘察设施的维护管工作，对工程测量控制点，必须妥善维护和保管，未经批准，不得毁坏，对这些设施的移动或销毁，必须建立严格的管理制度。

2．施工阶段项目质量的管理和控制

在整个施工阶段，建设单位应当自始至终处于组织领导地位，起到督导作用。监理单位协助选择施工承包单位，商管施工合同并组织实施。

（1）施工任务分包的控制

严禁施工单位将承接的公路工程建设项目转包，严格控制公路工程的分包。

工程分包单位必须具有相应的资质等级，且不得二次分包。施工合同分包必须经监理单位审查，建设单位批准。

分包单位必须按照分包合同的约定，对工程质量向总承包单位负责，接受总承包单位的质量管理；总承包单位按照总承包的约定，对全部工程质量向建设单位负责，对分包工程的质量与分包单位承担连带责任。

（2）施工过程的控制

严格执行建设程序和工程施工程序、组织设计、施工及监理单位进行施工图会审和技术交底；参与施工及监理单位进行施工方案的审定；组织和参与有关工程的工作会议，协调解决工程建设参与各方及有关方面的矛盾和问题；组织联系落实应由建设单位供应的材料、构配件和设备等建设物资供应；填写施工日记，收集整理文件资料，做好归档准备工作。

（3）竣工验收阶段项目质量的管理和控制

工程项目按设计文件和合同规定的内容和标准全部建成。对竣工工程应由各方按照设计与施工验收规范进行技术检验。建设单位应督促和协调各单位对所有技术文件资料进行系统整理，对不符合要求的，应限期修改、补齐直至重做。对原材料、构配件和设备的质量证明材料、试验检验资料、隐蔽工程验牧记录及施工记录等各种技术资料和工程档案。进行审核并按规定分类立卷，准确、完整地绘制竣工图，并符合档案管理的有关规定。在规定时间内验收口钉。重大工程，还要请上级单位或地方政府派员参加，列为国家重点工程的大型建设项目，往往由国家有关部委，邀请有关方面参加，组成工程验收委员会进行验收。验收完毕并确认符合竣工标准和合同条款规定要求以后，向承包单位签发竣工验收证明书，并办理竣工备案和工程移交手续。

四、勘察设计单位的质量管理

（一）勘察设计工作概述

1. 工程勘察设计在工程建设中的地位和作用

在工程建设过程中，勘察设计是质量控制的主要环节，而勘察设计又是关键环节，勘察设计质量不好，使工程质量先天不足，后天很难弥补，因此抓工程质量首先要抓勘察设计质量。

勘察设计工作，勘察是先行，是设计的依据，设计是整个工程建设的灵魂，是施工的依据。我国工程质量事故统计资料说明，由于设计不合理、违反科学引起路基沉陷、路面破坏、桥梁垮塌等质量事故要占总事故的相当比例，大凡设计造成的质量问题往往是恶性的。勘察设计的质量和水平对保证工程质量、保障国家财产和人身安全、促进技术进步、提高工作效益起决定性作用。

2. 工程勘察设计的阶段划分

勘察设计工作一般分阶段进行。

我国现行规定，一般建设项目按初步设计和施工图设计两个阶段进行。

3. 工程勘察设计的程序

任何项目的建设都必须坚持先勘察、后设计、再施工的程序，而勘察设计阶段又有自己特定的程序。

工程勘察一般步骤和程序大体是：搜集相关资料，现场踏勘，编制勘察纲要，出工前准备，野外调查，测绘、勘察、试验和分析资料，编制图件和报告等。设计工作是一个逐步深入和循环渐进的过程，其一般程序可分为四个步骤：

即根据主管部门或建设单位委托，进行建设项目可行性研究、编制可行性研究报告；参加建设规划和试验研究等前期工作，进行必要的资源普查、工程地质勘查、水文勘察等方面的准备工作、掌握情况，搜集有关的设计基础资料，为编制设计文件做必要的准备；由浅入深、循序渐进，编制初步设计和施工图设计，配合施工和参加竣工验收工作，监督工程建设，为施工服务，参加由建设单位组织的工程竣工验收；做好与设计有关的全部建设项目的工程设计文件、资料的清理和归档工作。

4. 工程设计周期

工程设计周期，是指完成投资项目工程设计所需的时间，即对某项工程编制初步设计和施工图设计等全部设计文件所需的时间。设计周期的长短，取决于建设项目的类型、性质、设计规模、难易程度、技术要求和工作量大小等因素。合理的设计周期是保证设计深度和质量的一个重要因素。

（二）勘察设计单位的质量责任和设计内容及深度要求

1．勘察设计单位的质量责任

（1）从事建设工程勘察、设计的单位应当依法取得相应等级的资质证书，并在其资质等级许可的范围内承揽工程。并主动接受质监机构对其承担设计工作的资格和质量保证体系的监督检查。

禁止勘察设计单位超过其资质等级许可的范围或者以其他勘察设计单位的名义承揽工程。禁止勘察设计单位允许其他单位或者个人以本单位的名义承揽工程。

勘察设计单位不得转包或者违法分包承揽的工程。

（2）勘察、设计单位须按照工程建设强制性标准进行勘察设计，并对其勘察设计的质量负责。

设计单位应建立健全设计质量保证体系，加强设计过程的质量控制，建立完整的设计文件的编制，复核、审核、会鉴和批准制度，明确责任人。

（3）勘察单位提供的地质、测量、水文等勘察成果必须真实、准确。

设计依据的基本资料应完整、准确、可靠、设计方案论证充分，计算成果可靠，并符合结构安全要求。

（4）设计单位应当根据勘察成果文件进行建设工程设计。

设计文件应当符合深度要求，注明工程合理使用年限。

（5）设计单位在设计文件中选用的建筑材料、构配件和设备，应当注明规格、型号、性能等技术指标，其质量要求必须符合国家的标准。

（6）设计单位应当就审查合格的施工图设计文件向施工单位做出详细说明。

（7）设计单位应当参与建设工程质量事故分析，并对因设计造成的质量事故，提出相应的技术处理方案。

（8）设计单位应在施工现场设立代表处或派驻设计代表，随时掌握施工现场情况，解决设计的有关问题，并及时反馈给设计本院。

2．设计的内容和深度

建设项目各个设计阶段的内容和应达到的设计深度，国家和地方都有一定的规定和要求，它是勘察设计质量的重要方面。

（1）初步设计的内容和深度

初步设计的深度应能满足设计方案的比较和确定，项目投资的控制，施工图的编制，施工组织设计的编制，施工准备和生产准备等要求。

（2）技术设计的内容和深度

技术复杂而缺乏设计经验的投资建设项目，一般要进行技术设计。它是根据批准的初步设计和更详细的勘察、调查、研究资料和技术经济计算编制的。技术设计的内容应视建设项目具体情况、特点和需要而定，国家不作硬性的规定。技术设计的深度一般应能满足有关特殊工艺方面的试验、研究及确定，以及某些技术复杂问题的研究。

（3）施工图设计的内容和深度

施工图设计是初步设计的进一步具体化和形象化，是把前期设计中所有的设计内容和方案绘制成可用于施工的图纸。

施工图设计根据批准的初步设计文件编制，其内容主要包括：总说明、总平面图、纵断面图、横断面图、路基设计表、征地拆迁表、防护工程图、桥梁工程图、通道、涵洞图、立体交叉和平面交叉图、纵向排水设施图、路面结构图、交通工程图等。施工图的设计深度应能满足现代化技术水平的需要，满足新工艺、新材料、新技术的推广应用，满足业主和广大人民群众的需要，满足施工和监理的需要，满足行车稳定、安全、舒适的需要，满足经济美观的要求，满足规范标准的要求。

（三）勘察设计单位的工作质量管理

勘察设计成果的质量特殊复杂，影响因素众多，概括起来，它是一个多层次的概念。勘察设计单位只有通过建立健全质量保证体系，健全勘察设计技术责任制，加强勘察设计全过程各阶段的工作质量控制，切实抓好事前布置，中间检查、成果审核、质量评定等关键环节，才能确保向建设单位提供优秀勘察设计成果，做好建设过程中的优质服务。

为了发挥工程勘察设计应有的作用，总结国内外实践经验，并结合我国实际情况，勘察设计应当遵守以下主要原则：贯彻经济、社会发展规划，城乡规划和产业政策环保要求；实行资源综合利用、节约资源、环境保护；遵守强制性工程建设技术标准；采用新技术、新工艺、新材料、新设备；重视技术和经济结合；注意与环境协调和美观。

保证和提高勘察设计质量的基本措施：

（1）编制好勘察纲要等指导性文件，对大型或地质条件复杂的工程勘察纲要、应组织会审。文件应体现规划、设计意图，符合规范、规程的规定，满足可行性报告和勘察设计任务书的要求，依据齐全可靠，方案合理可行，以统一技术条件与工作安排，同时积极改革传统的勘察设计方法和手段，提高勘察设计质量和效率。

（2）建立健全原始资料，落实自检，互检和专检职责等相关制度。勘察原始资料必须符合规范、规程的规定，及时编录、核对、整理，不得遗失或任意涂改。设计单位也要及时收集施工和竣工后对设计质量的意见，建立工程设计质量档案，进行分析研究，不断改进工作，提高设计质量。

（3）建立健全成品校审制度。对阶段性成果和最终成果的质量，按规定程序进行严格校审并签字，具体包括对计算机依据的可靠性，成果资料、数据和计算结果的准确性，论证证据和结论的合理性，现行标准规范的执行，各阶段勘察设计文件的内容和深度，文字说明的准确性，图纸的清晰与准确，成果资料的规范化和标准化等内容。大型或地质条件复杂的工程，应组织会审。对检查、验收或审核不符合质量要求的勘察设计成果都要推倒重来，不得盖章出图。

（4）加强设计标准化工作。重视企业标准的编制，推广标准设计的应用和国际专业标准的附和，跟踪先进设计技术和设计方法，以保持设计质量和水平的稳定提高。

（5）鼓励设计创新。通过开展优秀勘察设计竞赛评比等活动，激励勘察设计人员加强基本训练，不断提高技术业务水平，鼓励勘察设计人员增强创新意识，积极吸收应用新技术、新工艺，提出合理化建议，促进勘察设计质量的提高。

（四）设计文件的审批

设计文件审批也是分阶段的，大中型项目的初步设计，按隶属关系由国务院主管部门或省、自治区、直辖市审查；小型项目的初步设计审批权限，由各部门和各省、自治区、直辖市自行规定；国务院部门在地方安排的项目，以部为主，各省、自治区、直辖市审批。施工图设计除按规定由当地建设行政主管部门审查外，一般不再审批。设计文件经批准后，不得任意修改，如需修改应经原审批机关标准。

五、监理单位的质量管理

（一）国内公路工程监理现状

在国务院提出土木建筑行业实施工程监理制度之前，交通部已在利用世界银行贷款建设的西安—三原一级公路和京津塘高速公路上实施了工程监理，这两个工程中取得的经验和教训对我国公路工程监理的实施有巨大的影响和推动作用，因而交通部（公路工程）也就作为全国实施工程监理的首批试点单位之一。

交通部在总结全国各地的经验和教训的基础上，于1989年4月提出了《公路工程施工监理暂行办法》，1997年9月15日交通部又公布了"公路工程施工监理合同范本"等有关法规，初步建立了一套符合我国公路工程实际情况、结合国际惯例的监理工程师制度。这个制度的核心，就是把公路工程施工活动中的各项管理工作交给监理工程师单位，树立其在项目管理和监督中的权威，对质量、计划、支付、变更、索赔等方面，用技术、经济和合同手段全面实行监督管理，对工程支付有签认和否决权，从而控制项目施工过程，保证合同的履行。这样一个制度，既符合国际惯例，又考虑了公路行业的现行体制。

为了更好地指导、监督公路工程监理制度健全地实施，交通部于1995年4月25日发布了中华人民共和国行业标准《公路工程施工监理规范》（JTJ077—95）。实践使人们认识到，推行工程施工监理制度是对内深化改革、对外继续开放的需要；是提高施工企业素质，为其尽快走向世界市场的需要；同时，也对公路行业治理整顿起了很好的促进作用。

公路工程施工监理制度，以国际通用FIDIC土木工程合同为基础，形成了建设单位、承建单位、监理单位三方相互制约、以监理单位为核心的管理模式。这种模式与国内传统做法相比较，一是建设各方的权利、义务和责任更为合理、明确，有利于建设单位"自编、自导、自演"的小生产管理方式的转变；二是突出监理单位的管理作用，有利于减少甲乙双方的扯皮纠纷，促进建设活动顺畅进行。公路工程施工监理制度不仅保证了生产要素的合理配置，促进了生产力的发展，为社会提供了优质工程，而且导致了建设各方观念、职能和行为机制的变化。

　　建设主管部门由单纯靠行政命令、事无巨细一手抓的做法，向充分利用经济手段、支持监理工程师的工作方面转变；建设单位由"自筹、自建、自管"的方式，向委托监理工程师组织建设转变，其职能集中在选择承包商、创造外部协作条件、筹集资金、及时支付工程款等方面；承建单位由以往习惯于依赖上级行政命令、合同意识淡薄，向严格履行合同转交，在监理制度面前，由不适应到适应，自身的素质和管理水平也有很大提高。

　　经过不断的努力，公路工程施工监理工作已取得了初步的成效。由于这套制度的引入，开始改变了多年来一些公路工程建设中存在的管理松懈、质量低劣、工期没有保证、投资一超再超的放任自流局面。开始在制度上建立起一种比较科学的制约机制，工程管理逐步从单纯依靠行政手段向信合同、守程序、讲科学的依法管理的方面过渡；由各方面技术人员组成相对稳定的监理工程师队伍，也逐步成长壮大，发挥着日益不可缺少的重要作用，逐步起到项目管理中心的作用。在建立和推行监理制度的同时，主管各地公路行业的建设单位，也陆续自觉地转变着自己的职能，开始从事无巨细、大包大揽介入工程管理事务中解放出来，注重在大政方针上、宏观决策上发挥政府机关的职责和作用。凡在有监理工程师的项目上施工的企业也受益匪浅，企业管理者认识到，在这套监理制度下，队伍更好带了，许多过去没人认真执行的内部规章制度，如今都能自觉地做到了。近几年我国公路工程尤其是高等级公路工程的质量不断提高就充分说明了这一点。在施工中实行国际惯例监理工程师制度的京津塘高速公路，于1990年9月亚运会前开通了75km，其工程质量被中外专家高度称赞，认为达到了国内公路施工的最高水平，反映了中国的现代化筑路技术和严格的工程管理水平。以后建成的成渝高速公路、济青高速公路等特大公路项目，均采用监理工程师制度，工程质量良好，管理井然有序，受到世界银行专家和中方同事的广泛好评。

（二）工程实施阶段工程质量监理的组织及其职责

1. 监理任务的委托

　　监理任务通常有招标委托和直接委托两种方式，一般应通过招标竞争择优选定监理单位。一个建设项目可委托一个，也可委托几个监理单位实施监理。外国或港澳、台地区等法人和其他组织在内地从事工程监理活动，应依法办理登记、审批手续，并聘请当地符合条件的监理单位合作监理。监理业务不得越级委托、不得转让，对于特殊复杂的单项工程或专业工程，可以将该部分质量监理业务委托给其他专业监理单位进行监理。对于需要试验检查的工程，因试验技术特别复杂。或试验工作量较大，也可将该试验工作再委托给专门的机构来完成。

　　根据委托，监理单位的主要职责有以下几项或其中的一部分：协助建设单位组织工程建设招标、评标活动；协助建设单位与中标单位签订工程建设合同；根据建设单位的授权，监督管理工程建设合同的履行：根据监理合同的要求，为建设单位提供技术服务；监理合同终止后，向建设单位提交监理工作报告。具体的职责应由监理单位与建设单位依法订立书面监理合同予以明确，推荐采用交通部颁发的合同范本。监理单位越级监理、违规转让监理业务、出借资质证书，不履行监理职责、与建设单位和施工单位串通弄虚作假等行为，故意损害项目法人，承包商利益，因工作失误造成重大事故的，将受到罚款、降低资质、吊销资质证书、赔偿损失等处分，直至追究其法律责任。

2．施工阶段工程质量监理的组织

（1）项目监理机构的组建

项目监理机构实质上是一个健全的现场监理工作班子，必须配备足够的、合格的监理人员。一般由总监理工程师、高级驻地监理工程师、专业监理工程师和其他监理人员组成。项目监理机构实行总监理工程师负责制，总监理工程师是监理单位派往项目监理机构的全权负责人，对监理单位主管领导负责；专业监理工程师是总监理工程师或高级驻地工作的具体执行者，对总监理工程师或高级驻地负责；其他监理人员是指总监或高级驻地手下的一般监理人员，对总监或高级驻地负责。

监理单位承担监理任务应根据工程规模、难易程度、合同工期、现场条件等因素，建立现场监理机构。现场监理机构一般按工程招标合同段设置基层监理单位。可视工程情况分别设最一级、二级或三级监理机构。一级监理机构设置总监理工程师办公室；二级监理机构设置总监理工程师办公室和高级驻地监理工程师办公室；三级监理机构是当工程项目为两个以上独立工程项目或跨省、区时，在二级监理机构中间设置项目监理部。

（2）监理人员的资质和素质要求

公路工程建设监理是知识密集型的社会化服务行业，因此对各类监理人员都有一定的资质和素质要求，这些要求应在监理招标文件和合同书中明确规定。

监理人员的构成，应根据被监理工程的类别、规模、技术复杂程度和能够对工程实施监理有效控制的原则进行配备。

监理人员包括：总监理工程师（以下简称总监）、总监代表、高级驻地监理工程师、专业监理工程师（以上统称为监理工程师）；测量、试验人员和现场旁站人员（以上统称监理员）；以及必要的文秘（包括翻译）、行政事务人员等。

总监、总监代表、高级驻地监理工程师，一般应具有高级工程师等相应的高级技术职称并必须取得交通部颁发的监理工程师证。

专业监理工程师应具有工程师等中级技术职称并应取得交通厅（局）颁发的专业监理工程师证；专业监理工程师分别有路基、路面、桥梁、隧道、交通工程、筑机、材料、试验、测量、计划、财务及合同管理等方面的专业。

测量、试验及现场旁站等监理员应具有初级技术职称或经过专业技术培训，考试合格。

3．监理人员在质量控制中的职责、权利和工作纪律

（1）监理人员的质量控制职责

监理工程师的职责权限应严格按业主，和监理单位签订的监理服务合同所授予的职权范围，以及按业主和承包人签订的合同文件明确规定的各项内容执行。

监理工程师在工程质量监理方面的主要职责是：

① 向承包人书面提供图纸中的原始基准点、基准线和基准高程等资料，进行现场交验并验收承包人施工放样。

② 在开工前和施工过程中，检查用于工程的材料、设备，对于不符合合同要求的，有权拒绝使用。

③ 签发各项工程的开工通知单，必要时通知施工单位暂时停止整个工程或任何部分工程的施工。

④ 对承包人的检验、测试工作进行全面监理；有权利用施工单位或自备的测试仪器设备，对工程质量进行检验，凭数据对工程质量进行监理。

⑤ 按施工程序旁站，对每道工序、每个部位进行质量检查和现场监督，对重要工程跟班检查，对质量符合施工合同规定的部分和全部工程予以签认；对不符合质量要求的工程，有权要求承包人返工或采取其他补救措施，以达到合同规定的技术要求。

（2）监理人员的权利

为保证工程监理人员能正确行使权利、履行其义务，建设单位应在委托的工程范围内，授予监理单位以下具体实施权；

① 向建设单位提出组织设计和技术方案建议权：

② 工程建设有关协作单位的组织协调权；

③ 行使开工令、停工令、复工令的发布权；

④ 工程上使用的材料和施工质量检验权；

⑤ 工程施工进度的检查、监督权；

⑥ 工程计量支付的审核和签认权等。

未经监理人员签字认可，工程材料、构配件、设备不得在工程上使用或安装，不得进入下一道工序施工，不得拨付工程进度款，不得进行竣工验收。

（3）监理人员的工作纪律

因为监理人员具有事前介入权、事中检查权、事后验收权、质量认证和否决权、计量支付权等权力，为确保建设监理事业的健康发展，按照"严格监理、热情服务、秉公办事、一丝不苟"的准则，有关法规对监理人员的职业道德和工作纪律做出了具体规定。其中包括不在两个以上监理单位注册和从事监理活动；不在政府部门、施工企业或材料设备生产供应单位兼职；不为所监理项目指定承包单位、材料设备及生产供应单位；不擅自接受被监理单位的任何津贴、礼金和可能导致判断不公的报酬等。凡假借监理工程师的名义从事监理工作，出卖、出借、涂改《监理工程师证书》，在影响公正执行监理业务的单位兼职的，建设行政主管部门对监理人员可予以罚款、没收非法所得，收缴《监理工程师证书》等处分。

（三）工程项目施工阶段工程质量监理的程序和方法

工程实施阶段的工程监理，可以是全过程的监理，也可分阶段进行设计监理、施工监理。鉴于目前我国施工监理推行较为普遍，以下着重介绍施工监理质量控制的程序和方法。

1．编制工程建设项目监理规划和监理细则

工程建设监理单位接受业主委托后，应编制项目监理规划，作为指导项目监理机构开展监理工作的纲领性技术组织文件，它也是政府主管机构、建设单位对监理单位实施监督管理，确认监理合同履行的重要内容和主要依据。监理规划由项目总监理工程师主持编写，监理单位的技术主管部门审核签认，经建设单位确认后实施。监理规划根据监理合同和建设单位要求。在充分收集和详细分析监理项目有关资料的基础上，结合监理单位的具体条件编写，通常包括工程项目概况、监理阶段、范围和目标、监理工作内容、主要控制目标和措施、监理组织、监理工作制度等内容。其中质量控制目标和措施部分，应分别明确设计、材料、施工等质量控制目标，确定控制工作流程，制定组织、技术、经济、合同等具体控制措施。

项目监理细则又称项目监理工作实施细则，是监理单位指导各部门实施具体监理业务的文件。监理细则由部门负责人针对分担的具体监理任务和工作，结合项目具体情况和工程信息，依据监理规划组织编写。它与监理规划的关系可以比作施工图与初步设计的关系。就像工程设计一样。对于简单的监理活动，可以只编写监理细则，而不再编写监理规划。

2．施工监理的质量控制程序和内容

在开工以前，监理工程师应向承包人提出适用于对所有工程项目进行质量控制的程序及说明，以供所有监理人员、承包人的自检人员和施工人员共同遵循，使质量控制工作程序化。

（1）开工报告

在各单位工程、分部工程或分项工程开工之前，高级驻地监理工程师应要求承包人提交工程开工报告并进行审批。工程开工报告应提出工程实施计划和施工方案；依据技术规范列明本项工程的质量控制指标及检验频率和方法；说明材料、设备、劳力及现场管理人员等项的准备情况，提供放样测量、标准试验、施工图等必要的基础资料。

（2）工序自检报告

监理工程师应要求承包人的自检人员按照专业监理工程师批准的工艺流程和提出的工序检查程序，在每道工序完工后首先进行自检，自检合格后，申报专业监理工程师进行检查认可。

（3）工序检查认可

专业监理工程师应紧接承包人的自检或与承包人的自检同时对每道工序完工后进行检查验收并签字，对不合格的工序应指示承包人进行缺陷修复或返工。前道工序未经检查认可，后道工序不得进行。

（4）中间交工报告

当工程的单位、分部或分项工程完工后，承包人的自检人员应再进行一次系统的自检，汇总各道工序的检查记录及测量和抽样试验的结果提出交工报告。自检资料不全的交工报告，专业监理工程师应拒绝验收。

（5）中间交工证书

专业监理工程师应对按工程量清单的分项完工的单项工程进行一次系统的检查验收，必要时应做测量或抽样试验。检查合格后，提请高级驻地监理工程师签发《中间交工证书》，未经中间交工检验或检验不合格的工程，不得进行下项工程项目的施工。

（6）中间计量

对填发了《中间交工证书》的工程，方可进行计量并由高级驻地监理工程师签发《中间计量表》。完工项目的竣工资料不全可暂不计量支付。

3．工序检查程序

各专业（结构、路基、路面、隧道等项目）监理工程师应在组成工程的各个单位、分部或分项工程开工之前，提出工序检查程序说明，以供现场旁站监理人员、承包人的自检人员及施工人员共同遵循。工序检查程序应按以下原则提如：

（1）应与合同图纸和工程量清单的分项所含内容相一致；

（2）应与技术规范及监理工程师批准采用的施工方法和工艺流程相协调；

（3）应与国家或合同规定的验收标准、检验频率和检验方法相配合；

（4）工序检查程序宜采用框图的形式表示，以便直观，并应与相应的检查记录、报表、证书等相配套，

4．公路工程施工质量监理的阶段划分与内容

工程质量监理是一个施工全过程的监理，它贯穿于整个合同执行过程的始终。根据施工过程，我们可将质量监理划分为三个阶段。由于每个阶段有不同的特点，所以监理的内容和重点也不尽相同。

（1）施工准备阶段

监理合同鉴定后，即进入施工准备阶段监理。

监理工程师应熟悉合同文件，参加施工招标；复核图纸和放样定线数据；督促承包人提交施工组织设计；准备第一次工地会议；准备发布开工通知等。

① 发布开工令

监理工程师应依据施工合同具体规定的日期，按时向承包人发出开工令并报业主备案。如无特殊原因，开工令发出的日期不应提前或推后。

② 召开第一次工地会议

第一次工地会议应由监理工程师主持，业主、承包人的授权代表必须出席会议，各方将要在工程项目中担任主要职务的部门（项目）负责人及指定分包人也应参加会议。会议的内容：介绍人员及组织机构、介绍施工进度计划、承包人陈述施工准备、业主说明开工

条件、明确施工监理例行程序。

③ 审批承包人的工程进度计划（含施工组织设计）

监理工程师应组织有关人员对承包人提交的各项进度计划进行审查，并在合同规定或满足施工需要的合理时间内审查完毕。在执行过程中应经常检查计划的执行情况。

④ 审批承包人的质量保证体系

监理工程师应按合同要求承包人建立一个完整的以自检为主的质量保证组织体系。各级自检人员应由富有施工经验、具有专业技术职称、熟悉规范和图纸，并且工作作风优良的技术人员担任。

⑤ 检验承包人的进场材料

在材料或商品构件订货之前，应要求承包人提供生产厂家的产品合格证书及试验报告。必要时监理人员还应对生产厂家生产设备、工艺及产品的合格率进行现场调查了解，或由承包人提供样品进行试验，以决定同意采购与否。材料或商品构件运入现场后，应按规定的批量和频率进行抽样试验，不合格的材料或商品构件不准用于工程，并应由承包人运出场外。

⑥ 审批承包人的标准试验

准试验是对各项工程的内在品质进行施工前的数据采集，它是控制和指导施工的科学依据，包括各种标准击实试验、集料的级配试验、混合料的配合比试验、结构的强度试验等。

⑦ 检查承包人的保险及担保，支付动员预付款

⑧ 审查承包人的施工机械设备

监理工程师应按其批准的承包人工程进度计划分期审查承包人在实施过程时所使用的施工机械设备。

⑨ 验收承包人的施工定线

监理工程师应在合同规定的时间内或在承包人的施工定线进行之前的合理时间内，向承包人书面提供原始基准点、基准线、基准高程的方位和数据，并对承包人的施工定线进行检查验收。

⑩ 验收承包人测定的地面线

监理工程师应要求承包人对全部工程或开工段落的原始地面线进行实际测定，并对测定工作进行检查验收以作为路基横断面施工图和土石方工程计量的依据。

⑪ 审批承包人提交的施工图

在施工工程开工前合同规定或合理的时间内，监理工程师应对承包人依据合同规定完成并提交的各种施工图进行审核批准。

⑫ 检查承包人占用工程场地

在合同规定的开工令发出之前及各项工程开工前合理的时间里，监理工程师应督促业主将全部工程或施工段落的工程场地移交给承包人使用。

⑬ 监理其他与保证按期开工有关的施工准备工作

对上述各项内容，如果没有达到有关规定的要求，则通知承包人进行补充和修正，直到符合合同要求或使得监理工程师满意为止。否则不允许进入正式施工阶段。

（2）施工阶段

这个阶段是工程的主体开始实施的阶段。承包人按规范规定的施工方法和监理工程师批准的施工方案及进度计划实施工程，以达到设计文件的要求。这个阶段的质量监理工作主要有：

① 检查承包人的施工工艺是否符合技术规范的规定，是否按开工前监理工程师批准的施工方案进行施工；

② 检查施工中所使用的材料、混合料是否符合经批准的原材料的质量标准和混合料配比要求；

③ 对每道工序完工后进行严格的质量验收，合格后才能允许承包人进行下一道施工工序；

④ 对施工中产生的工程缺陷或质量事故进行调查、处理。达到设计要求后才准许承包人继续施工。

在施工阶段，监理人员主要应抓住"检查"这个环节，尽可能增加检查时间，加密检查点，使检查工作达到足够的广度和深度。这样做的目的就是要通过检查发现问题，做到"防患于未然"，对已出现的质量问题，要及时责令承包人处理改正。

（3）交工及缺陷责任期阶段

监理工程师收到承包人递交的交工申请，确认工程满足：

① 承包人书面申请；

② 工程确定完成；

③ 工程检验合格；

④ 现场清理完毕；

⑤ 交工资料齐备。

确认工程满足上述5个条件后应指派专人全面负责交工检查工作，并成立有监理工程师、业主参加的交工检查小组。需要时，建议业主邀请设计部门和质量监督部门参加。

监理工程师还应提示承包人列席参加并负责提供分组检查工作时所需要的情况、资料、人力和设备，为交工检查活动提供服务。

交工检查小组的任务是：

① 进一步审查交工申请报告；

② 现场检查申请交工的工程；

③ 审查承包人的缺陷责任期的剩余工程计划；

④ 根据以上情况写出交工检查报告；

⑤ 决定是否签发交工证书。

工程交工的日期以检查小组决定的签交工证书的日期为准。工程交工证书必须包括如下内容：

① 获得交工证书的工程范围：

② 工程获得交工证书的日期；

③ 审查交工工程的单位；

④ 交工证书的签字人（业主、监理工程师、承包人各方代表）。监理工程师应根据合同，规定交工工程的缺陷责任期（一般为一年），起算日期必须以签发的工程交接证书日期为准。

缺陷责任期监理的工作内容：

① 检查承包人剩余工程计划；

② 检查已完工程；

③ 确定缺陷责任及修复费用；

④ 督促承包人按合同规定完成交工资料。

监理工程师收到缺陷责任期工作检查小组的报告，并确认缺陷责任期工作已达到规定标准，应向承包人签发缺陷责任终止证书。签发日期就以工程通过最终检验的日期为准。

《工程缺陷责任终止证书》签发的必要条件：

① 监理工程师确认承包人已按合同规定及监理工程师指示完成全部剩余工程。并对全部剩余工程的质量检查认可；

② 监理工程师收到承包人含有如下内容的终止缺陷责任申请：

a、剩余工作计划执行情况；

b、缺陷责任期内监理工程师发现并指示承包人进行修复的工程完成情况；

c、交工资料的完成情况。

《工程缺陷责任终止证书》应包括以下主要内容：

① 获得证书的工程范围；

② 审查缺陷责任期工作的单位；

③ 工程交工日期及合同缺陷责任期终止日期：

④ 《工程缺陷责任终止证书》的签字人（业主、监理工程师、承包人各方的代表）。

5．质量监理的基本方法

公路工程质量监理是对公路工程施工的各个阶段及施工中各个环节、各道工序进行严格的、系统的、全面的质量监督和管理，为了保证达到质量监理的目标，一般可以采用以下各种监理手段来开展质量监理工作：检查核实、签认、审批、测量与检测、旁站、工地巡视，签发指令文件。

（1）检查核实、签认与审批

监理工程师在施工的全过程中，需要经常对承包人所报送的各类报表和质量数据进行检查核算（内业）或进行现场核实（外业）。如：监理工程师在审批承包人提交的开工报告时，对承包人提供的开工条件，如施工人员组织、施工的机械配备、材料质量和配合比试验结果及施工放样等应逐一进行检查、核实，签认与审批。

（2）抽检试验

抽检试验包括室内试验和现场检测两大类，它是监理工程师确认各种材料及施工部位质量的主要依据，是监理工程师坚持一切用数据说话的基础。

公路工程施工质量判断，有许多必须经过取样试验才能得出结论，因此试验是监理工程师控制工程质量的一个重要手段。

抽检试验的内容主要以能控制各施工项目施工质量的关键工序的质量指标为依据。

（3）检测与测量

在施工全过程中，不论是承包人或监理工程师都离不开测量与检测。测量是监理工程师在质量监理过程中，对施工各部位的平面位置、高程、几何尺寸进行检查和控制的重要手段，主要包括施工放样现场复核、施工过程中的跟踪测量，以及工程验收包括分项工程完工验收、交工验收及竣工验收中的各项检测工作。

（4）旁站

旁站即"盯现场"，就是监理工程师在承包人施工期间，用全部或部分时间盯在施工现场，对承包人的各项施工活动进行跟踪监理，这种方法在公路工程质量监理工作中十分重要。实际工作中，监理工程师对施工条件比较复杂、工程质量难于保证的关键工序及工程的关键部位，一般应进行全过程的旁站监督，如水泥混凝土路面，沥青混凝土面层施工的全过程、钻孔灌注桩施工中的混凝土工序等。而对施工质量相对稳定由多道施工工序所组成的分项工程中的次要工序，可进行部分时间的旁站监督。但对影响施工质量关键工序不仅应进行旁站，而且还应进行抽检，如路基工程施工时，路基分层填筑和分层压实等必须进行压实度抽检。

（5）工地巡视

工地巡视是监理工程师在公路工程的施工过程中，为了解工程施工质量的全貌，利用相对较短的时间，对工程的整体（包括工程的较次要部位、较次要工序等）进行巡查、检视。这也是监理工程师进行质量监理的基本方法之一。

（6）签发指令文件

指令文件、一方面包括施工监理过程中，监理工程师以书面文件的形式签发给承包人提醒注意施工中存在的质量隐患或质量问题书面文件；另一方面还包括监理工程师为保证工程质量，向承包人发布的工程变更、补充技术标准、施工技术要求、工地会议纪要等。这些文件都直接关系到工程的质量，是进行工程质量监理必不可少的手段。

六、施工单位的质量管理

（一）施工单位在工程质量管理中的作用和责任

1. 施工单位在工程建设中的地位和作用

施工单位是工程项目任务的最终完成者，施工单位通过生产活动，把各种工程材料和构件建成不同等级的公路和构筑物，为国民经济的发展提供物质技术基础，为发展生产和改善人民生活服务。

工程施工是使建设工程设计意图最终实现并形成工程载体的阶段，也是最终形成工程质量和工程产品功能和使用价值的关键阶段。因此，施工单位质量的管理和控制是工程项目质量管理和控制的重点。

2. 施工单位的质量责任

根据《公路法》和《建设工程质量管理条例》和《公路工程质量管理办法》的规定，施工单位主要有以下几方面质量责任：

（1）施工单位必须按资质、资信等级确定的业务范围参加投标，承揽工程施工任务，并接受质监机构对其资质和质量体系的监督检查。

（2）施工单位必须依据有关公路工程建设的法律、法规、规章、技术标准和规范的规定，按照设计文件、施工合同和施工工艺要求组织施工，并对其施工的工程质量负责。

施工单位应当建立质量责任制，确定工程项目的项目经理、技术负责人和施工管理负责人。

建设工程实行总承包的，总承包单位应当对全部建设工程质量负责；建设工程勘察、设计、施工、设备采购的一项或者多项实行总承包的，总承包单位应当对其承包的建设工程或者采购的设备的质量负责。

（3）施工单位必须建立施工质量保证体系，推行全面质量管理，制定和完善

岗位质量责任、质量规范及考核办法，建立工地试验室，加强施工过程中的自检、互检和交接检工作。对交付监理签认的工程，要落实质量责任制。

（4）总承包单位依法将建设工程分包给其他单位的，分包单位应当按照分包合同的约定对其分包工程的质量向总承包单位负责，总承包单位对分包工程的质量承担全部责任。

（5）施工单位必须按照工程设计图纸和施工技术标准施工，不得擅自修改工程设计，不得偷工减料。

施工单位在施工过程中发现设计文件和图纸有差错的，应当及时提出意见和建议。

（6）施工单位必须按照工程设计要求、施工技术标准和合同约定。对建筑材料、建筑构配件、设备和商品混凝土进行检验，检验应当有书面记录和专人签字；未经检验或者检验不合格的，不得使用。

（7）施工单位必须建立健全施工质量的检验制度，严格工序管理，作好隐蔽工程的

质量检查和记录。隐蔽工程在隐蔽前，施工单位应当通知建设单位和监理单位检查认可。

（8）施工人员对涉及结构安全的试块、试件以及有关材料，应当在建设单位或者工程监理单位监督下现场取样，并送具有相应资质等级的质量检测单位进行检测。

（9）施工单位对施工中出现质量问题的建设工程或者工程验收不合格的建设工程，应当负责返修。

（10）施工单位应当建立、健全教育培训制度，加强对职工的教育培训；未经教育培训或者考核不合格的人员，不得上岗作业。

（11）工程发生质量事故，施工单位必须按规定向监理单位、建设单位及有关部门报告，并保护施工现场接受调查，认真进行事故处理。

（12）竣工的公路工程项目必须符合有关公路工程标准及设计文件要求，并按规定向建设单位提交完整的技术档案，试验成果及有关资料。

3．施工项目经理的质量责任

施工项目经理是企业法人在建设工程项目上的代表人，应经建设行政主管部门或专业部门考试合格并取得相应的资格等级证书。其责任包括负责对参加本项目施工的人员进行质量管理教育；贯彻执行国家和企业颁发的保证工程质量的规定、规程、制度和措施；认真选择合适的材料供应厂商和工程分包队伍，不采用不正当的手段采购物资、分包工程；组织质量自检、互检和专检，及时处理协调有关质量的矛盾和问题，确保项目质量目标的实现。

（二）工程项目施工质量控制的内容和措施

工程项目施工是一个从投入原材料开始，直到完成工程质量验收和交工的系统过程，应建立健全工程施工项目质量管理工作体系。

下面分施工准备、施工、竣工验收三个阶段，分别介绍质量控制的内容和措施。

1．施工准备阶段工作质量控制

从技术质量的角度来讲，施工准备工作主要是做好图纸学习与会审、编制施工组织设计和进行技术交底，为确保施工生产和工程质量创造必要的条件。

（1）图纸学习与会审

设计文件的学习和图纸会审是进行质量控制和规划的一项重要而有效的方法。一方面使施工人员熟悉和了解工程特点、设计意图和掌握关键部位工程质量技术要求，更好地做到按图施工。另一方面通过图纸审查，及时发现存在的问题和矛盾，提出修改意见，帮助设计单位减少差错，提高设计质量，避免产生技术事故或工程质量问题。

图纸会审由建设单位或监理单位主持，设计单位、施工单位参加。设计单位介绍设计意图、图纸、设计特点和对施工的要求，施工单位提出图纸中存在的问题和对设计单位的要求，通过三方讨论和协商，解决存在问题，写出会审纪要，设计人员在会后通过书面形式进行解释，或提出设计变更文件及图纸。图纸审查必须抓住关键，特别注意对构造和结构的审查，必须形成文件，并作为档案保存。

（2）编制施工组织设计

高质量的工程和有效的质量体系不是偶然能达到的，往往需经过精心策划和周密计划。施工组织设计就是对施工的各项活动做出全面的构思和安排，指导施工准备和施工全过程的技术经济文件，它的基本任务是使工程施工建立在科学合理的基础上，保证项目取得良好的经济效益和社会效益。公路建设工程项目的单体性决定了对每个项目都必须根据其设计特点和施工特点进行施工组织，并编制满足需要的施工组织设计。

根据设计阶段和编制对象的不同，施工组织设计大致可分为施工组织总设计、单位工程施工组织设计和难度较大、技术复杂或新技术项目的分部分项工程施工组织设计三大类。施工组织设计的内容因工程的性质、规模、复杂程度等情况的不同而异，通常应包括质量措施、安全文明施工措施、各项资源需要量计划及施工平面图、技术经济指标等基本内容。施工组织设计编制和修改要按照施工单位隶属关系及工程性质实行分级审批；实施监理的工程，要经监理单位审批。

施工组织设计中，对质量控制起主要作用的是施工方案，主要包括施工程序的安排、主要项目的施工方法、施工工艺、施工机械的选择，以及保证质量、安全施工、冬季和雨季施工等方面的预控方法和针对性的技术组织措施。选择施工方案时，应以国家和地方规程、标准、技术政策为基础，以质量第一、确保安全为前提、按技术上先进、经济上合理的原则，对主要项目可拟定几个可行的方案，突出主要矛盾，摆出主要优缺点，采用建设、监理、设计和施工单位相结合等形式讨论和比较，不断优化，选出最佳方案。对主要项目关键部位和难度较大的项目，如新结构、新材料、新工艺、大跨度、高填方、深基础和高度大的工程部位。制定方案时要反复讨论，并制定确保质量、安全的技术措施。

（3）组织技术交底

技术交底是指单位工程、分部工程，分项工程正式施工前，对参与施工的有关管理人员、技术人员和工人进行不同重点和技术深度的技术性交代和说明。其目的是使参与项目施工的人员对施工对象的设计情况、结构特点、技术要求、施工工艺、质量标准和技术安全措施等方面有一个较详细了解。做到心中有数，以便科学地组织施工和合理地安排工序，避免产生技术错误或操作错误。

技术交底是一项经常性技术工作，可分阶段进行。项目经理根据施工进度，分阶段向工长及职能人员交底；工长在每项任务施工前，向操作班组交底。技术交底应以设计图纸、施工组织设计、质量检验评定标准、施工验收规范、操作规程和工艺卡为依据，编制交底文件，必要时可用图表、实样、现场示范操作等形式进行，并做书面交底记录。特别对重点、特殊工程和特殊部位，以及"四新"技术的交底，内容要全面，重点要明确，要求具体而详细，注重可操作性。

（4）控制物资采购

施工所需的物资，包括原材料、构配件和设备等，除由建设单位提供外，其余均需施工单位自行采购、订货。如果生产、供应单位提供的物资不符合质量要求，施工企业在采购前和施工中又没有有效的质量控制手段，往往会埋下工程隐患，甚至酿成质量事故。因此，采购前应着重掌握生产、供应单位的质量保证能力，选择合适的供应厂商和外加工单位。按先评价、后选择的原则，由熟悉物资技术标准和管理要求的人员对拟选择的分供方，通过对其技术、管理、质量检测、工序质量控制售后服务等质量保证能力信誉的调查，以及产品质量的实际检验评价，各分供方之间的比较，最后做出综合评价，再选择合格的分供方建立供求关系。对已建立供求关系的分供方还要根据情况的变化和需要，定期地进行连续评价和更新，以使采购的物资持续保持符合质量要求的水平上。

2. 施工阶段施工质量控制

施工阶段是形成工程项目实体的过程，也是形成最终产品质量的重要阶段。

在施工过程中解决质量问题是最经济的，强调过程中解决质量问题是非常重要的。因此应按照施工组织设计的规定，通过把好材料、质量验收关，做好施工中的巡回检查，对主要分部分项工程和关键部位进行质量监控，严格工序检查验收和隐蔽验收及工程预检，加强设计变更管理，及时记录、收集和整理施工技术资料等工作措施，以保持施工过程的工程总体质量处于稳定受控状态。

（1）严格进行材料、构配件检验和试验与施工试验

为避免不合格的原材料、构配件、设备、半成品，如钢材、水泥、钢筋连接接头、混凝土、砂浆、预制混凝土构件等进入施工现场，必须按规范、标准和设计的要求，根据对质量的影响程度和使用部位的重要程度，在使用前采用抽样检查或全数检查等形式，通过检验和试验手段，判断其质量的可靠性。

检验和试验的方法有书面检查、外观检验、理化试验和无损检验等四种。书面检验，是对提供的质量保证资料、试验报告等进行审核，予以认可。外观检验，是对品种、规格、标志、外形尺寸等直观检查。理化试验，是借助试验设备和仪器对样品的化学成分，机械性能等进行性能测试和鉴定，如钢材的抗拉强度、混凝土的抗压强度、水泥的安定性等，委托具备法定资格的检测机构进行。无损检验，是在不破坏样品的前提下，利用超声波、X 射线、探伤仪等进行检测，如钢结构焊缝缺陷的检验。

严禁将未经检验和试验或检验不合格的材料、构配件、设备、半成品等投入使用。

（2）实施工序质量监控

工程项目的施工过程，是由一系列相互关联、相互制约的工序所构成的，例如，混凝土工程由搅拌、运输、浇灌、振捣、养护等工序组成。工序质量直接影响项目整体质量，工序质量包含两个相互关联的内容，一是工序施工完成的工程产品是否达到有关质量标准。为了指导工程质量从事后检查把关，转向事前和事中控制，达到预防为主的目的，必须加强施工工序的质量监控。

工序质量监控的对象是对影响工序质量的因素，特别是对主导因素的监控，其核心是管因素、管过程，而不是单纯是管结果。工序质量监控的重点内容包括以下四个方面：

① 设置工序质量控点。即对影响工序质量的重点或关键部位、薄弱环节，在一定时期内和一定条件下进行强化管理，使之处于良好的控制状态。可作为质量控制点的对象涉及面较广，它可能是技术要求高、施工难度大的结构部位，如桩基工程等，也可能是对质量影响大的关键工序、操作或某一个环节。如预应力结构的张拉工序、模板的支撑与固定、大体积混凝土的浇捣、水泥稳定土和沥青混凝土的拌和和摊铺。

② 严格遵守工艺规程。施工工艺和操作规程是施工操作的依据和法规，是确保工序质量的前提，任何人都必须严格执行，不得违犯。

③ 控制工艺活动条件的质量。主要将影响质量的五大因素，即施工操作者、材料、施工机械设备、施工方法和施工环境等，切实有效地控制，以保证每道工序的正常、稳定。

④ 及时检查工序活动效果的质量。通过质量检查，及时掌握质量动态，一旦发现质量问题，及时处理。

（3）组织质量检验

具体形式有质量自检、互检和专业质量检查，工序交接检查，工程隐蔽验收检查、工程预检、基础和主体工程检查验收等。

① 质量自检和互检。自检是指由工作的完成者依据规定的要求对该工作进行的检查。互检是指工作的完成者之间对相应的施工工程或完成的工作任务的质量所进行的一种制约性检查。互检的形式比较多，如同一班组内操作者间的互相检查，班组质量员对班组内的某几个成员或全体的操作效果的复查，下道工序对上道工序的检查。互检往往是对自检的一种复核和确认。操作者应依据质量检验计划，按时、按确定项目和内容进行检查，并认真填写相应的记录。

② 专业质量监督。施工企业必须建立专业齐全、具有一定技术水平和能力的专职质量监督检查队伍和机构，以弥补自检、互检的不足。企业质量监督检查人员应按规定的检验程序，对工序施工质量及施工班组自检记录进行核查、验证，并对符合要求的予以确认；当工序质量出现异常时，除做出暂停施工的决定外，还应向主管上级报告。专业质量检查人员应做好专业检查记录，清晰表明工序是否正常及其处理情况。

③ 工序交接检查。工序交接检查是上道工序施工完毕即将转入下道工序施工之前，以承接方为主，对交出方完成的施工内容的质量所进行的一种全面检查，是由专门人员组织，有关技术人员及质量检查人员参加一种不同于互检和专检的特殊检查形式。按承交双方的性质不同，可分为施工班组之间、专业工程处（分公司）之间和承包工程的企业之间交接检查类型。交出方和承接方通过资料审查及实体检查，对发现的问题进行整改，达到设计标准要求后，办理工序交接手续，填写工序交接记录，并由参与各方签字确认。

④ 隐蔽工程验收。隐蔽工程验收是指将被其他工序所隐蔽的工程，在隐蔽前进行的检查和验收，是一项防止质量隐患，保证工程项目质量的重要措施。重要的隐蔽工程项目，

如基础工程等，一般应由工程项目的技术负责人主持，请建设单位或监理单位和政府质量监督机构进行验收，并签署意见。隐蔽工程验收后，办理验收手续，列入工程档案。对于验收中提出的不符合质量标准的问题，要认真处理，经复核合格并写明处理情况。隐蔽工程验收不合格的，不得进行下道工序施工。

（4）设计变更管理

施工过程中往往会发生没有预料到的新情况，如设计与施工的可行性发生矛盾；建设单位因工程使用目的、功能或质量要求发生变化，而导致设计变更，或其他原因引起设计变更。设计变更须建设单位、监理单位、设计单位同意，共同签署设计变更记录，由设计单位负责修改，并向施工单位签发设计变更通知书。对建设规模、投资方案有较大影响的变更，须经原批准设计单位同意，方可进行修改。设计变更必须真实地反映工程的实际变更情况，变更内容要条理清楚、明确具体，除文字说明外，还应附施工图纸，以利施工。设计变更要注明日期，及时送交施工各方有关部门的人员。接到设计变更通知书，应立即按要求改动，避免施工管理漏项。对重要的或影响全局的，必须加强复核，避免发生重大差错，影响工程质量和使用。所有设计变更资料，均需有文字记录，并按要求归档。

（5）积累工程施工技术资料

工程施工技术资料是施工中的技术、质量和管理活动的记录，是对质量追溯的主要依据，也是工程档案的主要组成部分。施工技术资料管理是确保工程质量和完善施工管理的一项重要工作，它反映了施工活动的科学性和严肃性，是工程施工质量水平和管理水平的实际体现。施工企业必须按各专业质量检验评定标准的规定和各地的实施细则，全面、科学、准确、及时地记录施工及试验资料，按规定积累、计算、整理、归档，手续必须完备，并不得有伪造、涂改、后补等现象。

3. 竣工验收交付阶段的工程质量控制

工程竣工后，经工程监理单位核定，达到质量标准，由建设单位组织对竣工工程的质量进行验收，在办理竣工手续后可交付使用。

（1）坚持竣工标准

达不到竣工标准的工程，不能算是竣工，也不能报请竣工质量核定和竣工验收。按照设计图纸、技术说明书、验收规范进行验收，工程质量符合各项要求，在工程内容上按规定全部施工完毕，不留尾巴。

（2）做好竣工预检

竣工预检是承包单位内部的自我检验，目的是为正式验收做好准备。竣工预检可根据工程重要程度和性质，按竣工验收标准，分层次进行。通常先由项目部组织自查，对缺漏或不符合要求的部位和项目，确定整改措施，指定专人负责整改。在项目部整改复查完毕后，报请承包企业或上级单位进行复验，通过复验，解决全部遗留问题，经确认全部符合竣工验收标准，具备交付使用条件。

（3）整理工程竣工验收资料

工程竣工验收资料是使用、维修、扩建和改建的指导文件和重要依据，工程项目交接时，承包单位应将成套的工程技术资料进行分类整理、编目建档后移交给建设单位。工程项目竣工验收的资料主要有：

① 工程项目开工报告和竣工报告；

② 图纸会审和设计交底记录；

③ 设计变更通知书和技术变更核定单；

④ 工程质量事故调查和处理资料；

⑤ 水准点位置、导线测量记录。

⑥ 材料、构配件、设备的质量合格证等资料；

⑦ 试验、检验报告；

⑧ 隐蔽验收记录及施工日记；

⑨ 竣工图；

⑩ 质量检验评定资料；

⑪ 工程竣工验收资料；

⑫ 其他需移交的文件、实物照片等。

（4）缺陷责任期的工程质量控制。

工程项目在竣工验收交付使用后，按照合同和有关规定，在一定期限内，施工单位应主动对工程进行保修，并征求建设单位对工程质量的意见，对属于施工单位施工质量问题，负责维修，不留隐患，如属设计原因造成的质量问题，在征得建设单位和设计单位认可后，协助修补。

第三节　公路设计项目质量管理措施

本节以公路设计质量管理为背景，较客观、准确地查找出公路设计质量管理中存在的问题，从人员构成、质量管理体系、设计质量管理过程控制等方面，提出了加强设计策划、质量管理职责和持续改进的优化措施，有助于保证和不断提高公路工程的设计质量，促进资源节约型、规范化公路工程建设，努力使公路设计向准确、安全、科学、高效的方向迈进。

一、公路设计项目的质量管理计划

1. 公路设计策划与设计计划

公路设计策划是针对某个公路设计项目先建立质量目标，制定质量要求并相应开展各种设计活动。

公路设计计划是以设计计划的形式编制的，由项目的设计策划形成的文件，它是项目设计质量管理及控制的依据性文件。

2. 公路设计项目质量管理计划内容

公路设计质量管理计划的内容包括：项目的质量目标以及对设计质量控制的要求；项目概况；项目的设计范围及设计分工；设计的指导思想及设计原则；业主对设计的特殊要求；设计者工期计划及设计组织；设计的工作程序、设计的进度计划及设计的里程碑的进度计划；设计各阶段的设计评审及验证的安排；设计采用的技术标准、规范；必要的附件：设计合同、可研报告以及设计技术指标表等。只有合理地制订公路设计项目质量管理计划，才能为项目的顺利开展奠定基础。

二、公路设计项目质量管理体系研究

公路设计项目的质量管理体系是根据 GB/T19001《质量管理体系要求》标准结合设计单位实际情况制定的，在实际运行中不断修改完善。它阐述了设计单位的质量方针，并对设计单位的质量管理体系提出了具体要求，是项目一切质量管理活动必须遵循的纲领性文件。该体系是设计单位质量管理的法规，是质量管理体系运行的准则，也是设计单位对所有顾客的承诺。它包括设计项目质量管理的要求、质量管理职责以及为确保过程的有效策划、运行和控制所需的文件等。笔者认为，严格遵守公路设计项目质量管理的要求，加强设计过程的质量管理职责，是改进设计质量管理的有效途径。

1. 公路设计项目质量管理的要求

（1）设计质量管理总的要求：在满足业主对公路工程项目的功能及使用价值需求的情况下，正确处理业主需要与资源、投资、技术、标准、环境及法规之间的关系，尽力做到经济、可靠、安全、节能、减少资源的消耗、节约占地、生态环保及可持续发展等的综合协调的工作。

（2）设计质量管理的具体要求：

① 符合已批复的项目建议书、工可报告、项目占地等的内容要求。

② 符合相关的公路规范标准及技术要求。

③ 符合有关的质量管理体系及工程建设的法律、法规。

④ 满足业主的建设意图及设计合同要求，满足施工的要求，不影响工程的进度和质量。

⑤ 设计图纸齐全，技术要求明确，计算准确。设计单位有义务协助施工单位了解和掌握设计图纸的要求及设计意图。

⑥ 反映建设过程中及建成后所需要的有关要求、数据和资料。

（3）公路设计阶段投资、进度、质量三者之间的关系

公路设计阶段要处理好投资、进度、质量三者之间的关系，在既定投资限额的约束下，努力达到业主所需的较高的质量水平及最佳使用功能。

2. 公路设计过程的质量管理职责

设计单位通过实施"ISO9001: 2000国际标准质量管理体系"认证,促进了其作业产品——设计质量的不断提高。在这些认证的设计单位中,都有一套自成体系的质量管理方式,并且都有相应的质量管理文件,如《质量手册》《程序文件》《作业指导文件》《受控质量记录》等。这些文件能否有效、完整、合理地执行,除了依靠相应的制度管理作为支撑体系之外,其可操作性、合理性、繁简性是不可忽视的重要影响因素。如何提高质量管理体系操作的有效性,在合理的基础上化繁为简,对作业产品建立一套适用、有效的质量评价方法,使实际作业人员感受到这些管理方式切实保障了其作业产品的实际效益,帮助他们克服或防止了作业工作中的疏漏点,才是质量管理体系有效运作的重要前提。通过深入探索研究认为,在设计过程中加强设计相关人员的质量管理职责,严格执行质量管理体系要求,才能有效提高设计质量。

(1)项目负责人的质量职责。

项目负责人在室主任的领导下,按质量管理体系的要求对全项目组的测量、设计工作负责。

① 根据室里的测量、设计生产任务以及本组人员的具体情况,尽快熟悉理解并对本组人员传达《测量指导书》《设计指导书》。合理分配组员应承担的任务,编制本组的生产和创优计划,组织全组人员按照相关程序完成各项测设任务。对项目全面负责(包括进度、重大方案等),对设计内容的完整性、全面性负责。

② 组织测设人员做好基础资料及相关信息的收集,并对设计输入的资料进行深入细致的分析研究,做好设计方案的比选,树立创新意识,积极采用新技术,以提高设计质量。对原始资料(数据)应用的充分性和适宜性负责。

③ 协调本组人员做好自校、互校和组审工作,做好设计文件的编制工作,注重工作效率,复核互提资料,保证其充分、准确。对本组的设计质量负责。

对项目的组织实施和全过程控制,编制《设计计划书》。

④ 组织测设人员做好中间检查和事后总结,及时处理不合格品,贯彻实施纠正和预防措施,做到不合格产品不出组,并及时在组内开展质量教育和质量剖析活动,保证质量管理体系在项目中正常运行。

⑤ 复核图纸(报告)及计算书,对具体设计方案合理性,设计内容的完整性、全面性负责。

⑥ 对常规计算方法的正确性、关键数据的正确性,计算结果的可信性、合理性负责。

⑦ 对设计、复核人员进行技术指导,并进行质量教育,确保管辖范围质量管理体系正常运行。

⑧ 根据室主任的安排,熟悉顾客要求并与顾客沟通,组织本组的设计变更和后期服务,重视施工现场的信息反馈,广泛收集与本组产品有关的内容,适时进行归纳和整理。对无合理理由未落实复核意见的产品,有权拒绝签署。

⑨ 参加设计评审、设计确认会议，汇报项目设计情况，并落实会议精神。

（2）设计各专业室的质量职责

设计单位一般实行专业部室及项目组相结合的矩阵式管理方式。设计的各专业室、项目组分别对设计质量负有相应职责；设计人员在质量管理上受设计各室及项目组的双重领导，各室人员都应理解质量方针和质量目标，贯彻执行相关的质量管理体系文件，并在执行中不断考核其有效性。设计各专业室的质量职责主要有：

① 派出符合资格要求的相应的专业负责人及各级专业设计人员加入项目组，以保证项目组有富裕的质量、数量的人力资源，以保证项目的设计质量和水平。

② 项目负责人指导、监督参加该项目组的所有人员，并在生产活动中严格遵守执行本公司的质量管理体系标准，并采取质量保证及控制措施对项目各专业的设计过程进行有效的控制。

③ 制定工程项目中各专业采用的标准、规范，并确保使用现行的有效版本。

④ 确定设计中拟采用的专业技术方案，并对设计的专业技术方案的合理性、先进性、可靠性论证比选，确保专业技术方案的合理可靠。

⑤ 在实施项目或用户的变更中，严格按照设计更改程序。

⑥ 负责对设备及材料供货厂商报价相关的技术评审。

⑦ 设计过程中若出现设计的不合格成果时，严格地执行相应的控制程序。

⑧ 必要时，可参加项目的合同评审及承包方的资格审查。

⑨ 负责收集、编制及管理设计过程中相应产生的各种质量管理记录。

（3）复核人员的职责

复核人员必须是具有大学本科以上学历的专业技术人员，由正/副室主任或具备中级职称的技术人员担任，敬业、爱岗具有良好的道德品质和行业素质，熟悉业务技术和常用设计规范、标准及其他质量技术要求。主要职责有：

① 复核图纸（报告）及计算书，并用红色明确、清晰标识，对图纸（报告）、原始资料（数据）、计算公式和计算结果的正确性负责。

② 向审核、审定人员介绍复核情况。

③ 对无合理理由未落实复核意见的产品，有权拒绝签署。

三、公路设计项目质量管理的改进措施

1. 增强设计人员的质量意识，提高设计人员的业务技能

公路工程的设计产果是将无形抽象的人类思维活动，转化为可视的文字、图形及数据等。公路工程的设计工作是一种创造性的劳动，设计质量是在严格遵守规范、技术标准及法规的基础上，对公路工程所处的地质条件做出准确、及时的评价，正确协调经济、技术及环境等条件的相互约束，使公路工程设计项目更好地满足业主要求的使用功能及价值，

保障发挥项目投产后的经济效益。

人是设计生产、经营过程的主体，公路工程项目设计工作的管理协调、组织策划及过程控制，都是通过设计者来完成的。设计者的文化程度及技术水平、职业道德等，都对工程的设计质量产生一定的影响，所以，设计者的水平是影响公路设计质量的一个重要因素。从本质上讲，作为公路设计单位的员工，必须将质量责任意识作为一种责无旁贷的使命，无论在什么岗位，都肩负着公路建设的责任和使命，增强公路设计人员的业务技术培训，不断提高他们的专业技能。公路设计项目质量的高低与设计者的专业技术水平及综合素质是密不可分的。因此，设计单位要制订专门的员工培训计划，运用激励措施及考核奖励办法，促使员工自觉学习新的规范、技术标准及设计专业的各种技术规定、作业程序，不断提高设计者的业务水平。采用"传帮带"模式，开展岗位技能的培训，让专业技术水平高、设计经验丰富的人员当老师，带着年轻人干，从简单图纸开始，整个项目流程做下来，给年轻人分配一些力所能及的工作，逐步掌握一定的设计技能，不断积累，让年轻人能够将理论知识、规程及规范逐步应用到实际的工程设计中去，不断地熟悉公路设计的流程及要求，不断提升业务水平。

培养公路专业设计人员细致的工作作风及爱岗敬业精神，并要求设计人员做到"四勤"：脑勤，要熟悉相应基础数据，抓住关键，勤动脑筋，想方设法来保证公路工程的设计质量；手勤，对发现及处理的问题要有记录；腿勤，为了获取准确的一手设计资料要勤跑，并将不正确的信息消除在萌芽状态；口勤，在设计的过程中遇到问题要及时汇报，设计完成后，给下一道工序提供图纸要进行技术交底工作，介绍整个工程项目的设计意图、建设条件及需注意的事项，遇到协助配合的情形要及时沟通并协商解决。在工作中创造一种乐于学习的氛围，通过学习来不断提升设计者的设计咨询水平。

2．优化组织结构，合理配置资源

设计单位目前主要是职能式组织结构，其好处是能发挥职能部门的专业作用，减轻单位领导者的负担；其不足是阻碍了所需的集中决策及指挥。同时，因为专业职能部门的质量管理能力不强，特别对客户在设计质量改进方面的需求反应较迟，对设计过程的管理控制不够及时，这也降低了质量系统的运行效率。从设计单位的工作内容及特点来看，更适合建立按各个项目划分的矩阵式结构。项目负责人是以提高项目设计质量为目的的，赋予项目负责人特定的责任及权利，充分发挥项目负责人的指挥、协调作用，可以使不同设计者之间的配合及信息交流更加顺畅，组织机构运转灵活，项目成员协调能力增强，能够较好地处置设计中的各种变化情况，并迅速做出应对的措施。

设计单位是面对多个项目同时开展设计工作的，为了保证工程设计质量，单位领导和项目负责人要根据项目的轻重缓急和难易程度，给项目投入相应的资源，分配好设计、校核、审核不同层次的资源，通过多层次的综合调配，使有限的资源发挥最大的作用，以保证工程设计质量。

3．严格地执行设计质量管理体系，持续改进设计质量

通过进行 ISO9001 质量管理体系的认证工作，设计单位建立了一整套较健全的管理制度，如专业之间沟通配合制度、质量评定办法及图纸会签制度等。质量管理体系的建立不仅仅是质量贯标认证的要求，其根本 FI 的在于通过实施质量管理体系，规范作业流程以及设计人员的行为，明确各专业的设计要求、工序，通过质量管理制度来减少公路设计中各专业间的配合协作，建立相应质量跟踪检查及质量记录制度，确保设计工作的每个环节都合理有序到位，使公路设计质量可控、能控及在控。所以，我们确保严格地执行各项设计管理制度，以保证设计质量，并不断持续地改进设计质量。

总之，因为专业设计人员的技术能力培养需要一个较长的过程，目前来说，能够较快提升公路设计质量的办法是严格执行质量管理制度、程序，优化组织结构及资源配置，加强质量监督检查，通过对质量管理工作的循环管理控制，以达到持续改进提高设计质量的目的。

第四节　高速公路建设项目质量管理

一、高速公路项目量控制目标

高速公路项目施工质量控制的总目标，是实现由高速公路项目决策、设计文件和施工合同所决定的预期使用功能和质量标准。尽管建设单位、设计单位、施工单位、供货单位和监理机构等，在施工阶段质量控制的地位和任务目标不同，但从高速公路项目管理的角度，都是致力于实现高速公路项目的质量总目标。因此，施工质量控制目标，可具体表述如下：

1．建设单位的控制目标

高速公路建设单位在施工阶段，通过对施工全过程、全面的质量监督管理、协调和决策，保证竣工项目达到投资决策所确定的质量标准。

2．设计单位的控制目标

高速公路设计单位在施工阶段，通过对关键部位和重要施工项目施工质量验收签证、设计变更控制及纠正施工中所发现的设计问题，采纳变更设计的合理化建议等，保证竣工项目的各项施工结果与设计文件（包括变更文件）所规定的质量标准相一致。

3．施工单位的控制目标

高速公路施工单位包括施工总包和分包单位，作为高速公路产品的生产者和经营者，应根据施工合同的任务范围和质量要求，通过全过程、全面的施工质量自控，保证最终交付满足施工合同及设计文件所规定质量标准（含高速公路质量创优要求）的高速公路产品。

我国《高速公路质量管理条例》规定，施工单位对高速公路的施工质量负责；分包单位应当按照分包合同的约定对其分包工程的质量向总承包单位负责，总承包单位与分包单位对分包工程的质量承担连带责任。

4．供货单位的控制目标

高速公路建筑材料、设备、构配件等供应厂商，应按照采购供货合同约定的质量标准提供货物及其质量保证、检验试验单据、产品规格和使用说明书，以及其他必要的数据和资料，并对其产品质量负责。

5．监理单位的控制目标

高速公路监理单位在施工阶段，通过审核施工质量文件、报告报表及采取现场旁站、巡视、平行检测等形式进行施工过程质量监理；并应用施工指令和结算支付控制等手段，监控施工承包单位的质量活动行为、协调施工关系，正确履行对工程施工质量的监督责任，以保证工程质量达到施工合同和设计文件所规定的质量标准。高速公路监理工程师认为工程施工不符合工程设计要求、施工技术标准和合同约定的，有权要求高速公路施工企业改正。

高速公路施工质量的自控和监控是相辅相成的系统过程。自控主体的质量意识和能力是关键，是施工质量的决定因素；各监控主体所进行的施工质量监控是对自控行为的推动和约束。因此，自控主体必须正确处理自控和监控的关系，在致力于施工质量自控的同时，还必须接受来自业主、监理等方面对其质量行为和结果所进行的监督管理，包括质量检查、评价和验收。但作为自控主体不能因为监控主体的存在和监控职能的实施而减轻或免除其质量责任。

二、高速公路项目质量计划的编制方法

高速公路质量计划是高速公路项目质量管理体系文件的组成内容。在合同环境下高速公路质量计划是高速公路施工企业向顾客表明质量管理方针、目标及其具体实现的方法、手段和措施，体现企业对质量责任的承诺和实施的具体步骤。详细论述如下：

1．施工质量计划的编制主体和范围

高速公路项目施工任务的组织，无论业主方采用平行承发包还是总分包方式，都将涉及多方参与主体的质量责任。也就是说高速公路的直接生产过程，是在协同方式下进行的，因此，在工程项目质量控制系统中，按照谁实施、谁负责的原则，明确施工质量控制的主体构成及其各自控制范围。

高速公路施工质量计划的编制主体，由自控主体即高速公路施工承包企业进行编制。在平行承发包方式下，各承包单位应分别编制施工质量计划；在总分包模式下，施工总承包单位应编制总承包工程范围的施工质量计划，各分包单位编制相应分包范围的施工质量计划，作为施工总承包方质量计划的深化和组成。施工总承包方有责任对各分包施工质量

计划的编制进行指导和审核，并承担相应施工质量的连带责任。

高速公路施工质量计划的编制范围，从工程项目质量控制的要求，应与高速公路工程施工任务的实施范围相一致，以此保证整个高速公路项目的施工质量总体受控；对具体施工任务承包单位而言，施工质量计划的编制范围，应能满足其履行工程承包合同质量责任的要求。高速公路项目的施工质量计划，应在施工程序、控制组织、控制措施、控制方式等方面，形成一个有机的质量计划系统，确保项目质量总目标和各分解目标的控制能力。

2. 现行施工质量计划的方式和内容

高速公路质量计划是质量管理体系标准的一个质量术语和职能，在高速公路施工企业的质量管理体系中，以施工项目为对象的质量计划称为施工质量计划。

高速公路现行施工质量计划的方式，在我国除了已经建立质量管理体系的部分施工企业直接采用施工质量计划的方式外，通常还普遍使用工程项目施工组织设计或在施工项目管理实施规划中包含质量计划的内容。因此，现行的施工质量计划有三种方式：工程项目施工质量计划；工程项目施工组织设计（含施工质量计划）；施工项目管理实施规划（含施工质量计划）；高速公路施工组织设计或施工项目管理实施规划之所以能发挥施工质量计划的作用，这是因为根据高速公路生产的技术经济特点，每个工程项目都需要进行施工生产过程的组织与计划，包括施工质量、进度、成本、安全等目标的设定，控制计划和控制措施的安排等。因此，施工质量计划所要求的内容，理所当然地被包含于施工组织设计或项目管理实施规划中，而且能够充分体现施工项目管理目标（质量、工期、成本、安全）的关联性、制约性和整体性，这也和全面质量管理的思想方法相一致。

在已经建立质量管理体系的情况下，高速公路施工质量计划的基本内容必须全面体现和落实高速公路施工企业质量管理体系文件的要求（也可引用质量体系文件中的相关条文），编制程序、内容和编制依据要符合有关规定，同时结合工程项目的特点，在质量计划中编写专项管理要求。高速公路施工质量计划的基本内容一般应包括：a、工程特点及施工条件分析（合同条件、法规条件和现场条件）；b、质量总目标及其分解目标；c、质量管理组织机构和职责、人员及资源配置计划；d、确定施工工艺与操作方法的技术方案和施工任务的流程组织方案；e、施工材料、设备物资等的质量管理及控制措施；f、施工质量检验、检测、试验工作的计划安排及其实施方法与接收准则；g、施工质量控制点及其跟踪控制的方式与要求；h、记录的要求等。

3. 施工质量计划的审批程序与执行

高速公路施工单位的项目施工质量计划或施工组织设计文件编成后，应按照工程施工管理程序进行审批，包括施工企业内部的审批和项目监理机构的审查。

高速公路企业内部的审批，是指高速公路施工单位的项目施工质量计划或施工组织设计的编制与审批，应根据企业质量管理程序性文件规定的权限和流程进行。通常是由项目经理部主持编制，报企业组织管理层批准，并报送项目监理机构核准确认。

高速公路施工质量计划或施工组织设计文件的审批过程，是高速公路施工企业自主技术决策和管理决策的过程，也是发挥企业职能部门与施工项目管理团队的智慧和经验的过程。

高速公路监理工程师的审查，是指实施工程监理的高速公路施工项目，按照我国高速公路监理规范的规定，施工承包单位必须填写《施工组织设计（方案）报审表》并附施工组织设计（方案），报送项目监理机构审查。规范规定项目监理机构"在工程开工前，总监理工程师应组织专业监理工程师审查承包单位报送的施工组织设计（方案）报审表，提出意见，并经总监理工程师审核，签认后报建设单位"。

正确执行施工质量计划的审批程序，是正确理解工程质量目标和要求，保证施工部署、技术工艺方案和组织管理措施合理性、先进性和经济性的重要环节，也是进行施工质量事前预控的重要方法。因此，在执行审批程序时，必须正确处理施工企业内部审批和监理工程师审批的关系，其基本原则如下：a、充分发挥质量自控主体和监控主体的共同作用，在坚持项目质量标准和质量控制能力的前提下，正确处理承包人利益和项目利益的关系；施工企业内部的审批首先应从履行工程承包合同的角度，审查实现合同质量目标的合理性和可行性，以项目质量计划向发包方提供信任。b、施工质量计划在审批过程中，对监理工程师审查所提出的建议、希望、要求等意见是否采纳以及采纳的程度，应由负责质量计划编制的施工单位自主决策。在满足合同和相关法规要求的情况下，确定质量计划的调整、修改和优化，并承担相应执行结果的责任。c、经过按规定程序审查批准的施工质量计划，在实施过程如因条件变化需要对某些重要决定进行修改时，其修改内容仍应按照相应程序经过审批后执行。

4. 施工质量控制点的设置与管理

高速公路施工质量控制点的设置是施工质量计划的重要组成内容。高速公路施工质量控制点是施工质量控制的重点，凡属高速公路关键技术、重要部位、控制难度大、影响大、经验欠缺的施工内容以及新材料、新技术、新工艺、新设备等，均可列为高速公路质量控制点，实施重点控制。针对质量控制点，需要关注：

（1）质量控制点的设置

高速公路施工质量控制点的设置，是根据高速公路工程项目施工管理的基本程序，结合项目特点，在制订项目总体质量计划后，列出各基本施工过程对局部和总体质量水平有影响的项目，作为具体实施的质量控制点。如高速公路施工质量管理中，基坑支护与地基处理、工程测量与沉降观测、大体积钢筋混凝土施工、工程的防排水、钢结构的制作、焊接及检测、大型设备吊装及有关分部分项工程中必须进行重点控制的内容或部位，可列为质量控制点。高速公路工程采用的新材料、新技术、新工艺、新设备要有具体的施工方案、技术标准、材料要求、质量检验措施等，也必须列入专项质量控制点。

通过质量控制点的设定，高速公路质量控制的目标及工作重点就能更加明晰。事前质量预控的措施也就更加明确。施工质量控制点的事前质量预控工作包括：明确质量控制的目标与控制参数；制定技术规程和控制措施，如施工操作规程及质量检测评定标准；确定质量检查检验方式及抽样的数量与方法；明确检查结果的判断标准及质量记录与信息反馈要求等。

（2）质量控制点的实施

高速公路施工质量控制点的实施主要是通过控制点的动态设置和动态跟踪管理来实现。所谓动态设置，是指一般情况下在高速公路工程开工前、设计交底和图纸会审时，可确定一批整个项目的质量控制点，随着工程的展开、施工条件的变化，随时或定期进行控制点范围的调整和更新。动态跟踪是应用动态控制原理，落实专人负责跟踪和记录控制点质量控制的状态和效果，并及时向项目管理组织的高层管理者反馈质量控制信息，保持施工质量控制点的受控状态。

实施高速公路监理的施工项目，应根据现场工程监理机构的要求，对施工作业质量控制点，按照不同的性质和管理要求，细分为"见证点"和"待检点"进行施工质量的监督和检查。凡属"见证点"的施工作业，如重要部位、特种作业、专门工艺等，施工方必须在该项作业开始前24小时，书面通知现场监理机构到位旁站，见证施工作业过程；凡属"待检点"的施工作业，如隐蔽工程等，施工方必须在完成施工质量自检的基础上，提前24小时通知项目监理机构进行检查验收之后，才能进行工程隐蔽或下道工序的施工。未经过项目监理机构检查验收合格，不得进行工程隐蔽或下道工序的施工。

三、高速公路项目质量控制的主要途径

高速公路项目施工质量的控制途径，分别通过事前预控、过程控制和事后控制的相关途径进行质量控制。因此，高速公路施工质量控制的途径包括：预控途径、事中控制途径和事后控制途径。具体反映在：

1. 施工质量的事前预控途径

高速公路事前预控途径是以施工准备工作为核心，包括开工前的施工准备、作业活动前的施工准备和特殊施工准备等工作质量的控制。就整个高速公路项目而言，施工质量的事前预控途径如下。

（1）施工条件的调查和分析

包括合同条件、法规条件和现场条件；做好施工条件的调查和分析，发挥其重要的质量预控作用。

（2）施工图纸会审和设计交底

理解设计意图和对施工的要求，明确质量控制的重点、要点和难点，以及消除施工图纸的差错等。因此，严格进行设计交底和图纸会审，具有重要的事前预控作用。

（3）施工组织设计文件的编制与审查

高速公路施工组织设计文件是直接指导高速公路现场施工作业技术活动和管理工作的纲领性文件。高速公路工程项目施工组织设计是以施工技术方案为核心，通盘考虑施工程

序，施工质量、进度、成本和安全目标的要求。科学合理的施工组织设计对于有效地配置合格的施工生产要素，规范施工作业技术活动行为和管理行为，将起到重要的导向作用。

（4）工程测量定位和标高基准点的控制

高速公路施工单位必须按照设计文件所确定的工程测量定位及标高的引测依据，建立工程测量基准点，自行做好技术复核，并报告项目监理机构进行监督检查。

（5）施工分包单位的选择和资质的审查

对分包商资格与能力的控制是保证高速公路工程施工质量的重要方面。确定分包内容、选择分包单位及分包方式既直接关系到施工总承包方的利益和风险，更关系到高速公路质量的保证问题。因此，施工总承包企业必须有健全有效的分包选择程序，同时，按照我国现行法规的规定，在订立分包合同前，施工单位必须将所联络的分包商情况，报送项目监理机构进行资格审查。

（6）材料设备和部品采购质量控制

建筑材料、构配件、部品和设备是直接构成高速公路工程实体的物质，应从施工备料开始进行控制，包括对供货厂商的评审、询价、采购计划与方式的控制等。因此，施工承包单位必须有健全有效的采购控制程序，同时，按我国现行法规规定，主要材料设备采购前必须将采购计划报送工程监理机构审查，实施采购质量预控。

（7）施工机械设备及工器具的配置与性能控制

高速公路施工机械设备、设施、工器具等施工生产手段的配置及其性能，对高速公路施工质量、安全、进度和施工成本有重要的影响，应在施工组织设计过程根据施工方案的要求来确定，施工组织设计批准之后应对其落实的状态进行检查控制，以保证技术预案的质量能力。

2．施工质量的事中控制途径

在高速公路项目施工中展开过程质量控制，是最基本的控制途径。此外，还必须抓好与作业工序质量形成相关的配套技术与管理工作，相应的主要途径有：

（1）施工技术复核

高速公路施工技术复核是施工过程中保证各项技术基准正确性的重要措施，凡属轴线、标高、配方、样板、加工图等用作施工依据的技术工作，都要进行严格复核。

（2）施工计量管理

高速公路施工过程计量工作包括投料计量、检测计量等，其正确性与可靠性直接关系到工程质量的形成和客观的效果评价。因此，高速公路施工全过程必须坚持对计量人员资格、计量程序和计量器具的准确性等进行控制。

（3）见证取样送检

为了保证高速公路质量，我国规定对工程所使用的主要材料、半成品、构配件以及施工过程留置的试块、试件等应实行现场见证取样送检。见证人员由建设单位及工程监理机构中有相关专业知识的人员担任；送检的试验室应具备经国家或地方工程检验检测主管部门批准的相关资质；见证取样送检必须严格执行规定的程序进行，包括取样见证并记录，样本编号、填单、封箱，送试验室，核对、交接、试验检测、报告。

（4）技术核定和设计变更

在高速公路项目施工过程，因施工方对施工图纸的某些要求不甚明白，或图纸内部的某些矛盾，或施工配料调整与代用、改变桥梁位置或路线走向等，需要通过设计单位明确或确认的，施工方必须以技术核定单的方式向监理工程师提出，报送设计单位核准确认。

在施工期间无论是建设单位、设计单位或施工单位提出，需要进行局部设计变更的内容，都必须按照规定的程序，先将变更意图或请求报送监理工程师，经设计单位审核认可并签发《设计变更通知书》后，由监理工程师下达《变更指令》。

3．施工质量的事后控制途径

施工质量的事后控制，主要是进行已完施工的成品保护、质量验收和不合格的处理，以保证最终验收的高速公路工程质量。

四、高速公路项目质量验收

高速公路工程项目质量验收是对已完工程实体的内在及外观施工质量，按规定程序检查后，确认其是否符合设计及各项验收标准的要求，是否可交付使用的一个重要环节。正确地进行高速公路工程项目质量的检查评定和验收，是保证工程质量的重要手段。高速公路施工质量验收包括施工过程的质量验收及工程竣工时的质量验收。

高速公路施工质量验收分为检验批、分项工程、分部（子分部）工程、单位（子单位）工程的质量验收。在每一个专业工程施工质量验收规范中，又明确规定了各分项工程的施工质量的基本要求，规定了分项工程检验批量的抽查办法和抽查数量，规定了检验批主控项目、一般项目的检查内容和允许偏差，规定了对主控项目、一般项目的检验方法，规定了各分部工程验收的方法和需要的技术资料等，同时对涉及人民生命财产安全、人身健康、环境保护和公共利益的内容以强制性条文作出规定，要求必须坚决、严格遵照执行。

高速公路检验批和分项工程是质量验收的基本单元，分部工程是在所含全部分项工程验收的基础上进行验收的，它们是在施工过程中随完工随验收，并留下完整的质量验收记录和资料。单位工程作为具有独立使用功能的完整的高速公路，进行竣工质量验收。

1．施工过程质量验收的内容

通过验收后留下完整的高速公路质量验收记录和资料，为工程项目竣工质量验收提供依据。高速公路施工过程的质量验收主要包括以下验收环节：

（1）检验批质量验收

所谓高速公路检验批是指按同一的生产条件或按规定的方式汇总起来供检验用的，由一定数量样本组成的检验体。国家相关验收标准规定，包括：1）检验批应由监理工程师（建设单位项目技术负责人）组织施工单位项目专业质量（技术）负责人等进行验收；

2）检验批合格质量应符合下列规定：主控项目和一般项目的质量经抽样检验合格；具有完整的施工操作依据、质量检查记录。

主控项目是指高速公路工程中对安全、卫生、环境保护和公众利益起决定性作用的检验项目。因此，高速公路主控项目的验收必须从严要求，不允许有不符合要求的检验结果，主控项目的检查具有否决权。除主控项目以外的检验项目称为一般项目。

（2）分项工程质量验收

高速公路分项工程应按主要工种、材料、施工工艺、设备类别等进行划分。

分项工程可由一个或若干检验批组成。国家相关验收标准规定，包括：1）分项工程应由监理工程师（建设单位项目技术负责人）组织施工单位项目专业质量（技术）负责人进行验收2）分项工程质量验收合格应符合下列规定：分项工程所含的检验批均应符合合格质量的规定；分项工程所含的检验批的质量验收记录应完整。

（3）分部工程质量验收

高速公路分部工程的划分应按专业性质、工程部位确定；当分部工程较大或较复杂时，可按材料种类、施工特点、施工程序、专业系统及类别等分为若干子分部工程。国家相关验收标准规定，包括：1）分部工程应由总监理工程师（建设单位项目负责人）组织施工单位项目负责人和技术、质量负责人等进行验收；2）分部（子分部）工程质量验收合格应符合下列规定：a、所含分项工程的质量均应验收合格；b、质量控制资料应完整；c、分部工程有关安全及功能的检验和抽样检测结果应符合有关规定。

（4）观感质量验收应符合要求

必须注意的是，由于高速公路分部工程所含的各分项工程性质不同，因此它并不是在所含分项验收基础上的简单相加，即所含分项验收合格且质量控制资料完整，只是分部工程质量验收的基本条件，还必须在此基础上对涉及安全和使用功能的分部工程进行见证取样试验或抽样检测。而且需要对其观感质量进行验收，并综合给出质量评价，观感差的检查点应通过返修处理等补救。

2．施工过程质量验收不合格的处理

高速公路施工过程的质量验收是以检验批的施工质量为基本验收单元。检验批质量不合格可能是由于使用的材料不合格，或施工作业质量不合格，或质量控制资料不完整等原因所致，针对不合格处理方法有：

（1）在检验批验收时，对严重的缺陷应推倒重来，一般的缺陷通过翻修或更换器具、设备予以解决后重新进行验收；

（2）个别检验批发现试块强度等不满足要求等难以确定是否验收时，应请有资质的法定检测单位检测鉴定，当鉴定结果能够达到设计要求时，应通过验收；

（3）当检测鉴定达不到设计要求、但经原设计单位核算仍能满足结构安全和使用功能的检验批，可予以验收；

（4）严重质量缺陷或超过检验批范围内的缺陷，经法定检测单位检测鉴定以后，认为不能满足最低限度的安全储备和使用功能，则必须进行加固处理，虽然改变外形尺寸，但能满足安全使用要求，可按技术处理方案和协商文件进行验收，责任方应承担经济责任；

（5）通过返修或加固后处理仍不能满足安全使用要求的分部工程、单位(子单位)工程，严禁验收。

第八章 公路工程施工安全管理

随着我国经济的迅速增长，作为国民经济发展的重要基础设施的公路，进入了快速建设发展的时期，取得了巨大的成就。在开展公路施工工作过程中，由于公路工程建设涉及面广，具有点多、线长，建设周期长，施工流动性大，受公路周边自然环境影响大等特点，公路施工安全事故也不断发生，造成了大量的人员伤亡和经济损失，给社会和家庭成为制约公路的良性发展和社会的和谐发展的重要因素，同时引起了社会各界的广泛关注。如何根据公路施工的特点，改善高速公路施工安全管理，建立以预防为主的公路安全施工管理的长效机制，保证公路施工和从业人员的生命健康安全，成为研究公路施工安全管理的一个亟须解决的重要课题。

第一节 公路施工安全事故致因分析

一、公路施工安全事故的主要类型

广泛的事故定义为：导致死亡、职业相关病症、伤害、财产损失或其他损失的意外事件。本章所涉及的施工安全事故是指在正常的施工条件下，由于施工企业自身管理组织的不善等原因，在工程施工过程中的发生人员伤害或死亡的意外事件。公路工程施工是一个复杂的人、机、环境系统，具有点多、线长，建设周期长，受自然条件影响大等特点，安全事故频发，且安全事故主要是由施工环境、管理、作业人员、机械设备和材料等方面的原因引起。

根据有关统计资料表明，公路施工发生的安全事故具有发生部位、发生类型的规律性和重复性特征。在我国公路施工中，施工安全事故主要有以下9种事故类型：（1）高处坠落；（2）坍塌事故；（3）物体打击；（4）机械事故；（5）车辆伤害；（6）触电事故；（7）火灾爆炸；（8）烫伤事故；（9）中毒窒息。其中高处坠落事故、施工坍塌事故、物体打击事故、机械伤害、车辆伤害、触电事故这六种事故类型在公路施工中最为常见。

二、公路施工安全事故致因分析

随着事故致因理论的发展，人们对事故发生的本质规律的认识也在不断深入，我们可以发现人的因素、物的因素、环境因素和管理因素是引起施工安全事故发生的主要四大因素。其中人的不安全行为、物的不安全状态和环境的不安全状态是事故发生的直接原因，当人的不安全行为运动轨迹与物的不安全状态运动轨迹发生交叉时，就会发生安全事故。管理缺陷是安全事故发生的根本原因，人、物、环境都受管理因素支配，所以预防发生安全事故应从根本上改进安全管理措施，提高安全管理水平。

（一）人的因素

人的因素主要是指导致事故发生的人的不安全行为。人的不安全行为又称为人的失误，是指人为地使公路施工系统发生故障或发生性能不良等事件，违背设计和操作规程的错误行为，也就是能造成事故的人的失误。人的心理、生理、自身技能知识和周身的环境都能造成人的不安全行为发生。按国家标准《企业职工伤亡事故分类标准》，人的不安全行为的表现形式可分为十三类，如下所示：

1. 操作失误、忽视安全和警告标志信号等

2. 造成安全装置失效

3. 使用不安全设备

4. 手代替工具操作

5. 物资存放不当

6. 冒险进入危险场所

7. 攀爬不安全位置

8. 在起吊物下作业、停留

9. 在机械运转时进行检查、维修、保养等工作

10. 工作时注意力分散不集中

11. 没有正确使用个人防护用品、用具

12. 穿戴不安全装束

13. 对易燃易爆等危险品处理失误

（二）物的因素

在公路施工过程中，物的因素是指物的不安全状态，即指机械设备、施工物资等明显地不符合安全要求的状态，也是事故发生的直接因素之一。物的不安全状态主要有物（包括机械设备、设施、工具等）本身存在的缺陷、安全防护方面的缺陷、物的存放方法的缺陷、施工作业方法导致的物的不安全状态和安全信号、标志及的缺陷等。

所有的物的不安全状态，背后都隐藏着人的不安全行为或人失误，与人的不安全行为或人的操作、管理失误有不可分割的联系。物的不安全状态既反映了物的自身特性，又反映了人的素质和人的决策水平，施工企业通过对施工全体人员和施工物资采取相应的安全技术措施和安全管理措施，可以有效地控制物的不安全状态，预防与消除安全事故。

（三）环境的因素

环境因素指的是施工现场周边环境的不良状态。不良的公路施工环境不仅会影响人的行为，同时也会对施工物资等产生不良的作用，导致施工安全事故的发生。众所周知，公路建设工程施工作业的显著特点是露天作业、工序繁多，交叉作业现象多，机械化和半机械化作业程度相对较低，使用的材料种类多等等，诸多可变因素都有可能对作业环境产生影响，甚至产生重大影响，以致影响安全生产。

安全事故的发生都是由人的因素和物的因素共同作用直接导致引起的，而施工环境是安全事故发生的背景条件，客观上影响了事故隐患的发生和发展，通过使人的因素和物的因素产生时空交叉，从而影响安全事故的发生。例如整洁、有序的施工现场发生事故的概率肯定较之杂乱的现场低，如果在施工现场存在施工材料和机械设备的乱摆放、生产及生活用电私拉乱扯等情况，这不仅给公路施工工作带来了不便，同时也会引起从业人员的烦躁情绪，进而可能会导致从业人员的操作失误，导致施工安全事故的发生，所以环境的因素也是事故发生的直接原因，它通过对人和物的影响对事故的发生起到重要作用。

另外，在公路施工中，如果遇到不利于公路施工的天气环境或地质环境，也容易引起安全事故的发生。同时人文环境也是一个不容忽视的因素，如果施工企业形成一个良好的安全氛围，甚至形成了企业的安全文化，那么在这样的环境下进行公路施工作业，安全事故发生的概率将大大降低。

（四）管理的因素

人的不安全行为和物的不安全状态，往往只是安全事故发生的表面原因，深入分析可以发现，安全事故的根源在于施工企业安全管理的缺陷，因此采取通过适当的安全管理措施可以把人的因素、物的因素和环境因素对安全事故发生影响程度减少到最低。

导致安全事故的管理因素主要包括：企业领导层对施工安全不重视、安全意识薄弱，安全管理机构不完善、职责不明确，安全管理制度不健全，施工组织、安全操作规程、安全技术措施不健全或不合理，安全投入和教育培训力度不足不够，安全隐患排查整改不彻底等。

需要说明的是，在公路施工过程中，从业人员过失、施工机械失控、环境突变、安全管理不到位等方面因素并不是孤立存在的，它们之间存在一定的相互影响和交互作用，共同构成了公路施工安全事故的环境条件。

第二节　公路施工危险源的辨识

危险源是指可能导致从业人员伤亡或财产损失的潜在的不安全因素，而危险源辨识就是识别危险源并确定其特性的过程，是事故预防、安全评价的基础，为公路施工的安全管理工作提供了帮助。

一、危险源的构成要素与分类

根据事故致因分析，归纳总结危险源的构成要素、辨识程序、辨识方法等，为进一步实施危险源的管理控制提供技术支持。

（一）危险源的构成要素

根据危险源的定义，危险源是导致一切安全事故的起因，应具有三个基本要素：（1）潜在危险性；（2）存在条件；（3）触发因素（包括人为因素、自然因素和管理因素）。

（二）危险源的理论分类

根据《生产过程危险和有害因素分类与代码》将公路施工过程中存在的危险源分为六大类、三十七个小类（见下表8-1-1）。

表 8-1-1　危险源分类表

理性危险源	1、设备、设施缺陷；2、防护缺陷；3、电危害；4、噪声危害；5、振动危害；6、电磁辐射；7、运动物危害；8、明火；9、能造成灼伤的高温物质；10、能造
化学性危险源	1、易燃易爆性物质；2、自燃性物质；3、有毒物质；4、腐蚀性物质；5、其他化学性危险、危害因素
心生理性危险源	1、负荷超限；2、健康状况异常；3、从事禁忌作业；4、心理异常；5、辨识功能缺陷；6、其他心理、生理性危险因素
生物性危险源	1、致病微生物；2、传染病媒介物；3、致害动物；4、致害植物；5、其他生理性危险、危害因素
行为性危险源	1、指挥错误；2、操作失误；3、监护失误；4、其他错误；5、其他行为性危险和有害因素
其他危险源	

另外，《企业职工伤亡事故分类》按照导致事故发生的原因和伤害方式对危险源进行了分类，把上述所述的20种事故类型定为20类危险源。

实际上，在公路施工过程中，鉴于危险源种类繁多，且在导致事故发生和事故危害程度所起的作用很不相同，难以对其全部概括罗列，所以依据能量意外释放理论，根据危险源在事故发生、发展中的作用，把危险源分为第一类危险源和第二类危险源两大类。

在事故的发生过程中两类危险源相互依存、相辅相成，共同作用导致安全事故的发生。

第一类危险源是指为可能发生意外释放的能量或危险物质。它是事故发生的前提，决定了发生事故后果的严重程度，在公路施工安全系统中，是不可避免无法完全消除的存在。

第二类危险源是指导致能量或危险物质约束或限制措施破坏或失效的各种因素。它决定了事故发生的可能性大小，主要包括物的故障、人的失误和环境因素等三种类型。

通过对工程项目中危险源分析，可以确定公路施工中存在的危险源类别（见下表8-1-2）。

表 8-1-2 施工项目危险源类别表

模式	第一类危险源		第二类危险源	
	人的不安全行为	物的不安全状态	人的不安全行为	物的不安全状态
人员	操作不当		监控不当	
机具、设施	——	重大危险源设备缺陷	——	重大危险源设备缺陷
施工技术管理方法	技术（工艺）方法不当	技术（工艺）方法不当	管理失误	管理失误
环境	恶劣环境	恶劣环境	恶劣环境	恶劣环境

二、危险源的辨识

危险源辨识是危险源控制的基础，是危险源控制的关键措施之一，为危险源控制提供保障。危险源辨识的内容主要包括：工作环境；平面布局；运输线路；施工工序；施工机具、设备；有害作业部位；各种设施等。

（一）危险源辨识的程序

1. 分析系统的确定

危险源的辨识需要在特定的系统内进行，所以在进行危险源调查之前，首先确定所要分析的系统，然后全面辨识整个系统内所有的活动，把总系统逐级分解为子系统，以利于危险源的辨识。

2. 危险源的调查

在系统分析和分解完成后，针对系统进行危险源调查，即对公路施工系统中的机械设备及施工材料情况、作业环境情况、施工操作情况、安全管理防护情况等进行统计调查，实施危险源的初始辨识，明确系统中危险源主要有哪些类别，重大危险源是哪一些。

3. 危险区域的界定

危险源一旦引发事故，它会有一个影响的范围，以危险源点为核心加上防护范围即为危险源区域。企业可以通过以下三种方法界定危险源区域：①按危险源是固定还是移动；②按危险源是点源还是线源；③按危险作业场界定。

4. 存在条件的分析

由于存在条件不同，一定数量的危险物质或一定强度的能量被触发转换为事故的可能性大小不同，所引发事故的危险程度也不同。因此存在条件及触发因素的分析是危险源辨识的重要环节。

危险源存在条件分析主要是针对第一类危险源，由于第一类危险源是固有存在的，在一定的触发条件下，这类危险源可能导致安全事故的发生。

5．触发因素的分析

危险源只有在一定的触发条件下，安全事故才会发生。在公路施工系统中，触发因素可分为人为因素和自然因素。人为因素包括个人因素和管理因素，而自然因素是指引起危险源转化的各种自然条件。

触发因素主要来自于第二类危险源，管理失误导致的人的失误是最大的触发因素。对危险源的触发因素加以研究分析，降低人为失误，减少触发因素，就可以减少系统危险性，有效提高安全管理水平，从而最大限度地减少安全事故的发生。

6．潜在危险分析

危险源转化为事故后释放出相应的能量和危险物质，因此危险源的潜在危险性可用能量的强度和危险物质的量来衡量。危险源的能量强度越大、危害物质的危害性越强，表明危险源潜在危险性越大，因此危险源的危险性可以用危险源的物质量来描述。

7．危险等级划分

危险源的等级划分实质上就是对危险源的评价。危险源的等级划分一般按危险源在触发因素作用下转化为事故的可能性大小与发生事故的后果的严重程度划分，即根据危险源的潜在危险性大小、控制难易程度、事故可能造成损失情况进行等级评价划分。

（二）危险源的辨识方法

本文运用归类分析法将常用的危险源辨识方法大致分为直观经验法和系统安全分析方法两大类。

1．直观经验法

直观经验法适用于以往经验可以借鉴的危险源辨识过程，不适用没有可供参考先例的新系统。直观经验法作为危险源辨识中常用的方法，其优点是简便、易行，缺点是受辨识人员知识、经验和占有资料的限制，可能出现遗漏。直观经验法主要有对照分析法、经验法和类比推断法等。

对照分析法和经验法就是对照有关标准、法规、检查表或依靠专业分析人员的观察分析能力，借助于经验和判断能力直观地评价对象危险性的方法。

在施工项目的危险源辨识中，则常用类比推断兼顾专家评议的方法。通过利用相同或类似工程项目、作业条件的经验和事故类型的统计资料来类推、分析评价对象的危害因素。对于施工作业，它们在事故类别、伤害方式、事故概率等方面极其相似，作业环境中所得到的监测数据也具有很好地相似性，并由于遵守相同的规律，因此，其危险源和导致的后果也可以类推，具有较高的置信度。

2．系统安全分析方法

系统安全分析方法是指应用系统安全工程评价方法的部分方法进行危险源辨识。系统安全分析方法常用于复杂系统、没有事故经验的新开发系统，可以广泛适用于不同领域、阶段和场合。目前，对于施工项目较为适用的系统安全分析方法有安全检查表、危险性预先分析、事故树分析（FTA）、事件数分析（ETA）和因果分析等。在公路施工项目危险源辨识过程中，可以选用多种方法一起使用。

第三节　公路工程项目安全管理体系

公路施工安全管理的核心是危险源，而不是事故，对危险源的管理控制即是对事故的预防。事故是危险源激发后可能产生的后果，对事故进行管理只能是事后的管理，因此危险源的管理控制具有极其重要的意义。危险源的管理控制可以利用安全技术、安全培训教育和安全管理等手段控制、消除危险源，防止危险源导致事故的发生，造成人员伤害和财物损失。公路施工事故的发生的原因主要包括人的不安全行为、物的不安全状态、环境的不良状态和管理缺陷等。因此，基于公路工程施工事故致因的分析，本文从以下四方面进行危险源管理控制。

一、人员的安全管理

人员的安全管理就是控制人为失误，减少不正确行为对危险源的触发作用。

对人的不安全行为进行管理控制，首先要合理选择、安排作业人员，由于危险源大多来源于重要岗位，有的操作管理技术比较复杂，对作业人员的要求较高，因此应选拔那些认真负责、技术能力强的员工从事危险源多的作业。

其次应加强施工企业的安全文化建设，对人员进行严格培训考核，加强上岗前安全教育和技能培训，提高人的安全意识和安全技能。从事危险岗位工作的人员要进行专业培训，确保人员严格按照安全操作规程和程序进行作业。培训教育内容主要包括：危险源控制管理的意义、本单位（岗位）的主要危险类型；产生危险的主要原因、控制事故发生的主要方法、日常的安全操作要求、应急措施和各种具体的管理要求等。

二、机械设备的安全管理

物的不安全状态的运动轨迹，一旦与人的不安全行为的运动轨迹发生交叉，安全事故就会发生，所以危险源的控制管理工作的核心就是消除物的不安全状态和人的不安全行为。

对物的不安全状态的控制，首先进行危险源辨识和评价，通过辨识找出危险源，使得管理对象更为明确；通过危险源的评价发现隐患的危害程度，以便为隐患整改提供依据。

然后采用技术措施对固有危险源进行控制，通过对危险源进行消除、控制、转移、防护、隔离和监控等措施清除危险源。

物的不安全状态的管理控制方式可以通过制订和完善操作规程、施工工艺和方案等，采用新工艺、新技术、新设备，增加安全投入和安全设施的配置，合理布置并改善安全设施和作业条件，加强重点设备、人员作业的安全管理和监控，定期维护检查设施设备等，并对公路施工危险物资和机械设备实施监控，以避免物的不安全状态与人的不安全行为的运动轨迹发生交叉。

例如对施工机械危险源进行管理控制，首先对其进行辨识和评价，然后正确选择施工机械设施，合理调配使用，同时做好作业人员的选择、培训和教育，保证机械设施的正确使用，最后机械设备定期进行安全检查、维修和更新，从而控制、消除危险源，避免事故的发生。

三、施工环境的安全管理

作业环境的优劣，直接关系到公路施工安全。作业环境管理的核心是如何保持作业环境的整洁有序与安全无害，给作业人员创造一个良好的作业环境。

1. 施工平面布置。施工平面布置的总体要求是布置紧凑，充分利用场地；场内道路畅通，运输方便，减少二次搬运；在保证施工顺利的条件下，尽可能减少临时设施搭设，尽可能利用附近的原有建筑物作为临时设施；应便于工人生产和生活，办公用房、福利设施应在生活区内。施工平面应符合防火治安、卫生防疫、环境保护和无建设公害的要求。

2. 施工现场功能区划分。根据施工项目的要求，划分为作业区（辅助作业区）、材料堆放区和办公生活区。作业区与办公生活区分开设置，并保持安全距离。办公生活区应设置于在建筑物坠落半径之外，应设置防护措施，划分隔离，以免人员误入危险区域。

3. 安全警示标志。根据工程特点及施工的不同阶段，在危险部位有针对性地设置、悬挂明显的安全警示标志，规范施工现场标示牌。危险部位主要指施工现场入口处、施工起重机械、临时用电设施、脚手架、出入通道口、桥梁口、隧道口、基坑边沿、爆破物及有害危险气体和液体存放处等。安全警示标志的类型、数量应当根据危险部位的性质不同，设置不同的安全警示标志。

4. 定期对作业条件（环境）进行安全评价，以便采取安全措施，保证符合作业的安全要求。

四、管理制度的安全管理

在公路施工过程中，可采取以下管理措施对危险源实施管理控制，达到施工安全的目的。

1. 建立健全的危险源管理的规章制度。在确定危险源之后，首先要全面的分析危险源的危险性，然后进一步完善相关规章制度，如日常管理检查制度、安全操作规程、安全生产责任制、交接班制度、操作人员培训考核制度、考核奖惩制度等。

2. 将各级危险源的定期检查责任落到实处。应根据危险源的等级，分别确定各级的负责人并明确其具体责任，特别是要明确各级危险源的定期检查责任。

3. 强化危险源的日常管理，保证工作人员切实执行相关危险源的日常管理规章制度，负责人和安检部门认真记录好所有的活动，定期进行严格检查考核，根据检查考核情况进行奖惩。

4. 及时根据信息反馈整改隐患。危险源的管理和控制所依赖于施工现场信息的及时反馈，若想及时地彻底整改安全隐患，必须建立健全信息反馈制度并严格执行。根据事故隐患性质和严重程度的不用，按照规定分级实行的信息反馈和整改。

5. 抓好危险源控制管理的基础建设工作，对危险源的进行归档管理。在公路施工场地危险源附近设置醒目的安全标志牌，标明危险等级，扼要注明防范措施，并以此建立危险源的档案，指定专人保管、定期整理。

6. 落实危险源控制管理的评价考核和奖惩制度。制定并量化危险源控制管理的各方面工作的考核标准，并定期严格检查考核，将奖惩制度与评先进和班组升级结合，并逐步提高要求，不断提高危险源控制管理水平。

7. 建立危险源分级管理体系，对危险源实施分级控制管理的办法，对动态危险源实施跟踪管理。根据动态危险源变化快、情况复杂、难于控制等特点，应实行跟踪管理；对于特别危险、情况复杂的危险源由监理安排人员进行定点跟踪，并有权现场采取应急措施及停工观察；对一般动态危险源，由项目经理部派人跟踪检查，安全部门随时检查监督。

8. 对重大危险源应制订有针对性的应急预案。施工企业和项目经理部均应编制应急预案，企业应根据自身特点和承包工程的类型、共性特征、重大危险源的存在状况，编制在企业内部具有通用性和普遍指导意义的应急预案的各项基本要求；项目部应按应急预案的基本要求，编制符合各个项目个性特点的具体、细化的应急预案，指导施工现场的具体操作。

第四节 山区公路施工安全管理

公路交通是我国最重要的基础设施之一，在国民经济发展中发挥着举足轻重的作用。山区公路施工是一项复杂的系统工程，影响施工安全的风险因素涉及施工组织、安全措施、水文地质、自然环境等各个方面，这些危险因素具有高度不确定性，而且相互间关系复杂。山区公路施工事故频繁发生，经济财产损失巨大，社会舆论影响恶劣。如何对山区公路施工安全风险进行科学分析和安全管理，有效预防和控制山区公路施工安全风险和安全事故，减少事故损失和人员伤亡，提高山区公路施工的经济效益和社会效益，是一个亟待解决的问题，这也要求从新角度对安全管理体系开展研究。

一、山区公路施工危险源辨识

山区公路安全事故的发生都是由于存在事故要素，并不断孕育发展的结果，而这些事故要素就是施工中的危险源。所以对山区公路施工危险源进行辨识是建立施工现场安全生产保证计划的一项主要工作内容。国外对重大危险源危险性评估的研究起步较早。自从20世纪60年代以来，美国空军倡导的系统安全思想得到人们的普遍认可，并由此形成了独立的系统安全工程学科，此后，系统安全工程得到飞速的发展，重大危险源危险性评估也随着系统安全工程的发展而崛起。20世纪六七十年代，我国开始吸收并研究事故致因理论、事故预防理论和现代安全生产管理思想。20世纪80年代开始对重大危险源评价和控制技术进行攻关。伴随着国家出台的一系列法律、法规、规范性文件，对危险源的监控与管理措施逐步加大，但同时，由于我国相关研究底子薄且起步晚，尤其是针对山区公路危险源辨识和风险评价的研究还很少。因此本论文对山区公路危险源辨识与风险评价的研究具有重要的现实意义。

（一）山区公路施工危险源的基本特征

通过对山区公路施工现场的实地调查，结合以往研究文献，发现诱发安全事故的危险源主要具有如下特征：

1. 隐蔽性：危险源潜伏于工程施工的各个环节中，并不明确暴露，即便有些危险源已经暴露，但并未进一步转化为现实的危害，从而未引起足够的重视，因此山区公路施工过程中的危险源具有较强的隐蔽性；

2. 突发性：山区公路施工危险源从隐患到触发的过程突发性强、可预警时间短，而且同一系统中的危险源间还可能产生因果连锁反应，使一般危险源触发成重大危险源，导致突然爆发不可控制的重大事故；

3. 高度不确定性：山区公路施工涉及面广、管理系统复杂，涉及危险源隐蔽性强，形式复杂多变，因此难以对施工过程中各种危险源的发展变化规律进行常规性判断和预测，且危险源的发展及可能的影响范围也难以量化，不易推行指导，使危险源隐患事故的发生具有很大的不确定性；

4. 连带性：山区公路施工中，一个系统内的不同危险源之间并不是孤立的，往往是多个危险源并存，如果某个危险源引发安全事故，由于其突发性，加之难以立即建立应急指挥系统和协调机制，一旦在应急处置过程产生不当行为，则可能成为其他危险源的诱发因素，使得危险源之间发生连锁反应；

5. 致灾性：山区公路工程项目一旦发生事故，与普通事故相比，其伤亡人数更多，经济损失也更为严重，而且往往会带来较为恶劣的社会负面影响，所以山区公路施工中危险源引发的安全事故通常具有灾难性特征。

（二）危险源致灾机理

事故发生也有其自身的发展规律和特点，只有掌握了事故发生的规律，才能更深刻的理解危险源致灾机理，才能保证安全管理系统处于有效状态。危险源致灾机理包括事故频发倾向理论、因果连锁理论、能量意外释放理论、轨迹交叉理论和系统安全理论。

研究表明事故频发倾向理论与现实情况出入较大，所以在当代事故致因理论中，该理论已被基本排除在讨论范围之外。因果连锁理论由美国的海因里希首先提出，涉及遗传及社会环境、人的缺点、人的危险行为或物的危险状态、事故和伤害5项因素，该理论认为防止和消除人的危险行为和物的危险状态，是安全工作的重心所在。能量意外释放理论由吉布森最先提出，他认为采用各种方法和措施来防止或屏蔽能量的意外转移，是防止事故发生的有效手段。轨迹交叉理论是由日本劳动省提出的，该理论认为预防事故发生的根本原则就是从时间和空间上避免人、物发展运动轨迹的交叉。系统安全理论包含许多与传统安全理论不同的创新概念：事故致因理论方面，更重视物的故障在事故致因中的作用，通过改善物的系统可靠性来提高复杂系统的安全性；强化危险性观念，明确没有任何一种事物是绝对安全的，通常意义上的安全或危险只是一种相对的主观表述；危险源的危险性可以被降低，但不可能根除一切危险源，危险控制的有效方式是减少总的危险性，而不是仅消除特定的危险；危险源会随着技术、工艺的发展和新材料、新能源的出现与应用而不断产生，安全工作应致力于控制危险源，最大限度地降低事故发生概率。

山区公路施工一般具有如下特点：山区公路所经区域地势陡峭，岩石风化严重，加之地表土层浅导致山体不稳定因素增多；山沟之间形成河流，受气候环境影响因素大，使得公路桥梁总体长度比例较之普通公路大幅增加；隧道工程多，边坡开挖面积大，边坡高陡，高填深挖工程量大；施工作业面狭小，交通运输不便，作业点分散且相互间制约干扰严重；高空作业多，多层面立体交叉作业频繁，施工组织复杂。无论从时间角度——施工准备到施工进行的全过程中，还是空间角度——施工作业区和辅助施工区，疏忽大意、不遵守操作规程等人的不安全因素和滑坡、机械失稳等物的不安全因素都密集存在。山区公路施工中要避免发生事故，就要从时间和空间上防止人和物的危险状态在发展过程中产生交集。按照轨迹交叉理论，在山区公路施工过程中，应该从以下几个方面强化安全管理：限制人的不安全行为；消除物质的不安全状态；在限制人的不安全行为的同时消除物质的不安全状态；将人的不安全行为和物的不安全状态隔离。

（三）危险源辨识原则

1. 共性原则：山区公路施工涉及工程项目多，施工过程中产生的问题复杂多样、各不相同，但具有相似的施工程序、技术与工艺，针对施工共性中的危险因素进行危险源辨识，确定基本的共性危险源；

2. 特性原则：在危险源辨识过程中应针对具体的工程项目，充分考虑其特有性质，对工程项目进行具体分析，辨识出其共性之外的自身特性，对基本危险源清单进行特性补充，增强危险源清单的针对性与完善性；

3. 科学性原则：危险源辨识是在科学的安全理论基础上进行的，对安全事故的预测与后果估计具有重要的指导意义，只有正确认识安全事故可能发生的途径及其演变规律，才能正确把握施工项目的安全状况；

4. 系统性原则：山区公路施工中涉及危险源众多，不同危险源之间又具有连带性，危险源辨识要以系统性原则为出发点，掌握危险源之间的主次关系及相互联系，便于对危险源诱发事故的连带性进行控制。

（四）危险源辨识方法

1. 直接经验法：分为对照经验法和类比法两种，前者指借助经验，在人员观察分析的基础上，直观地对分析对象的危险性和危害性进行评价，该方法简单易操作，在危险源辨识中最为常用，但受辨识人员知识、经验和评价资料的限制，需要通过专家会议的方式来集思广益；类比法是根据两个（或两类）对象之间的某些相似，或相同性质而推导出它们另一些特性也可能相似或相同的逻辑方法；

2. 事故统计分析方法：事故统计分析法基于大量事故案例基础开展分析，对事故的发生、发展规律进行总结，并针对共性危险源和特性危险源提出普适性和特别性的预防措施，相应的可以分为统计分析法和个别案例分析法；

3. 系统安全分析方法：山区公路施工涉及人、物、环境、社会等多种因素，适于运用系统安全分析方法，对危害因素进行系统性分析和评价，可采用危险性预先分析、安全检查表、事故树分析和因果分析等具体方法。

（五）山区公路施工中常见危险源

通过对山区公路施工项目相关资料的查阅和施工现场的调查研究发现，施工过程中导致安全事故的重大危险源包括以下 5 种：

1. 长大隧道施工。隧道施工隐蔽工程多，工程设计与实际施工差异性大，施工作业面少，工序环节紧凑，施工连续作业性强，随着工程延伸存在暗河、溶洞和瓦斯等潜在危险因素，施工作业专业技术要求高。

2. 大跨度桥梁施工。山区公路受地形限制，设计路线往往与河流交叉，需要架设高墩大跨桥梁，桥梁跨越沟壑，墩台形式多样，高空支架作业多，桥梁各部分构件关系复杂，所处环境地形复杂且地势陡峭。

3. 高陡边坡施工。高边坡施工会破坏山体的原有力学平衡，需要人为引入支撑加固工程重新建立力学平衡。在开挖过程中，边坡岩体或土方会产生应力松弛，结构强度减弱，易形成边坡失稳，从而导致垮塌或滑坡事故发生；同时高边坡施工工作面小，工作环境复杂，施工难度也很大。

4. 特种设备事故。山区公路施工需要使用起重机械、工程机动车辆等多种特种设备，在自身和外在因素的影响下，特种设备易发生安全事故，如设备本身存在质量或制造安装缺陷、工作人员违规操作、安全附件失效或安全装置损坏等。

5. 火工品管理使用。山区公路施工高边坡开挖和隧道工程需要使用炸药、雷管等火工品，在火工品的运输、储存和使用环节，容易发生违规指挥和违规操作，如果再存在管理缺陷和物料安全性和设备本质安全度不达标，则极易引发爆炸、火灾事故。

山区公路施工中的安全事故主要由上述危险源诱发，具体的事故表现形式为：物体打击类伤害，指物体在重力或其他外力作用下对人体撞击造成伤害，例如隧道施工现场不戴安全帽、开放式建筑工程未使用安全网等容易引发此类伤害；高处坠落类伤害，此类事故发生频率高、易发事故部位多、事故危害性大，例如高墩攀登作业防护设施不齐全、高边坡违规作业等容易引发此类伤害；机械伤害类，主要指施工现场使用的机械设备在作业过程中对作业者造成伤害，例如在恶劣环境中使用特种机械设备，防护装置不齐全、操作规程不完善、维护保养不及时都容易引发此类伤害；坍塌滑坡伤害，指构筑物在建设过程中坍塌或土石方大规模垮塌造成的伤害，例如土方工程边坡设计不合理，模板设计浇铸不合格，盲目冒进施工都容易引发此类伤害；火灾爆炸类伤害，指易燃易爆物质在运输、存放或使用时突然燃烧或爆炸，造成人员伤害和财产损失，例如火工品安全防护设施不到位，存放条件不合格，工程爆破措施不当都容易引发此类伤害。

在山区公路施工中一定要对密切关注上述 5 类重大危险源，在后续的山区公路施工安全评价中，也将为其建立专门的评价指标，以求抓住安全事故隐患突出环节，采取有力措施加强控制，杜绝安全事故的发生。

二、山区公路施工安全管理体系

安全生产是一项复杂的系统工程，是生产力发展水平和社会公共管理水平的综合反映。我国安全生产方针为"安全第一、预防为主、综合治理"。安全第一是在生产过程中把安全放在首要位置，保护劳动者的安全和健康；预防为主要求把安全生产工作的关口前移，超前防范，建立立体化事故隐患预防体系，改善安全状况，预防安全事故；综合治理则指应对安全管理的长期性、艰巨性和复杂性特点，服从安全管理规律，抓住安全管理工作中主要矛盾和关键环节，综合运用多种手段，发挥社会舆论的监督作用，有效解决安全生产领域的问题。

安全管理工作的改进过程中，安全管理政策的改进与完善是必要前提。任何一个单位要想成功地进行安全管理，都必须有明确的安全管理政策，反映到公路建设安全管理中，相关安全管理政策研究的作用主要体现在以下几个方面：

（1）公路建设安全管理政策研究使公路安全事故的分析更全面客观，让公路交通部门更多地参与事故分析研究和整治，以形成更加合理有效的整治措施。

（2）公路建设安全管理政策研究既是一个技术问题也是一个社会问题，从管理与监督、激励与约束、投入与保障、文化与教育四个宏观方面入手进行研究，为制定有效的防范措施和管理决策提供科学依据。

（3）通过实施施工阶段的安全管理政策研究，使各方更关注施工阶段的安全管理，促进安全方面的技术、标准规范的进步。

（4）施工阶段通过进行安全评价，预先找出不安全因素，进行安全管理，可有效地提高公路建设的安全水平，减少事故率，降低事故严重度。

结合我国公路施工安全管理现状，充分考虑山区公路复杂的工程地质及施工技术特征，立足于建设期项目管理层面对山区公路施工安全管理政策体系进行研究，从安全管理与监督机制、安全激励与约束机制、安全投入与资源保障机制、安全文化建设与教育机制四个方面展开分析，从管理监督、投入保障、教育激励等方面系统总结，提出适应我国国情的山区公路施工安全管理政策体系。

（一）山区公路施工安全管理与监督机制

《中华人民共和国安全生产法》中规定：生产经营单位必须遵守本法和其他安全生产法律法规，加强安全生产管理，建立健全安全生产责任制度，完善安全生产条件，确保安全生产。因此在山区公路施工中必须成立安全生产管理机构。同时，安全监督管理机构的组织建设工作也非常重要，只有在建立了可靠的监督管理机构的基础上，各项建设安全方针政策与技术措施才能够得以有效的落实。

山区公路所处地形复杂，环境气候多变，坡陡、弯急、路窄等不利影响因素多，施工管理工作中要着重解决技术控制、现场安全管理等问题。而且部分工程施工中面临半开放式施工环境，进一步增加了山区公路施工管理工作的难度。随着现代林业发展以及矿产资源的开发，山区公路的承载负荷不断增加，对道路质量和性能也提出了更高要求。因此，山区公路施工要不断提高设计标准，在解决技术问题的同时制定和完善严格的安全管理制度，加强监督与管理，保障山区公路施工建设安全。

1. 安全管理组织机构职能与领导职责

根据山区公路施工施工特点，本文构建了山区公路施工安全管理机构，对各相关单位安全管理机构进行研究，依据项目特点制订安全管理实施细则等指导性安全管理文件，明确各级人员的安全生产职责，确保施工安全。

（1）建设单位安全管理机构设置及机构职责

机构职责：贯彻执行"安全第一，预防为主，综合治理"的方针政策及相关规定；分析山区公路施工项目安全生产形势，预防各类不安全事故的发生；负责监督各合同单位各项安全工作落实情况；定期和不定期进行安全检查，组织监督各合同单位的安全学习与培训，对存在的安全隐患发出整改指令等。

（2）监理单位安全管理机构及机构职责

监理单位成立山区公路施工安全生产管理机构，机构成立后经法人单位批准，而后上报建设单位备案。

机构职责：督促施工单位建立、健全山区公路施工现场安全生产保证体系；审查施工承包单位资质及人员资格；审查施工单位编制的安全专项施工方案和应急救援预案；对高边坡、隧道等关键工序（重大危险源）实施安全旁站监理；参加施工现场的安全检查，对各施工单位存在的安全隐患发出整改指令；协助施工现场事故的调查处理等。

（3）施工单位山区公路施工安全管理机构及机构职责

山区公路施工各标段项目部必须成立以项目经理为首的安全生产管理机构，该机构必须首先经施工单位的法人单位主管安全的领导批准，然后报总监办安全管理机构审批，最后再报建设单位备案。

机构职责：贯彻执行国家安全管理相关方针政策和相关规定；负责建立和健全山区公路施工安全管理组织机构，确定部门和人员的安全职责；制定符合实际的施工组织设计和安全生产预案，并上报监理审核；负责对作业人员，尤其是特种作业人员的安全培训和考核；组织进行安全技术交底；参与安全事故的调查，提出预防事故重复发生的措施；负责安全生产事故抢险、救灾工作；每日进行安全生产巡回检查，并组织各种形式的安全检查活动，负责完成建设单位或监理单位发出的安全隐患整改指令等。

2．安全人员配备、责任制与监督检查

（1）山区公路施工安全人员配备规定与要求

在山区公路施工中，安全人员具有不可替代的作用。山区公路施工安全人员具有独特的知识能力结构，专业的工作运行机制，更为深入的工作深度与广度。山区公路施工安全人员必须熟知公路建设安全管理知识，具备山区公路施工工作经验，了解山区公路施工技术手段，具备独立、协调开展安全管理的素质与能力，能发现安全隐患，会处理隐患，以更好地推动山区公路施工安全顺利开展。

交通部 2007 年发布的《公路水运工程安全生产监督管理办法》中规定：公路施工单位应当设立安全生产管理机构，配备专职安全生产管理人员。施工现场应当按照每 5000 万元施工合同额配备 1 名的比例配备专职安全生产管理人员，不足 5000 万元的至少配备 1 名。山区公路施工施工中应酌情增配安全人员。

监理单位安全人员配备要求，专职安全监理工程师通过交通运输部或相关主管部门举办的教育培训考核，并取得安全监理资质持证上岗，同时必须经建设单位考核，确定具备山区公路施工施工相关监理经验与能力后方能正式上岗。

专职安全员必须通过交通运输部或相关主管部门举办的教育培训考核，具备山区公路施工相关知识，取得安全资质后持证上岗。各单位安全生产管理人员的任职资格需报建设单位确认，通过山区公路施工安全管理素质考核后方能正式上岗。

（2）山区公路施工安全生产责任制

安全生产责任制是将各职能部门及其工作人员和各岗位生产人员在安全生产方面应负的责任加以明确规定的一种制度，是生产经营单位各项安全生产规章制度的核心。山区公路施工要制定与完善安全管理责任制度，落实施工中的技术和安全等问题的相关责任，由现场技术人员及安全管理人员进行监管，保障山区公路施工质量及施工安全。在山区公路施工中，为了真正落实好安全生产责任制，明确界定各级部门和人员在安全工作中的责、权、利，必须以管理人员的岗位职责为依据，逐层制定《安全生产责任书》。

安全生产责任人：各标段的主要负责人（项目经理、总监）是山区公路施工安全管理的第一责任人，对安全管理负全面责任；分管安全管理的负责人是直接责任人，对安全管理负有直接领导责任；其他负责人对各自分管业务范围内的安全管理负领导责任。安全管理责任人必须按规定参加交通部或相关主管部门举办的教育培训考核，具备山区公路施工施工相关知识，取得安全资质后持证上岗。

安全生产责任书：山区公路施工各标段单位必须以安全生产责任书的形式落实安全生产责任制，责任书要层层签订，责权明确，层次分明，并明确详细的奖惩措施。施工单位内部的安全生产责任书必须落实到施工班组，监理单位必须明确到部门和监理组。各单位必须建立岗位安全责任制，明确各个岗位的安全责任，并严格按照制度执行。

（3）山区公路施工安全监督与检查

山区公路施工受地形条件限制，施工现场狭窄，材料输运困难，自然环境条件变化易引发地质灾害。因此山区公路施工现场动态复杂，不论建设单位、监理、施工单位对安全多重视，在施工过程中依然会存在安全隐患，所以安全监督与检查是必不可少的一个环节。山区公路的安全监督与检查要明确安全监督职责，建立健全定期安全检查制度，明确重点检查对象，及时处理安全问题，落实隐患排查整改，记录检查处理情况。

检查形式：建设单位安全生产检查包括定期安全大检查、根据有关要求和工作需要或重大节假日前组织的安全检查、专项检查、日常安全检查、安全事故隐患排查和其他形式的安全检查等。

检查内容：公路沿线山体情况的检查与掌握；对各工序安全生产技术交底和特种机械设备培训检查；检查各级主要负责人对相关安全生产法律、法规、规范、标准和安全管理职责的掌握情况；检查各项安全制度是否建立健全，安全生产责任制是否落实到班组；检查查隐患和违章；检查施工组织设计是否编制安全技术措施，是否履行评审或审批手续；检查相关教育培训；检查各项制度的落实情况；检查事故处理情况。

检查要求：检查要求内容明确、形式简单、注重实效，检查时应留下检查记录，并及时将发现的问题书面反馈给受检单位。受检单位整改完成后必须将整改情况以书面形式上报。对于因特殊情况造成客观上不能按时完成整改的应向检查单位如实反映情况并制定相应安全措施和整改计划。专项检查应下发检查通知和检查结果通报。

隐患排查治理：各单位要加强风险辨识和评估，确定本单位的危险源、可能发生的事故类型和后果，并按规定定期组织重大危险源普查和辨识，建立重大危险源档案，抄报建设单位。各标段单位对检查中发现的事故隐患和问题，要做到责任、措施、资金、时间、预案"五落实"。

3．安全会议、事故报告与资料管理

（1）山区公路施工安全管理会议管理

召开安全管理会议，是做好安全管理工作的一种措施和办法，根据山区公路施工不同施工阶段的特点以及工程建设项目任务和要求，设置多种安全管理会议，细化相关会议内容，明确会议制度与要求。

山区公路施工安全管理会议可分为：建设单位原则上每年定期（半年）召开一次全线安全管理会议；每年定期（每季度）召开建设单位安全管理例会；每月至少召开一次总监办安全管理例会和项目部安全管理例会；其他安全会议视情况而定。

山区公路施工安全管理会议的请假制度为：合标段单位第一负责人因故不能参加会议，须向建设单位安全生产领导小组组长请假；标段单位直接责任人和安全主任因故不能参加安全生产例会，须向建设单位安全生产直接责任人请假。

山区公路施工安全管理会议要求为：安全管理会议密切联系山区公路施工特点，内容简洁且重点突出，针对具体问题以提高效率并取得实效。重要安全管理会议如全线安全管理会议和各级安全管理例会应有会议纪要，存档中还应包括会议照片和会议签到表。

（2）山区公路施工安全事故报告管理

安全事故的报告和调查处理，是安全管理工作的重要环节，国家和各级部门先后制订了一系列有关安全事故报告和调查处理的法规和标准，对安全事故的报告和调查处理做出了全面明确的法律规定，使地方政府、安全生产监督管理部门和其他相关部门的事故报告和调查处理工作能够有法可依。

综合考虑《中华人民共和国突发事件应对法》《中华人民共和国公路法》《国家突发公共事件总体应急预案》和国家相关预案等文件规定，结合依托项目实际情况，从建设单位项目级管理出发，按照山区公路施工可能发生的安全生产事故的可控性、严重程度和影响范围，将事故等级分为三级：I级（重大）、II级（较重大）、III级（一般）。

表 8-4-1 山区公路施工安全事故等级划分表

级别	影响程度	包括范围
I级	重大	各标段单位发生的造成人员死亡（包括失踪），或1人以上（包括1人）危及生命安全，或3人以上重伤（包括中毒），或100万元以上直接经济损失的事故或自然灾害；隧道塌方造成人员被掩埋而情况不明时，需要组织全力抢救的；存放的易燃易爆物品、爆炸物品等受到雷击等意外情况发生爆炸的；上级主管部门认为需要建设单位响应的或超出建设单位处理能力的安全生产事故、灾害和突发事件

续表

级别	影响程度	包括范围
II级	较重大	各标段单位发生的可能造成人员死亡（包括失踪），或危及人员生命安全，或3人以下重伤（包括中毒），或10万元以上100万元以下直接经济损失的事故或自然灾害；因自然灾害或道路、桥涵、隧道等构造物出现异常情况，需要采取紧急措施的；建设单位认为有必要响应的安全生产事故、灾害、突发事件
III级	一般	各标段单位发生的可能造成人员重伤，或10万元以下直接经济损失的事故或灾害；因自然灾害或道路、桥涵、隧道等构造物可能出现异常情况，需要采取紧急措施的；监理单位和施工单位认为，有必要响应的安全生产事故、灾害、突发事件

山区公路施工安全事故调查处理原则为：属国家、交通运输部规定范围内的事故，按照相关规定办理。除此以外的一般事故，由建设单位项目部安全办组织调查、分析，并向建设单位上级单位安全办报告。对安全事故的处理，一定要做到"四不放过"，即事故原因不清不放过；事故责任人不处理不放过；事故责任人不教育不放过；事故整改措施不落实不放过。对于事故责任者的处理，根据造成事故的责任大小和情节轻重，认真进行批评教育或给予必要的行政处分和经济处罚。经济罚款将从安全投入中扣除。对于后果严重并已构成犯罪的责任者，应报请检察部门提出公诉，追究刑事责任。

（三）山区公路施工安全激励与约束机制

1. 山区公路施工安全考核

依据现场签订的山区公路施工《安全生产责任书》，安全管理小组定期对各标段单位和各相关人员进行考评，重点考查安全目标的完成情况和管理人员岗位责任的执行情况，考评成绩可与物质奖励挂钩。

（1）山区公路施工安全考核对象与时间：考核可采取自评和组织考核相结合的方法，对各单位安全生产责任人及相关人员履行安全生产责任制情况的考核和奖惩。安全考核通过安全检查评分进行考核，分日常考核和年终考核。

（2）山区公路施工安全考核内容

1）监理单位的考核标准：对各标段单位安全生产第一责任人、安全生产直接责任人考核为以年度考核为主，同时辅以定期问卷调查、定时安全述职、安全检查当面问询和重大过失日常记录；对各单位安全管理人员（安全主任及专职安全员）以建设单位安全生产小组办公室出卷和平时工作检查结果综合评定（各占50%），重点考核其安全素质、安全意识、安全工作主动性和职责履行情况。监理单位考核评分由两部分组成，建设单位对其安全工作检查评分和监理单位所监管施工单位的合计总分各占一定比例。

凡出现以下情况一律被评为不达标：建设单位对其安全工作检查评分不达标；上级各有关部门对其安全工作检查后被点名通报批评；上级部门下发《安全隐患整改通知书》中涉及该单位或其所监管标段；监理单位或其所监管的施工标段发生安全事故；当次考核时间段内有超过 1 次（含 1 次）安全罚款记录（各建设单位可自行规定）等。

2）施工单位的评分标准：建设单位采用问卷测试、现场检查观摩和查看记录等方式，对施工单位进行日常安全生产考核，重点考核其作业规程掌握情况、安全生产应知应会掌握情况、按章操作和标准化操作、危险辨识控制能力、应急处理能力、班组安全活动、持证上岗等内容。检查评分结果直接由检查小组根据评分表计算得出，其中检查小组若有监理参加，则监理评分的平均值与建设单位评分的平均值各占一定比例。年度考核以日常考核的平均成绩为依据。

凡出现以下情况一律被评为不达标：建设单位对其安全工作检查不达标；上级各级部门或政府有关部门对其安全工作检查后被点名通报批评；上级部门下发《安全隐患整改通知书》中涉及该合同段；该合同段发生了安全事故；当次考核时间段内有 1 次（如果是年度考核则为 2 次）安全罚款记录（各建设单位自行规定）等。

（3）山区公路施工安全考核结果及处理措施

1）根据《安全生产检查评分表》，由检查人员综合评定各标段的分数，最后将各标段的评分汇总。建议考核起评分 100 分，考评 90 分以上（含 90 分）者为优秀；90 ~ 80（含 80 分）为良好；80 ~ 70（含 70 分）为达标；70 分以下为不达标。考核 90 分及以上的被考核人为优秀；90 ~ 80 分为良好；80 ~ 70 分为达标；70 分以下为不称职；每次评分排名情况将在全线内通报，并视情况抄送上级有关部门或各参建单位的上级和主管部门。

2）考核不达标的单位、不称职的安全生产责任人和责任区内存在重大事故隐患的被考核单位和被考核人，应于规定时间内制定整改措施报送建设单位安全办；对不称职的被考核人和单位进行经济处罚并不得参加当年度评优；被考核单位和被考核人弄虚作假的，由建设单位安全办提出建议，报领导小组同意，对该单位进行考核经济处罚，并不得参加当年评优，同时必须对相关人员进行调离岗位的处罚。

2. 山区公路施工安全考核奖惩办法

（1）山区公路施工安全考核奖惩机制建立原则：山区公路建设单位安全办是安全奖惩工作的主管部门，负责制定安全奖惩规定，起草奖惩文件，签发一般的罚款通知，检查指导各单位安全奖惩及审核备案工作；建设单位指定相关部门负责安全奖罚资金的发放和收缴工作；建设及监理单位相关人员可以按照有关规定随时填发安全罚款通知书。

（2）奖励经费来源：各级单位给予建设单位的安全奖励经费；对各单位在安全方面的罚款转作奖励费用；劳动竞赛中的部分安全费用；建设单位的安全经费预算。

（3）奖惩办法的具体规定

1）日常检查奖惩办法：为了加强日常安全生产工作，山区公路建设单位将掌控的部分安全生产保障费用于奖励施工期间建设单位及上级主管部门组织的各项安全生产检查评比活动中的优胜者，同时对检查评比活动中不合格者给予处罚。检查组由建设单位有关领导任组长，成员由建设单位相关部门及总监办的有关人员组成。

2）年底安全考核奖惩办法：年底的安全考核是对当年山区公路施工安全总体工作的综合考核评价，为了加强平时的安全工作，年度考核纳入日常考核的内容，年底考核得分中日常检查考核的平均成绩和年底检查成绩各占一定比例。

（4）考核评比成绩发布：最终考核成绩将以文件通报的形式发出，考核成绩差的将在全线通报批评，必要时要求抄送各自上级单位。

（三）山区公路施工安全投入与资源保障机制

1. 山区公路施工安全投入

山区公路施工安全投入是指为保障建设工程项目的顺利实施，而投入到施工领域的一系列经济活动和资源的总称。山区公路施工安全投入直接对应着山区公路施工单位的安全效益，即单位利用其有限的人力、财力和物力资源对建设工程项目进行投入后，降低安全事故、减少事故损失而产生的效益。由于山区公路施工事故风险具有很高的不确定性，施工单位的安全投入对其安全效益具有重要影响。

山区公路施工安全管理专项资金由成本中列支，可分为安全教育投入资金、安全管理投入资金、安全技术投入资金和劳动防护与保健投入资金。施工单位是山区公路施工安全投资的主体，安全投入直接关系到施工单位与法律、法规和标准规定相对应的安全生产条件。施工单位要加强财务审计，确保安全投入专款专用，以取得预期的安全效益。

（1）山区公路施工安全投入相关文件

我国各部委、各省市目前针对安全生产投入制定的代表性文件如下：《中华人民共和国安全生产法》第十八条规定、《高危行业企业安全生产费用财务管理暂行办法》第二章第八条规定、《广东省安全生产专项资金管理暂行办法》及《浙江省公路水运建设工程安全生产费用管理暂行规定》等。

（2）山区公路施工安全投入办法

1）山区公路施工安全投入要点：山区公路施工安全投入资金严格按照"项目计取、确保需要、规范使用"原则实行专款专用；山区公路施工单位安全投入费用是指各施工单位按照有关规定和施工安全标准，用于更新施工安全防护用具和设施，改善施工安全条件，落实安全施工措施，加强安全管理等所需的费用；安全投入的计取、使用、支付、监督检查及相应法律责任依据项目实际编制具体规定。

2）山区公路施工安全投入的计取：山区公路建设单位在编制工程招标文件时，应当确定项目所需的安全生产费用；对施工单位的安全生产条件、安全生产信用情况、安全生产的保障措施等提出明确要求；按国家规定提取安全生产专项费用，按不低于合同价1%（《2009公路工程标准施工招标文件》第9.2.5条款规定）的标准（且不得作为竞争性条件），详细地计量支付。

3）山区公路施工安全投入的应用对象：维护、改造和完善安全防护设备设施的支出；现场作业人员安全防护物品的支出；配备必要的应急救援器材和设备的支出；重大危险源事故隐患评估、排查、监督、整改的支出；安全生产检查及评价的支出；安全教育培训和应急救援演练的支出；其他与安全生产密切相关的费用支出。

4）山区公路施工安全投入的支付：山区公路建设单位与施工单位应当在施工合同中明确安全投入的数额、支付计划、项目清单、调整方式和使用要求等条款；合同工期在一年以内的，建设单位应当自合同签订之日起五日内预付安全投入不得低于该费用总额的50%，合同工期在一年以上的（含一年），预付安全生产投入不得低于该费用总额的40%；施工单位应当根据招投标文件的要求，编报当月投入使用的安全投入使用报表（按项目清单编制，附相关凭证）及下个月的安全投入使用计划，经项目负责人签字盖章后与当月工程款计量支付表同时报送监理工程师审核。

5）山区公路施工安全投入的监督检查：为了确保安全生产经费的合理正确使用，要求山区公路施工各标段施工单位的财务部、采购部和安保部分别独立建立安全生产经费使用管理台账，定期在施工单位内部公示安全生产经费的使用状况，鼓励和接受施工单位内部职工的监督；由监理单位对施工单位的安全生产经费进行全面的检查监督；由建设单位业主代表或安全主任对安全管理经费的使用进行抽查；对虚报、挪用安全生产经费的施工单位处以罚金；对施工单位职工反映或举报安全生产费用虚报或挪用的，建设单位应给予举报者适当的奖励，并采用保密和保护措施。

2．山区公路施工安全保障机制与措施

（1）山区公路施工安全保障机制

山区公路施工认真贯彻"安全第一，预防为主，综合治理"的工作方针，严格遵循"谁主管，谁负责；谁检查，谁监督；谁在岗，谁落实"的原则，建立健全安全保障体系，从组织上、思想上、制度上和经济上确保安全目标的实现。

组织保障：建立健全完善的山区公路施工安全组织管理机构，确保工程施工的正常进行。各单位设立专门的安全生产领导小组，小组下设日常办公室，从组织上、措施上完善安全生产工作，使之程序化、规范化。

思想保障：从思想上高度重视山区公路施工安全，更新管理理念，从过去的"事后事故处理"为主向"事前事故预控"转变，提高全员安全生产意识。

制度保障：山区公路施工工程开工前，制订对本项目管理行之有效的安全规章制度包括：隧道作业安全制度、桥梁作业安全制度、高空作业规章制度、爆破作业规章制度、特殊工种安全管理制度、安全教育制度、事故报告制度等等，进行宣传张贴，并和经济奖罚挂钩，使之成为法规性、强制性的制度。

技术经济保证：山区公路施工安全工作是一项复杂的系统工程，需要从技术创新与推动、经济辅助与发展上采取一系列措施，确保山区公路施工工作安全进行。

（2）安全保障措施

山区公路施工单位要根据工程的情况，制订切实可行的安全目标，上报监理、建设单位批准，使安全管理方向明确，同时项目技术负责人必须编制相关安全施工组织方案，上报监理、建设单位批准，对现场安全施工起指导性作用。

安全技术措施：各单位总工程师或技术负责人，对施工安全生产负技术责任；总体施工组织设计和重大施工方案，必须经上一级总工程师或技术负责人审核批准后执行。

安全技术交底制度：工程开工前、各标段项目部的总工程师应将工程概况、施工方法、安全技术措施等情况，向工地负责人、各施工队负责人进行详细的书面交底，并向参加施工的全体从业人员进行现场交底，所有从业人员必须在安全教育记录上签字，不得代签；必须及时对未能参加统一安全交底活动的从业人员进行补充交底。

安全保障措施：为规范安全施工，防止事故发生，切实保障施工人员及设备安全，依据国家出台的相关法律法规，制定山区公路施工各项工程安全保障措施。

三、山区公路施工安全文化建设与教育

（一）山区公路施工安全文化建设

1. 安全文化在山区公路施工中的意义与作用

安全文化建设是山区公路施工的重要组成部分，体现着精神层面的安全管理，是安全管理未来的重点发展方向。安全文化以"人"为本，以文化为载体，通过文化的渗透规范人的行为并提高人的安全价值观。山区公路施工的安全文化可以分为两个层次，第一个层次是基础安全文化，即每个人在一般生活及工作环境中应具备的安全文化，如一般用电安全、交通安全等；第二个层次是专业安全文化，即从事专业性活动的人应具备的如特种设备、技术手段和特殊作业等安全文化。山区公路施工中的安全文化建设要通过宣传、教育、奖惩等手段，激发和推动人的道德、观念、情感在安全工作中产生正能量，从两个层面同时提高职工的安全意识与安全素养，以提高山区公路施工的安全水平。

安全文化建设在山区公路施工中具有重要的导向功能、凝聚功能、激励功能、约束功能和协调功能。安全文化建设可引导山区公路施工向着时代潮流方向科学发展；能使职工形成统一的安全意识、安全信念和安全行为准则；能彰显人文尊重与关心，体现职工的主人翁作用，提高劳动积极性和创造性；能推动安全投入和改善安全设施，形成精神上的群体规范和行为准则，增强职工的自我安全约束能力和安全自控意识；能形成共同的安全价值观和一致的安全认识，夯实管理者与被管理者间的沟通交流基础，减少矛盾和摩擦。

2. 山区公路安全文化建设内容

声势浩大的全民抓安全活动可有效减少事故发生。要搞好施工现场的安全管理工作离不开平时安全生产氛围的建设工作。因此要通过安全培训、安康杯等形式对全体人员进行安全教育，同时结合违章曝光栏及警示牌等的警示作用，传播安全会议的思想精神，使现场的作业人员逐步实现从"要我安全"和"我要安全"的思想转变。

（二）山区公路施工安全教育培训

1．山区公路施工安全教育的含义、要求与形式

山区公路施工安全教育，是为了贯彻执行国家的安全生产方针，避免或减少伤亡事故，顺利完成施工任务而对施工单位职工进行安全知识的宣传、指导和培训以使职工掌握安全知识、具备操作技能和形成良好安全态度的行为。

各施工单位应充分保障安全教育培训所需人员、资金和设施，建立从业人员的安全教育培训档案，建立健全其安全教育培训制度。各施工单位要对所有进场人员进行安全教育学习和再教育学习活动，严格按照国家相关的法律法规、文件和行业标准要求执行。

各施工单位要重视安全生产宣传工作，通过单位专栏、橱窗、局域网等多种渠道，营造浓厚的安全氛围，加强安全文化建设，提高员工的安全意识。

2．山区公路施工安全教育的主要内容

山区公路施工安全教育内容主要集中在：安全施工规范、安全施工和防护技术知识、岗位安全操作知识、日常生活安全常识等。

各施工单位主要负责人安全资格培训和安全施工培训主要内容为：行业相关规章制度和规范标准；安全施工管理与安全技术知识；事故防范、应急救援及事故调查处理方法；典型事故案例分析等。

安全管理人员安全资格培训和安全施工培训的主要内容为：行业相关规章制度和规范标准；安全施工管理、和安全卫生文化知识，相关安全施工技术；工伤保险的法律、法规、政策；事故应急处理方法和现场勘验技术；重大危险源管理与应急救援预案编制。

3．山区公路施工安全教育效果评价

各施工单位必须进行安全教育效果评价，组织有针对性的安全生产考核或开展安全知识竞赛等活动。安全生产考核可分为书面考核、现场提问考核和实际操作考核等。

书面考核是对每个参加安全生产教育和培训的人按不同阶段、不同作业对象进行书面考试，考试可视情况采用闭卷或开卷；现场提问考核是由驻地监理组、总监办或建设单位安全技术人员随机对现场从事操作的人员进行提问考核。检查其是否参加了安全教育和培训，从而判定安全教育的效果；实际操作考核是由驻地监理组、总监办或建设单位安全技术人员有针对性地对现场从事有危险性的作业和管理人员进行考核。考核不合格的责令其重新参加安全教育。

第五节　提高公路施工安全管理水平的措施

一、公路施工从业人员的改善措施

（一）配备足够的安全管理人员和提高安全管理人员的素质

首先，公路施工企业应该提高安全管理人员的配备，特别是专职安全管理人员的配备。企业应该引入一些具有专业技术、经验丰富的人员从事安全管理工作。如果能引入具有安全专业又有相应的公路施工技术的人员作为企业的专职安全管理人员就更好。要能达到这个标准比较难，不过不妨在现有的从业人员里面选一些专业技术比较过硬的人员利用节假日去进行专业的安全培训。这样就有了专业技术人才又有了专职的安全管理人员。

当然，为了提高他们的积极性应该提高专职安全管理人员的待遇，赋予其相应的权力，履行安全管理人员的职责。

通过对从业人员的调查分析可知，公路施工企业现有的安全管理人员的学历不高，特别是职称结构不合理，大多数的人员都集中在初级职称上。要改变低重心的学历构成，必须通过在安全管理人员中开展成人教育或者鼓励他们攻读工程硕士来实现。而另一方面要改善安全管理人员的职称结构，提高中、高级职称人员的比例，就要减少甚至不用无专业技术人员从事安全管理工作。同时，对已经从事安全管理工作的低学历、低职称的人员进行公路专业知识和安全技术知识的专业培训，从而达到提高他们的整体水平的目的。

（二）提高工人的素质、适当提高招聘的门槛

提高工人的素质首先就要加强对农民工的职业技术培训教育和安全教育培训，切实提高其安全生产意识和安全操作技能。同时也要针对不同的工种进行不同的专业技术培训。

通过鼓励工人学习比较紧缺的技术，提高技术工人在工人中的比重。另外，新工人应由老工人带新工人一段时间后再单独作业，还要经常组织工人们进行技术、学习、经验等的交流，通过"传、帮、带"等方式增长工人的从业经验，提高工人的专业技能等。适当提高招聘的门槛，在招工时适当增加招聘的条件，比如文化程度、工作经验等。

二、公路施工的设施与设备管理改善措施

（一）加强公路施工设备的现场管理，严格贯彻执行设备维护保养制度

操作手要严格执行机械保养制度，避免过时保养，使机械保持良好的工作状态。对利用率高、易损坏、易出故障的设备应做好跟踪诊断，变事后修理为预防性修理。机械发生

异常现象时应立即停机检查，并及时向上级汇报，以便能迅速组织维修人员进行现场抢修。同时还要建立安全设备报废和更新制度，对已经不适应安全生产需要的落后设备、对已经超出使用年限不能再用的设备要及时更新，保证安全设备的新度系数。

另一方面，公路施工企业应在施工现场配备专人负责机械设备在施工面的使用和保养工作，使机械设备始终在完好状态下发挥最大效能。现场管理人员应负责监督检查操作手是否按操作规程操作，故障是否能得到及时的处理，设备是否得到了充分的利用，保养工作是否及时到位等一系列工作，以避免机械设备的非正常使用和不合理调派。现场管理人员还应具有一定的管理权，即在设备现场使用和保养问题上有奖罚权，并有在设备非正常使用时令其停产接受整改的权利。

（二）提高安全设施和防护管理

企业统一规定施工现场的平面布置和有较大危险因素的场所及有关设施、设备设立安全警示标志。机械安全装置必须按规定正确使用，绝不能为了方便将其拆掉不使用。机械设备使用的刀具、工夹具以及加工的零件等一定要装卡牢固，不得松动。

（三）提高设备管理干部，操作人员和维修人员的素质

加强对设备管理干部进行现代化设备管理方法的培训，提高他们的业务水平。其次，对操作人员、维修人员定期或不定期地进行技术、业务培训，提高他们的技术理论水平。设备操作人员应做到懂结构、懂原理、懂性能、懂用途、会使用、会保养、会排除一般故障。特种设备的操作者必须通过培训考试合格，发给"操作证"后方可上岗操作。设备维修人员必须进行技术培训，掌握设备的原理，对设备进行预防性维修，减少因故障停机和损失。建立和完善各项设备运转记录，操作人员必须按要求填写，做到齐全准确。操作者与维修人员必须报告设备运转及修理情况，保证施工设备及时排除故障，安全使用。

三、公路施工作业环境改善措施

针对公路施工作业环境的特殊性提出以下建议：

（一）预防生产性粉尘和噪声的危害

首先加强组织领导是做好防尘工作的关键。针对粉尘作业较多的施工段、施工期建立粉尘监测制度，并配备专职测尘人员，医务人员应对测尘工作提出要求，定期检查并指导，做到定时定点测尘，评价劳动条件改善情况和技术措施的效果。

其次，采用有效的技术措施，尽可能降低作业环境粉尘浓度。例如通过湿式作业，它是一种经济易行的防止粉尘飞扬的有效措施。凡是可以湿式生产的作业均可使用，例如湿式凿岩、冲刷巷道、净化进风等。

对于噪声控制首先应从工程控制来考虑，即：在设备采购上，要考虑设备的低噪声、

低振动。而在爆破作业时工程控制则起不了多大作用，此时最好采用个人防护，即：佩戴耳塞或者耳罩。

（二）防暑降温的主要措施

在夏季应尽量缩短高温下的作业时间，采取小换班、增加工作休息次数，延长午休时间等方法。休息地点应设在通风阴凉处，并备有清凉饮料、风扇、洗澡设备等。最好在休息室安装空调或采取其他的防暑降温措施。

同时也要加强个人防护，在高温下作业的从业人员应佩戴不吸热、活动方便的工作服，并要佩戴工作帽、防护眼镜、隔热靴等。

（三）针对复杂的地质条件做好施工组织设计

首先要做好施工组织设计，合理安排施工段的先后顺序。其次做好施工前的准备工作，即开工前要认真审阅设计文件，详细了解各段的地质情况，对重要地段要重点勘察，进一步核对设计资料，发现设计文件中有误及时上报业主，妥善处理。

（四）材料堆放和仓储的要符合安全要求

施工现场材料的堆放需遵循以下要求：施工现场工具、构件、材料的堆放必须按照总平面图规定的位置放置；各种材料、构件堆放必须按品种、分规格堆放，并设置明显标牌；各种物料堆放必须整齐，砂、石等材料成方，大型工具应一头见齐，钢筋、构件、钢模板应堆放整齐用木方垫起；施工现场的垃圾也应分别类型集中堆放：易燃易爆物品不能混放，除现场有集中存放处外，班组使用的零散的各种易燃易爆物品，必须按有关规定存放。

四、公路施工组织管理改善措施

（一）建立完善的公路施工的安全生产责任制

1. **建立健全的公路安全生产责任制和安全生产保证体系**

责任制是管理制度的核心，没有责任制再完善的管理制度也不过是一纸空文。因此，要建立完善的公路施工安全责任制。而安全生产责任制要以制度的形式明确公路施工企业各级领导、各职能部门、各类从业人员在施工生产活动中应负的安全职责。公路工程施工项目应根据其具体情况，成立以项目经理为首的安全生产委员会或领导小组。同时，根据建设工程的性质、规模和特点，配备规定数量的安全管理人员，监督检查各类人员贯彻执行安全生产管理制度并协助项目经理推动安全生产管理工作。建立安全生产保证体系，即项目部成立以项目经理为首的安全领导小组，安全管理部门负责人全面负责安全工作，下设专职安全员和兼职安全员。公路工程施工项目的安全生产委员会或领导小组的组织管理体系。

2．明确各级安全管理人员的责任

据《关于 2006 年交通建设安全生产工作的意见》要求公路工程单位全面落实安全生产责任制。各地要依法采取措施，分层次明确安全生产责任主体，逐级落实安全生产责任。要突出施工企业主体责任，特别要突出企业负责人、项目负责人的第一责任人的责任。要建立安全生产责任考核评价办法，构建有交通特点的建设安全生产防控体系。各地可结合国家和地方人民政府确定的安全生产控制指标要求，制定本地区交通建设安全生产控制指标。

安全生产责任制要明确各级安全管理人员的责任，首先成立施工安全领导小组，即：以项目经理为施工安全第一责任人，下设以项目经理为组长，成员以安全管理部门负责人为主，由各管理部门负责人参加的施工安全领导小组，负责监督安全施工，制定安全生产管理措施及方法，是工程施工安全的最高领导机构，有权处理一切违章行为。项目经理作为施工安全管理第一责任人，应对公路工程项目施工过程中的劳动保护和安全生产工作负具体的领导和经济责任。领导并编制本项目安全生产管理的目标以及措施，建立安全生产保障体系，确定安全生产管理职能。安全管理部门负责人为施工安全的重要责任人，负责施工实施安全规章和落实全面的安保工作。专职安全员以各施工班组专业安全员为成员，具体负责日常的安全工作。检查施工现场的安全隐患，对不穿工作服、不戴安全帽上工地以及高空作业不系安全带等违章行为进行纠正和处罚，同时负责爆破、拆除、混凝土及土方施工过程中人及设备的安全和防护工作。而兼职安全员的责任不容忽视，负责具体落实分部工程、各工序的安全检查和督促工作，把安全隐患消除在萌芽状态。项目施工员对所管辖工程的安全生产负直接责任。坚决贯彻有关的安全生产技术措施和施工组织设计中规定的安全措施，对违章作业的班组和个人及时提出批评和防范措施，防止事故的发生。

（二）提高企业安全教育培训质量

安全教育培训是企业安全管理工作的重要组成部分，是企业安全管理系统工程中极为重要的一个子系统。对员工进行安全教育培训是企业保证安全生产，提高员工安全防范意识和能力的重要措施。而安全教育就其本身来说，是以企业实现安全生产为最终目标，按照一定的程序和要求对企业每个岗位员工的心理、思想意识及日常行为加以规范和影响的系列活动。当前，随着我国产业水平的不断升级，企业的整体装备水平也在不断提高，由此也给安全教育这项理论化、系统化的工作提出了新的要求。所以，探索安全教育工作的创新，是摆在安全管理工作者面前亟待解决的课题。

从对企业的安全教育现状的调查分析，公路施工企业安全教育质量不高，培训的内容没有针对性，视安全教育为一种形式。针对这些问题，提出以下五项措施：

1．健全的安全教育培训责任制

首先要建立健全的安全教育培训责任制，明确安全教育责任，落实安全教育培训制度。明确施工现场各级教育培训的责任，并加强对责任主体的监督和考核，对考核不合格的责任人进行换岗或清退；确立安全教育培训的实施责任人，同时要注意培养安全教育实施责任人的职业素养和责任感；还要明确现场安全教育接受者的主体—施工现场全体人员。

2．安全培训教育要遵循以下原则

（1）"三步骤"的原则，施工安全教育培训可分为安全生产思想教育、安全知识教育、安全技能教育培训三个步骤。安全生产思想教育即：通过安全生产思想路线和方针政策的教育，提高各级领导、管理干部和广大职工的政策水平，使其严肃认真地执行安全生产方针、政策、法律。安全知识教育就对企业的基本生产概况、施工工艺、机械设备、高处作业、脚手架工程、模板工程、临时用电工程、文明施工、消防器材应用等安全基本知识的学习。安全技能教育是结合公路施工专业特点，实现安全操作、安全防护所必须具备的基本技术知识的教育。

（2）经常性培训原则

当今是新知识、新材料、新技术在各行业应用速度极快的时代，不断更新思想，更新观念，更新知识，更新技术是各行各业生存发展的需要，不更新就意味着倒退，就意味着淘汰。因此，要进行经常性培训。还要把经常性的安全教育培训贯穿于企业员工工作的全过程，贯穿于每个工程施工的全过程，贯穿于公路施工企业生产活动的全过程中。

（3）广泛性原则

所谓广泛性就是说在进行安全教育时要保证每一个从业人员都能受到教育。要做到这一点首先要抓好对企业管理者、领导者的安全教育，提高企业管理者的安全意识和安全素养。然后建立覆盖企业全体人员的安全教育培训体系。即公路施工企业所有从事生产活动的人员，从企业经理、项目经理，到一般管理人员及一线作业人员，都必须严格接受安全教育，全力形成全员、全过程，全企业的安全意识。

（4）理论联系实践的原则

进行安全教育最终目的是对事故的防范，因此，安全教育培训工作要密切结合公路施工生产生活实际，保证其能真正服从和服务于安全生产这个中心，使其为安全生产提供智力支持和思想保证。

（5）大众化原则

公路施工的从业人员大多数都是农民工，文化水平不高。如果安全教育用很专业性的语言他们听不懂也不明白最终失去兴趣产生抵触情绪。因此，安全教育培训工作要做到"通俗易懂"，尽量用浅显的语言和方式进行教育。

（6）创新性原则

创新，就是要做到勇于探索，开拓进取，不断探索安全教育培训的新思路、新方法。在坚持"与时俱进"的同时，更要坚持贯彻"发展就是硬道理"，以保持创新的连续性和持久性。

3．安全培训教育的内容应具有以下特征

通常安全培训的内容包括安全知识培训、安全操作技能培训、安全思想教育等。但是也不能无论什么工种、岗位都学同样知识，因此要因地适宜的选取安全培训教育内容。而此选取需遵循以下两个原则：

（1）安全培训教育的内容要适应需求，首先，要适应各层次的需求，包括组织的需求、岗位的需求、个人的需求。比如说，不同的公路施工阶段具有各自的不安全因素，如：隧道施工和桥梁施工两个不同的岗位需要注意的安全隐患大不相同。其次，适应不同时期的需求，包括目前的急需和中长期发展的需求。如因季节或气温变化而产生的新的不安全因素。在施工现场，雨季施工中安全隐患危害程度和类型要远远大于平时；高温条件下施工中的安全隐患危害程度和类型要远远大于常温条件下的施工。如：因雨季施工产生边坡的不稳定甚至坍塌，高温下施工产生的中暑等。

（2）安全培训的内容要有超前性。培训内容不但要体现针对性，要应付眼下急需，同时还要具备超前性，所选内容，无论知识还是技能，要站在当今科技发展、管理运作的前沿领域。所以，安全培训的内容，要针对不同的工种，不同的从业人员，不同的时间需要有不同的培训内容。

4. 改善安全培训教育的方法

传统的安全培训教育主要是采用理性灌输法，这是用得最多的一种教育方法，从理性角度向受教育者传授安全理论和方法，引导人们理解国家安全生产方针、法律法规和政策以及企业的安全生产规章制度等，掌握预防、改善和控制危险的手段和方法。这种教育方法虽然具有系统性、理论性，但是会让人感觉到枯燥乏味，无法调动学习者的积极性。因此，提出以下几种安全培训教育的方法以供选择：

（1）互动、交流式的感性教育法

互动式安全教育培训法使教师的主导作用、学员的主体地位能够得以充分发挥和实现。采用互动式教学，能置教和学于研究探讨的氛围之中，不同的人对同一问题有不同的看法，而用开放、互动的方式就能谈谈自己的观点和意见，畅谈自己的想法和做法，同大家一起探讨，听取别人的经验和体会，互相启发，相互学习。整个学习氛围十分轻松，学员也可以将平时遇到的难题讲出与学友们交流、探讨。该方法的优点主要就是能够充分调动学员的积极性，让学员充分发表自己的见解，有利于深化主题，提高大家对某一问题认识程度。最后再由教师进行归纳和总结，以便达到更好的培训效果。

（2）理性灌输法和案例培训相结合的办法

案例培训法是用一定视听媒介，如文字、图片、视频等，所描述的客观存在的真实情景。针对公路施工农民工文化素质较低的情况，该法比较适用。通过把把历史上发生过的公路施工事故进行分类整理，并把各种事故发生的原因，以及如何防范，发生事故后如何处理等一一列出。给从业人员的感觉就是直观、通俗易懂、记忆深刻。但它也有不足之处：案例数量有限，并不能满足每个问题都有相应案例的需求。因此，我们采用理性灌输法和案例培训法相结合的办法，既避免了理性灌输法的枯燥乏味又能学到更多的安全知识，也弥补了案例有限涉及的安全知识不能满足需要的情况。

（3）采用"直观教学法"

形象直观教育实际上就是通过现场、实物或模拟演示（练）迅速抓住学员的注意力，使学员有一种身临其境、课堂与现场零距离的感觉。这种培训方法可以最大限度地激发学员的学习兴趣，增强学员接受培训的积极性和主动性，从而达到最佳培训效果。其特点和作用：一是直观形象，解决了纯理论、培训内容抽象空洞问题，使学员寓教于乐，容易掌握学习内容；二是有针对性，可以根据工作或生产实际情况，突出组织某一个方面的培训，还可以灵活的选择培训项目；三是实用性强，能加深认识，特别是能弥补农民工文化水平底、基础知识不足的缺点。

安全教育培训的方法是多种多样的，各自的方法都有其优缺点，企业可以根据自己的实际情况选择适合本企业安全教育的方法。也可在以往方法的基础上发展、创新，最终找到适合本企业的安全教育培训方法。

5．建立健全的安全培训效果监督、反馈机制

一方面安全培训的最终目的是提高从业人员的安全素质从而使从业员工能够在实际工作中安全生产。另一方面，从调研的情况来看，从业人员在工作中只关心行为的经济考核而不关心行为的安全后果，因此，要建立健全的安全培训效果监督以及反馈机制。

（1）要建立健全的安全培训效果监督就要完善和健全安全培训约束机制，并加强追踪检查考核。要完善和健全安全培训约束机制并加强追踪检查考核，主要从以下三个方面来实现：

首先，加强对学习过程的监督考核。凡是未按照要求参加培训、培训过程中不遵守纪律、要求的培训时数没有达到的，都要按照企业的安全教育制度列入考核内容。对学习过程的考核是为了对职工相对制约，以保证学习效果。

其次，加强对学习效果的评估考核。应建立定期考核及检查制度，每次培训学习，不能光有"讲"和"学"的环节，而没有"考"即"效果评估"的环节。评估的内容可以在培训完后通过问卷、总结、组织交流的方式听取职工对培训的反应，以及对培训内容、技能的吸收掌握程度，对培训人员获得效果方面进行检验评价，并存入个人培训档案。也可按不同的考核项目，按年、季、月进行逐项考核及检查来评估其安全教育的效果。

最后，要加强对培训结果的激励。尽快建立企业干部职工安全教育培训的激励机制，安全教育工作不能局限在办班、开讲座、单纯搞培训上，要把安全教育培训的结果与干部职工的提拔和使用、职工的竞岗以及对干部职工的安全管理、安全监督有机结合起来，贯穿到企业干部职工的述职、评议、考核等管理环节中去，使之成为促进干部职工安全学习的有效手段，进而提高企业干部职工安全教育培训的工作质量和效果。

（2）建立反馈机制

安全培训的反馈机制可以准确地掌握安全培训在实际工作中的具体效果。通过对安全教育的评估找到现阶段安全教育培训的不足之处，及时反馈回去以便能及时发现并纠正安全培训中的错误和偏差，进而对整体安全培训计划、内容、方法等进行修改和进一步完善。

（三）提高企业的安全文化水平

安全文化是人们安全价值观、思维方式和行为规范的总和，是以安全价值观为核心的人们的内在安全素质及其外在表现。

目前施工现场的实际情况是：许多人存在不安全行为，大量不安全行为的结果必然导致事故发生。在安全管理上，时时、处处、事事监督施工现场每一位成员遵章守纪是一件十分困难的事情，甚至是不可能的事，这必然带来安全管理上的漏洞。建设安全文化正可弥补安全管理手段的不足。因此，要提高企业的安全管理水平就要建设企业安全文化，而建设安全文化须了解建设安全文化的原则。

1. 建设安全文化的原则

企业安全文化是企业全体人员在安全生产过程中创造的物质和精神的总和。

任何企业都要面对安全生产工作，对安全生产都有一定的认识和保证措施。因此，企业安全文化没有"有"和"没有"之分，只有"优"和"劣"之分。但是，随意的发展，虽然也有文化的因素，不过是消极的、无凝聚力的。也就是说，良好的企业安全文化不是自然而然地得来的，需要企业有目的地去建设，而且，建设企业安全文化是一个过程，这个过程中必须遵循一些原则。

（1）安全第一、预防为主、遵章守纪

企业安全文化是企业全体人员的内在安全文化素质及其外在表现，主要标志是企业全体人员的安全价值观念、思维方式和行为规范。安全价值观念和思维方式是全体人员内在安全文化素质的主要内容，行为规范是全体人员的安全文化素质的外在表现的主要内容。企业文化建设需要自上而下地灌输，有必要将安全第一的安全价值观念，预防为主的思维方式以及遵章守纪的行为规范作为灌输的主要内容。

（2）实事求是，注重实效

企业安全文化建设是一个从低级向高级循序渐进的发展过程，一般来说，首先应加强行为规范的建设；其次是强化企业安全文化的物质系统的建设；再次是提炼形成安全价值的观念。企业安全的价值观一旦形成并被全体职工接受，即具有一定的稳定性，安全生产就有了核心的指导思想，企业安全文化建设又推进了新的阶段。将企业安全文化建设分为若干阶段，提出每个阶段的目标、任务、内容和对策措施，体现了实事求是、注重实效的原则。

（3）全员参与，通力协作

企业安全文化是全体人员安全价值观念、思维方式、行为规范的总和，企业领导的观念和行为只是榜样的作用，并不是企业安全文化的主流。而且，企业安全文化的水平与职工的参与程度有十分密切的关系。没有职工的参与或者参与程度较低，企业安全文化缺乏群众基础，不能认为是良好的安全文化，其作用和影响是肤浅的。通力协作要求各部门将企业安全文化建设摆在议事日程上，各负其责并相互沟通。

（4）坚持继承和变革

任何一个企业，都不可能割断其自身的文化传统，都必须在继承的基础上发展。企业的安全生产工作，总有其经验和精华，同时也有其不良习惯、糟粕。企业在其安全文化建设中理性地分析、归纳、总结本企业安全生产工作的精华，将其纳入企业安全文化建设规划的内容，并付诸实施，使其在新的企业安全文化体系中获得新的生命力。在企业安全文化建设中，继承和变革不是可以分开的两个独立部分，也不是互有先后的"两步走"，而是在内容上相互交叉、交融，在时间上同步进行的。通过继承与变革，企业安全文化体系将更完整和更有活力。

2. 建设施工企业安全文化的主要措施

在了解了安全文化建设的原则上，提出针对施工企业安全文化问题的改善措施：

（1）打造企业安全文化工作氛围

营造施工企业安全文化氛围，是一项涉及面很广，持续时间很长是一项长期而艰苦的任务，而且是业务量很大的工作。

首先，要树立"以人为本"的安全文化理念。现代企业安全文化涉及全体员工的安全素质，是建立在"以人为本"的理念上的。由于安全文化对人的影响是多层次的，因此不可能在短期内产生明显的、根本的效果，只有通过各种手段对人进行熏陶、培养和塑造形成一种安全文化的氛围，促使人的安全意识产生质的飞跃。

其次，安全文化氛围的营造要结合公路施工企业的实际，公路施工企业都有行业的共同特性，安全文化氛围的营造策略途径、方法均可以相互借鉴。但是，每个施工企业都有其自身的实际情况，必须从本企业的实际出发使安全文化氛围完全切合本企业的实际。一方面，要合施工安全工作的实际需求，不要凭空臆造、虚构妄建。另一方面，要结合本企业的传统，优良的传统做法和习惯，是安全文化氛围的营造基础；不良的传统习惯习俗，需要逐渐改进。

再者，要营造安全氛围还得宣传。各施工企业利用信息简报、展窗等方式，向员工普及安全知识，宣传安全生产的先进事迹，使员工耳濡目染，帮助他们建立生产过程中的安全意识，培养安全生产的良好习惯，促进安全观念深入人心。

最后，安全文化氛围的内容和形式需要不断创新改进。当今是新知识、新材料、新技术在各行业应用速度极快的时代，不断更新思想，更新观念，更新知识，更新技术，就会有新的安全法规、政策产生。而这些新的法规、新的政策需要宣传，新的问题、新的对策需要了解，因此，需要不断改进安全文化氛围的内容以及形式，以适应新的发展。

（2）将安全文化建设融合于施工企业总体文化和各项工作中

首先，安全文化是企业文化建设的重要组成部分。安全文化建设必须融合于施工企业文化，还要依赖于企业文化这个基础，没有企业文化的发展，企业安全文化也就没有了根基。而安全意识是安全文化的基础，因此必须加强对职工的安全素质教育，强化职工的安全意识，全面提高职工的思想素质和文化素质。

其次，安全文化建设必须融合于施工企业的各项工作中去。即在施工企业的总体理念、企业的生产目标、企业的规划、岗位责任制的制定、施工过程控制以及监督反馈等方面融入安全文化的内容。

（3）把安全文化工作纳入企业领导班子工作议事日程，加强对安全文化建设工作的直接领导，充分发挥施工企业政治思想工作的作用。由施工企业法人代表挂帅，并由党、政、工、团等部门负责人组成，负责施工企业安全文化建设工作的统筹规划，制定施工企业的安全方针和安全目标，明确各职能部门在安全文化建设的具体职责，并要做好宣传动员、督促检查、总结评价等各项工作。把安全文化建设与政治思想工作紧密地结合起来，在施工企业全体成员中开展理想与道德的教育，提高全体成员的思想境界。同时，把安全文化融入施工企业各系统各类活动中去，使安全文化产生更广泛的效应，以深入人心。

结　语

　　新形势下我国公路建设市场的竞争越来越激烈，对公路工程管理的要求也越来越高。公路工程管理创新是现代企业制度建设、市场经济规律、先进的管理需求，公路工程管理要在管理理念、组织机构、管理技术和管理模式方面进行创新，进一步增强市场核心竞争力，促进公路行业健康可持续发展。